汕头华侨史研究丛书

汕头华侨捐资兴学记述

林伦伦　李宏新　著

(1949—2018)

暨南大学出版社
JINAN UNIVERSITY PRESS

中国·广州

图书在版编目（CIP）数据

汕头华侨捐资兴学记述：1949—2018/林伦伦，李宏新著.—广州：暨南大学出版社，2019.12

（汕头华侨史研究丛书）

ISBN 978 - 7 - 5668 - 2781 - 4

Ⅰ.①汕… Ⅱ.①林…②李… Ⅲ.①华侨—生平事迹—汕头—现代②地方教育—教育捐款—教育事业史—史料—汕头—1949—2018 Ⅳ.①K828.8②G527.653

中国版本图书馆 CIP 数据核字（2019）第 245215 号

汕头华侨捐资兴学记述（1949—2018）

SHANTOU HUAQIAO JUANZI XINGXUE JISHU（1949—2018）

著　者：林伦伦　李宏新

出 版 人：徐义雄
策　　划：徐义雄
责任编辑：黄圣英　詹建林　姜琴月
责任校对：黄　颖　林　琼
责任印制：汤慧君　周一丹

出版发行：暨南大学出版社（510630）
电　　话：总编室（8620）85221601
　　　　　营销部（8620）85225284　85228291　85228292（邮购）
传　　真：（8620）85221583（办公室）　85223774（营销部）
网　　址：http://www.jnupress.com
排　　版：广州市天河星辰文化发展部照排中心
印　　刷：佛山市浩文彩色印刷有限公司
开　　本：787mm×960mm　1/16
印　　张：17
字　　数：320 千
版　　次：2019 年 12 月第 1 版
印　　次：2019 年 12 月第 1 次
定　　价：68.00 元

（暨大版图书如有印装质量问题，请与出版社总编室联系调换）

序

2018 年，汕头市华侨史学会换届，感谢领导和会员们的信任，让我忝任新一届会长。会长既然当了，就得干活儿，我从来就不是那种"占着东司不放屎"的"脚数（角儿）"，于是，跟市侨联领导和华侨史学会的常务理事们开了个座谈会，商量先做些什么事，列个一、二、三、四……条出来：开研讨会，出论文集，出系列专著……而这本《汕头华侨捐资兴学记述（1949—2018）》就是系列专著之一种，市委分管领导陈丽文、侨联主席谢惠蓉、副主席李鸿钊等领导十分支持这个项目，帮忙找经费、搜集各市相关资料和田野调查工作，解除了我们对"无米之炊"的担忧。经过近一年的群策群力，终于可以不揣谫陋，献丑于大家座前了。

撰写这本书，有如下三大难点：

第一，对"汕头"行政概念的划界难。从历史的坐标看，要把"汕头"这个行政概念分管的行政区域厘清，并非易事。我们的写作计划是"汕头"在不同的历史阶段分管到哪里，我们就写到哪里。但现在却是潮汕地区分为三个地级市，而且"汕头地区""汕头专区"与"汕头市"也分分合合，行政区划经常发生变化。所以，我们不得不在每一个阶段里都用一个"时代背景"专节来交代当时的行政区域变化情况。这似乎与本书主题关系不大，但又不得不交代清楚。这也耗费了我们大量的时间和精力。

第二，对各个阶段的分界划段难。从本书的目录看，分为三个历史阶段："新中国成立至改革开放前夕""1978 年至 1991 潮汕分市""1991 潮汕分市至2018 年"。这时间段貌似界线分明，其实不然。因为不少学校（幼儿园）接受侨资捐助的时间经常是跨阶段的，所以难以按阶段"一刀两断"。尤其是有的学校在不同阶段里有合并、撤并，还有改名甚至数易其名的，做起调查来就更难。为此，我们又做了接近于"教育史"的基础工作，把每一所受捐学校的来龙去脉和现在的名称搞得清清楚楚而且对得上号，生怕有张冠李戴之误。

第三，对资料的搜集甄别和取舍难。撰写这本书，我们定下的原则是捐资款项一定要看到可资证明的材料方可入书，如官方文件、媒体报道、方志、行业志、碑铭资料等。汕头市侨联专门为此下发了搜集材料的通知，但缴交上来的资料寥寥可数，可资采信的资料更少之又少。所以，我们只能从相关部门，以及潮汕历史文化研究中心藏书室、汕头市图书馆特藏部、汕头大学图书馆潮汕文献特藏室等单位去沙里淘金，并走遍山区海岛，进行实地调查。

但令我们兴奋的是，也正是由于有这三大难点，当我们最后克服困难，做出成果之后，便发现有了如下两大创新点：

第一，这是第一本以"汕头"为空间定位和以"新中国成立以来70年"为纵坐标来写的华侨捐资兴学的著作。我们毫不讳言，这是一本专门记述新中国成立以来华侨华人、港澳同胞在"汕头"捐资兴学的著作，是为爱国爱乡的华侨华人、港澳同胞树碑立传的；当然也是为党和国家正确的侨务政策，为勤勤恳恳、任劳任怨工作的各级侨务和教育部门的同志们歌功颂德的。虽然，对某些历史阶段的错误做法我们也做了客观的记述，但总体来说，这本书是充满正能量的。

第二，本书的资料是相关题材的研究成果中最丰富翔实的。虽然，囿于我们的人力和时间条件的不足，遗珠之憾肯定有。尤其是在第一、二阶段里，"汕头"作为行政区域名，还包括了现在潮汕三市的市、县、区，现在的我们实在难以获得所有华侨华人、港澳同胞捐资兴学的资料。但就目前看来，以"汕头"的视角观察，从改革开放到现在的40年里，本书的材料还是较为丰富翔实的，所以我们才有胆量编制《1978年至2018年今汕头市市域侨胞捐资兴学主要事例（100万元及以上）》放于书末作为附录。

当然，撰写本书的过程中，还有一些问题是我们最后也觉得解决得不是太满意的，这里也给大家说清楚，希望能获得当事人、单位和读者的理解和原谅。例如，本书的所谓"捐资兴学"，主要界定在学前教育阶段至高中阶段，高等教育本想就不记述了，但最后考虑到汕头大学和广东以色列理工学院又不得不记述。于是，我们把它们附在学前教育阶段至高中阶段之后，根据两校的网络宣传资料和媒体报道资料做了十分简略的记述，而对韩山师范学院（陈伟南、林进华等先生捐资兴学款额巨大）等未涉及。另外，如上文所述，潮汕"三分"之后属于揭阳市、潮州市，而"三分"之前又属于"汕头"管辖的县、市的一些资料搜集未能详尽。希望大家能帮助我们继续补充资料，使本书将来有机会修订之时能更加完善。

末了，要把本书的写作过程交代清楚，功过分明、文责自负。本书的选题和撰写意图是编辑委员会讨论决定的，编写大纲是林伦伦、李宏新讨论决定的，资料搜集工作主要是由李宏新和汕头市侨联的同志们以及另外一些同好完成的（详见李宏新撰写的后记），资料的甄别分析、图表制作、本书初稿的撰写是由李宏新完成的，最后的修改、定稿是由林伦伦、李宏新一起完成的。

感谢上述提到的和尚未提到的对本书资料搜集、撰写、出版有过支持、帮助的同志们，也预先向给本书指出错漏、补充有用资料的同志们表示感谢。

林伦伦

己亥七月初七于广州南村

目　录

表格目录

表编号说明：除绪论、附录之外，其他是"阶段－序码"。

譬如第一阶段的表编号为"表1－×"，第三阶段的表编号为"表3－×"，本书各表分别为：

绪　论

一、题解：关于书名的三个关键词

关键词一：华侨。

对"海外华侨华人、港澳台同胞"这一群体，本书宽泛地以"华侨"指称，行文中则会视乎需要，使用到"华侨华人""侨胞"等词语——这些都是惯常、普遍、不生歧义，又能避免行文冗长的做法。目前较具体的表述，具体到侨胞捐赠的法规文件，最为常见的是，文件头称"华侨"，正文增加"台湾、香港、澳门同胞的捐赠活动，适用本条例"之类的说明条款，如《广东省华侨捐赠兴办公益事业管理条例》《广东省华侨捐赠公益事业项目监督管理办法》① 等。

关键词二：捐资兴学。

"捐资兴学"中的"兴学"一词出来已久，如我国第一次以法律条文形式明确褒奖捐资兴学行为的《捐资兴学褒奖条例》（1913 年 7 月 17 日）②。该词现在仍用，如习近平 2014 年 9 月 17 日回信给厦门市集美校友总会便用到"爱国兴学"③。在历时的用词习惯演变上，它与"捐资办学""捐资助学"等诸多同义词、近义词共存。中华人民共和国成立后的官方文牍、官方主办会议上都曾经使用过。

关键词三：汕头。

本书的"汕头"，并非仅仅是指目前的汕头市市域，而是中华人民共和国成立后不同时期的"汕头"，这会在相关章节中专门说明。这样做，是由于海外华侨华人、港澳台同胞不是很熟悉家乡政区的演变，出于方便读者的考虑。事实上，近几年来，笔者每每疲于向海外朋友们解释，便借此机会做个简单的梳理。

---

① 广东省人民代表大会法制委员会编：《广东省地方性法规汇编（1979—1999）》，广州：广东人民出版社，2000 年，第 325－326 页；广东省人民政府侨务办公室编：《涉侨法规政策汇编》，内部资料，2016 年，第 375－389 页。

② 中国第二历史档案馆编：《中华民国史档案资料汇编·第三辑·教育》，南京：江苏古籍出版社，1991 年，第 616－618 页。

③ 戎章榕：《嘉庚光辉永照后人——纪念陈嘉庚诞辰 140 周年座谈会综述》，《海峡通讯》2014 年第 11 期。

截至本书撰写完成时，能见到的最新汕头市统计年鉴，为 2018 年末刊出，其统计数据截至 2017 年。2017 年，汕头市辖 6 区 1 县 37 街道 32 镇，与本书相关的若干国民经济和社会发展主要指标如下（见表 0-1）：全市地区生产总值 2 350.97 亿元，人均生产总值 42 029 元；年末常住人口 560.82 万，年末户籍总人口 565.44 万；城镇常住居民人均可支配收入 27 175 元，农村常住居民人均可支配收入 14 905 元；城镇人均住房使用面积 33.78 平方米，农村人均生活用房使用面积 29.87 平方米（农村指的是人均建筑面积）；全市的普通高校在校生为 1.08 万，中等学校在校生为 43.16 万，普通小学在校生为 52.65 万；入境旅游人数 29.10 万人次，国际旅游外汇收入 15 931 亿美元。

表 0-1　2017 年汕头市若干国民经济和社会发展主要指标表

	面积 （平方千米）	地区生产总值 （亿元）	常住人口 （人）	常住居民人均 可支配收入（元）		普通中小学 （所）	
				城镇	农村	中学	小学
汕头市	2 199.15	2 350.974 9	5 608 232	27 175	14 905	745	304
金平区	140.25	483.089 7	840 640	33 238	16 375	69	40
龙湖区	124.69	357.354 9	558 744	33 803	17 096	64	25
澄海区	384.11	478.376 4	829 851	25 309	16 403	109	33
濠江区	169.59	104.228 6	278 801	26 851	14 809	39	14
潮阳区	666.73	412.791 8	1 693 433	23 227	14 567	246	94
潮南区	599.87	392.300 2	1 344 350	22 300	14 618	213	84
南澳县	114.11	20.098 5	62 413	14 310	11 113	4	5

二、关于本书的阶段划分与篇章架构

海外华侨华人、港澳台同胞捐资兴学事业，与全国的时代背景、汕头社会发展的形势息息相关。

1949 年中华人民共和国成立后，相继经历了基本完成社会主义改造时期、全面建设社会主义时期、"文化大革命"时期、徘徊中前进时期，1978 年进入改革开放新时期。[①] 经过长期努力，中国共产党领导下的中华人民共和国创造了举

---

① 参见中国共产党中央委员会：《〈关于若干历史问题的决议〉和〈关于建国以来党的若干历史问题的决议〉》，北京：中共党史出版社，2010 年。

世瞩目的东方奇迹。2017 年 10 月，中共十九大报告提出了中国发展新的历史方位——中国特色社会主义进入了新时代。① 目前正处于这个新时代：教育事业方面，九年义务制教育早已全面普及，正在进入全国普及高中阶段，高等教育毛入学率在 2017 年达到 45.7%，高出世界平均水平近 10 百分点；公益事业方面，社会精神面貌与时俱进，"人人可慈善"成为全社会的共识；海外侨情方面，截至 2017 年 10 月 3 日之前的 5 年时间里，习近平总书记足迹遍及五大洲 56 个国家以及主要国际和区域组织，每一次都挤出时间与华侨华人见面，无不掀起一阵魅力旋风；② 华侨华人深切感受到国家繁荣昌盛给他们带来的荣耀，以国家、以民族为荣的自豪感油然而生，"希望在共同努力下，中华民族早日实现伟大复兴"③。

1949—2018 年这段时间里，汕头行政区划变化频繁，所管辖的行政区域也时有盈缩。大略如下：

1949—1991 年，"汕头"长期囊括了今汕头市、潮州市、揭阳市三个地级市的行政区域，今汕尾市、梅州市的全部或部分地方也时有融入。1992—2018 年，"汕头"则是今汕头市的行政区域。小的方面，其间又有多次调整。政区的沿革，令不少华侨华人、港澳台同胞祖籍地在发生"变化"的同时，捐资兴学的目的地、行为等也随之有所变化。

我们以上述两方面为主，在本书正文部分，将新中国成立 70 年来华侨华人、港澳台同胞在汕头的捐资兴学事业分成三个阶段进行记述，分别为：

曲折起伏的捐资兴学事业阶段，有"1949—1955 年：接管整顿""1955—1966 年：侨校兴废"和"1966—1977 年：陷入低谷"三个时期；

一路高歌的捐资兴学事业阶段，有"1978—1983 年：渐入佳境""1983—1987 年：百花齐放"和"1987—1991 年：更趋活跃"三个时期；

持续发展的捐资兴学事业阶段，分"1992—2002 年：快速前进"和"2003—2018 年：优化补缺"两个时期。

当然，时间并非静止的存在，事件具有连续性，阶段与阶段之间，不可能做到绝对的壁立分明。同时，1949 年与 2018 年只是本书主体内容时限约定之起止点，实际上，书中难免会存在前后延伸之处。

---

① 习近平：《决胜全面建成小康社会，夺取新时代中国特色社会主义伟大胜利——在中国共产党第十九次全国代表大会上的报告（全文）》（2017 年 10 月 18 日），《光明日报》，2017 年 10 月 28 日。

② 中新社（10 月 3 日）电：《习近平出访的"侨"情结》，《福建侨报》，2017 年 10 月 13 日。

③ 新华社：《综合消息："真情温暖人心"——习近平春节团拜会讲话引起海外华侨华人强烈共鸣》，新浪网，http://news.sina.com.cn/w/2017-01-28/dos-ifxzyxxk0770190.shtml，2017 年 1 月 28 日。

三、关于本书的学术背景及资料来源

关于1949年中华人民共和国成立后华侨华人、港澳台同胞捐资兴学的综合性文论并不是很多，以关于案例介绍的资料为多。若干侨区有综述当地华侨华人、港澳台同胞捐资兴学的专著，涉及范围较广的，有杨辉主编、福建省教育科学研究所课题组撰写的《福建华侨华人捐资办学史》等。广东在这方面，尚未见有较为全面、系统的类似专著专论面世。

不少针对中华人民共和国侨务政策的研究成果涉及捐赠政策等方面。譬如国务院侨务办公室政策法规司编、王晓萍主编的《新中国侨务政策六十年回顾与探析》，张赛群所著《新中国涉侨政策研究》等专著，张赛群的《新中国华侨捐赠政策演变及其特征分析》《改革开放以来闽浙两省侨捐政策与落实比较研究》等论文。

对侨胞在潮汕地区捐资兴学的研究成果，则均见于论文。时限在1949年之前的主要有黄挺、吴榕青的《潮汕地区1949年以前海外潮人在本土捐资兴学概述》，苏文纪的《近代港澳与海外潮人对潮汕教育事业的贡献》，吴榕青的《潮侨捐资与"八二"风灾后韩师的重建——潮汕华侨在本土教育捐资的个案研究》，陈子的《华侨与近代潮汕侨乡教育事业研究：以清末民国时期澄海侨办教育为例》等。时限在1949年之后的主要有肖效钦、甘观仕、阎志刚的《潮汕华侨、华人捐资兴学的调查研究》（1991年），吴榕青、黄挺的《1979年以来海外潮人在本土捐资兴学的调查与分析——以韩山师范学院海外校友为中心》（2003年）等。谈到华侨贡献、潮汕慈善事业、潮汕教育事业而顺及华侨捐资兴学的论文则有不少，但仍然以对近代的个案分析居多。资料辑录类的，较全面的有杨群熙、吴坤祥所辑《海外潮人对潮汕教育事业贡献资料》，其材料来源主要是潮汕三市部分地方志书、专志及若干文史丛刊。

潮汕乃至广东大部分涉侨的研究，一般或多或少会提及华侨华人、港澳台同胞捐资兴学问题，譬如张应龙主编的"广东华侨史"文库系列，已结集刊行的便有不少是如此。以《广东华侨与中外关系》[①] 一书为例，杨锡铭的《泰国潮人与泰中关系述略》、陈景熙的《侨乡社会与东亚贸易圈：德教赈济侨乡社会的案例》、欧俊勇的《民国时期华侨捐资与揭阳文化建设》等对历史上潮汕的华侨捐资兴学皆有所提及，陈雍、黄晓坚的《潮汕侨乡的海外联系——磷溪镇、隆都镇调研概述》，则是当代的调研报告。

---

① 张应龙主编：《广东华侨与中外关系》，广州：广东人民出版社，2014年。

关于汕头华侨华人、港澳台同胞捐资兴学的资料，主要见于当代潮汕三市地方志书中的"大事记""华侨""港澳台同胞""教育"等章节，一些专门志部分有较为详细的描述，内部资料如《汕头市华侨志（初稿）》《澄海市华侨志（初稿）》《潮州市华侨志（初稿）》《汕头教育志》《潮州教育志》，出版物如《潮阳市华侨港澳台同胞志》等，同期报刊也有所报道。这些都是本书的参考资料。

汕头侨联以及侨务系统提供的简略统计材料、线索表，尽管尚存缺漏和瑕疵，但也为本书带来大量的有用信息。本书的不少数据皆来源于此。可以说，没有这些资料，我们就是做"无米之炊"。同时，汕头市人大、汕头市政协以及汕头教育系统的内部期刊、通讯、文稿，以及汕头市委市政府、基层政府的相关文告文件、申请报告等文献资料，都是我们的重要资料来源。

同时，我们参考了相应的碑铭、芳名录、建校落成志等，还有一些是我们的田野调查、口述访谈材料。尽管这些物件存在部分歧义、互生矛盾之处，但我们结合其他文献资料进行互证甄别，对可靠可信者仍然加以采用。

四、汕头华侨捐资兴学的特点

从目前掌握的情况来看，汕头华侨华人、港澳台同胞捐资兴学的累计金额，自改革开放前夕至 2018 年末，大约为 99.6 亿元①，这是一个估数。人次方面，如果连助学组织、助学行动中的零星捐赠事例计算在内，我们这次的资料录得 10 万人次以上。"宗"数则难以统计，因为一人同时捐多项、一校分期建设、分期投入而其间又有变化等情况十分常见。在未能弄清楚来龙去脉的情况下，我们也难以以统一标准计出、估测出"宗"数。

在这些丰富翔实的资料中，我们研究、分析了海外华侨华人、港澳台同胞在汕头捐资兴学的情况，总结出如下几个特点：

（一）源远流长，至今仍盛

目前可见的潮汕地区捐资兴学的文献资料显示，其开始不迟于中唐，公元 779 年 10 月 27 日至 780 年 6 月 22 日，常衮到任潮州刺史期间，捐资垦田，兴学教士，而令"潮俗为之丕变"。此后韩愈刺潮，更有"捐俸入学"的明确记录。这些都是闽粤各地史料中，较早见载的著名的捐资兴学事例。

此后，潮汕地区的捐资兴学事例十分突出。乾隆二十七年（1762）刊的府志

---

①　包括注册地或实际运作地位于汕头的助学组织、慈善项目所接受的金额，无论是施于今汕头还是潮汕三市都计入，如汕头市教育基金会、汕头侨联助学活动（均施于今汕头市）、潮汕星河奖基金会、陈汉士助学活动（均施于今潮汕三市）等。

称，当地的捐助、好义之风早成习尚，乃有互相攀比者，其广泛性、普遍性是其他地方比不上的："巨家大族类以孝友相传，故刲股庐墓之事志不胜书。社学义学有一邑一处者，有一邑数处者，属众姓捐助。凡遇修桥筑堤，靡不慷慨乐施。虽由丰裕，亦见人心好义。为他郡所不及。"①

清政府自清初的不太重视教育乃至不支持捐学、一度禁止聚众学习，至清中期之后有了政策上的转变。尤其是嘉庆二十二年四月壬辰（1817 年 6 月 3 日）谕令"宜于一乡一里，分设延师"，"使童子粗识之无"，② 算是有了全国性推行基层教育的较早法令类记录。而潮州府早在乾隆中期便有社学义学，上引地方志书称乃至"有一邑数处者"，可知潮州府的基层教育还是不错的，而这应该与一直以来形成的"众姓捐助"的办学传统密不可分。

清朝道光年间倡学兴学、士绅商民捐资的记录大为增多，以《清实录》记载为考察范围，按条目计，笔者共检得道光年间（1821—1850）因捐资兴学而获中央政权褒奖的案例 13 条，远多于此前（1636—1820）近 200 年合计之寥寥数例。咸丰、同治年间稍为停滞，仅得 3 例记录。紧接着的光绪年间（1875—1908），在清政府的力推下更见踊跃，总计有 200 多例。③ 此期，西学东渐，倡办新学，学堂兴起。光绪二十四年五月甲戌（1898 年 7 月 10 日）的谕令④，是较早在全国范围内推行对"捐建学堂"者实行嘉奖的具备法律性质的谕令，也成为全国性改办旧学、开办学堂并习"中西学"的标志性事件。

清光绪后期，华侨捐资兴学不绝于载。《潮汕史稿》一书梳理了自 1877—1949 年有侨资捐赠记载的学校，计 60 所，其中属于目前汕头市市域的有 23 所，尽管这已经是目前辑录最全且名、地、事等皆具备的，但也仅仅是史料有所留存的部分而已，远非全部。以陈达于民国时的调查⑤为例：当时澄海樟林附近的侨区，便"大致依赖华侨的经济办学、助学。譬如第一及第二高级小学，名义上是区立的，但实际上与区公所并不发生重要的联系，尤其在财政上面。学校的财政如有困难，还是要靠着校长个人向本地富有的华侨征募"。1934 年冬，当地 28 所学校，"大多数与华侨有深切的关系：由华侨倡办者有 7 校；其经常费的一部分每年由华侨捐者 16 校（包括华侨创办的数校）；华侨偶尔有捐款者 8 校"；当时在汕头市立案的有 29 所小学、10 所中等学校，其中与华侨直接发生关系者各

---

① （清）周硕勋纂修：《（乾隆）潮州府志》，台北：成文出版社，1967 年，第 133、231、638 页。
② 《清实录》（第 32 册），北京：中华书局，1986 年，第 335 页。
③ 以上数据统计自《清实录》（第 3—59 册），北京：中华书局，1986 年。
④ 《清实录》（第 57 册），北京：中华书局，1986 年，第 504 - 505 页。
⑤ 据辨析，陈达所述的这部分内容，反映的大约是 1929 年至 1934 年冬他所了解的情况。

有 4 所，如汕头海滨师范学校，常年经费为国币 24 000 元，其中常年华侨补助为 20 900 元，还有大量接收过侨资的学校没法统计。[①]

中华人民共和国成立后，汕头华侨华人捐资兴学持续进行。在基本完成社会主义改造及全面建设社会主义时期，均见有突出于全省、全国的捐资兴学记载。即使在万马齐喑的"文化大革命"期间，侨胞们仍然热情地捐资兴学，就目前公开刊行的全国各省市当代方志来看，这是十分罕见的。而在"徘徊中前进"时期至改革开放前夕，更有多宗大额捐资兴学记叙，也为国内各地所少有。

自 1978 年改革开放至今，包括曾经存在而今已撤并整合的，位于今汕头市 6 区 1 县的接受侨资捐助之中小学（包括职中）大约 420 所，幼儿园不少于 20 所，全日制高等院校 2 所。汕头从教育落后地区逐步发展成为广东教育重地，华侨华人、港澳台同胞的贡献不可磨灭。直到现在，华侨捐资兴学依然不断，继续为汕头的教育事业添砖加瓦。[②]

（二）分布广泛，总体均衡

一般情况下，捐资人的捐资目标，首先是回馈自己的祖籍故里。潮汕籍华侨的捐资兴学也是如此。不过，汕头较为不同之处是，不少捐资者同时也在祖籍地之外的地方捐资办学、助学。

最为闻名的如潮州籍李嘉诚所捐之汕头大学，潮阳籍林百欣所捐之汕头市林百欣科技中专、汕头经济特区林百欣中学，都是位于汕头市中心城区。也许有政策引导等因素，但毫无疑问，这同时也说明李、林等捐资人的博大胸怀——他们意识到家乡一地受益面相对狭小，难以更大程度地产生社会效益。

若干面向潮汕三市的助学行动、基金组织之存在，也可以证明捐资人的全局观念。大规模的组织，如潮汕星河奖基金会，它一开始筹到的善款几乎都来自海外，这些捐资者同样抛开一乡一里的固有观念，存着整个潮汕之心一起"奖掖潮汕佳子弟"的理念与宗旨。小规模的助学，如泰国陈汉士独资进行的助学行动，在汕头市教育局牵头和相关部门的配合帮助下，连续 12 年资助潮汕三市贫困大学生，受助学生达到 2 899 人次，目前又捐资奖励考上广东以色列理工学院的潮汕三市籍学生。

华侨比较少的海岛南澳，也能获得华侨资助。迄今所录得的侨资捐资兴学事例，最大金额的均来自非南澳籍的港澳同胞。山区红场几十年来获得的较大规模的侨资捐赠，也不是来自当地籍的海外侨胞。捐资者们在海岛山区里既没有投资

---

① 陈达：《南洋华侨与闽粤社会》，北京：商务印书馆，2011 年，第 215 – 216、231 – 232 页；李宏新主编：《潮汕史稿》，汕头：汕头大学出版社，2016 年，第 997 – 1003 页。

② 本"绪论"部分涉及现当代汕头捐资兴学的内容详见本书正文，均不再加注，下不说明。

项目，也与他们"非亲非故"，纯粹是出于帮助潮汕家乡发展文教事业目的而已。这些帮助使得山区海岛的学校建设在当时能基本符合要求，如南澳县甚至早于全省实现"普九"目标、早于澄海实施"改薄"工程。

20世纪50年代中期开始，侨资捐赠助建的学校便在各地纷纷出现，以当时属于"较高层次"的教育——中学而言，汕头便以"县县办侨中"而闻名于省内外。而如前所述，侨资源匮乏的地方实际也不缺乏侨资捐助，各地受助事例，不过是金额多寡、规模大小的差别，总体上仍显均衡。当然，拥有丰富侨资源的乡村所得会更多一些。

此外，大量的侨胞还将捐资兴学事业扩展到全国、全球。以中国内地论，据不完全统计，大至北京大学、清华大学，小至乡间希望小学、老区革命学校，皆不乏他们的身影。以"汕头市荣誉市民"获得者来说，在潮汕之外的中国捐资助学之付出，便可达数十亿元人民币。[①] 可以说，海外潮商群体是较早介入中国慈善公益事业且捐资目标较为广泛的群体之一。

（三）低调务实，贡献巨大

潮商群体向来以低调著称，在捐资兴学上也基本如是。我们搜索了部分同时期的省内外报刊，未能发现有多少报道。而也许是事例太多，连本地的媒体也少有报道。据不完全统计，1990年至2000年，数家汕头的报刊，较为详细报道某宗捐资兴学事例（或某人）的不超过60篇，其中，主要集中在若干名人（未必是捐资最多的）以及宣传工作做得较好的潮汕星河奖基金会捐资者上（大约占20%）。这与数以万计的捐资人、捐资事例相比无疑是沧海一粟。

更有捐资人不但不想被报道，而且完全不想留名的情况。捐资建校的，如陈岳泉捐资300万元助建岐山中学时连姓名也没有留下，基层上报时只称"一个不留姓名的华侨"，300万元在1985年并非小数，而陈岳泉并非特例。我们了解到，小金额资助（多在数千元、数百元之内）而不愿存名、未在刻碑留名的还有不少。扶贫助学的，譬如上述的陈汉士，在家乡捐资兴学之后、咨询设立资助潮汕学子的助学基金时，是用"一个泰国华侨"署名的，而各地区（市）教育基金、历时政府或民间的助学活动，这类事例更是不在少数，当然金额也不大，曾有受访者坦言"只求（诚心）还愿"吧。

尽管捐资人在捐资时普遍低调，看似有点随意，但他们通常都比较务实，且重视后续进展，提高效益，有效地避免了无谓的浪费。这一点在建设校舍上有更

---

① 如李嘉诚捐建长江商学院，捐资与教育部共同启动实施了"长江学者奖励计划"，陈经纬捐资北京大学、清华大学等十所高校设立"紫荆谷创新创业发展辅导中心"等长期项目，又如赵汉钟一次性捐建100所希望小学，林永城资助多个革命老区学校、学生等。

多的例子。按，当代捐资者中从事房地产开发、建筑行业的很多，基本上本身便是行业专家，也拥有大批专业员工，捐建建筑物时，一般会有不同程度的参与。譬如周泽荣旗下企业系顶级房地产公司之一，在捐资助建潮南区职业技术学校过程中，身为专家的他便从设计施工到建设统筹都提供了不少专业意见，这些自然不算在捐资款内。又如马伟强本身是国内外著名的设计师，其在家乡捐建的所有大型整体建筑，均由其本人义务设计、监工等，同样不计算在捐资额里面。再如刘思仁是大型开发商，其捐助的项目澄海区汇璟实验小学，则实际上是竣工启用后再赠送给当地政府的。更有几乎全程参与的，如赵学波、赵伯翘兄弟捐建潮南区仙城中学等。材料显示，赵氏兄弟决定捐资数千万元创建学校后，他们便关注项目进展，赵伯翘多次返乡参与了选址择地，并一直做好力所能及的相关工作，直到校舍竣工、学校开学方才歇息。其不顾高龄往返山野泥泞的身影（20 世纪90 年代仙城路况远不如今），至今仍令深受感动的乡人肃然起敬。

此外，由于潮商群体声名远播，海外侨领、富商巨贾众多，不少捐资者本身便有着一流的海外影响力，其中之翘楚还多次受到国家领导人和各级领导的接见。因此，他们每每进入国内都会引人瞩目，举动之间也不乏受到国际华文媒体乃至国际著名传媒的关注。尤其是在新中国成立之初、“文化大革命”之后、改革开放前期等特定历史时期，其返乡捐资兴学，更在海外华社、居住地社会具有“方向标”的作用，为新中国的建设创造良好的舆论环境，这种因其影响力带来的贡献，是十分巨大的。

（四）事迹感人，精神可嘉

众多的捐资者较为低调，并没有像其他地方一样，留下许多令人感慨的精致名言。[①] 但从众多捐资兴学的材料中，我们一样能够体会到那种感人至深的精神力量，它们全部来自于可连接起来的真实，留下的虽只是朴素的言语，却并不比精致的名言逊色。

譬如“理所当然”的故事。澄海有德小学由李氏先人创始于1904 年，百年来校舍几次成危房，学校也数度更名。然而，只要国内社会条件允许，远隔重洋的李氏族人必风雨兼程，返乡谋求重建，不是一人两人，也不是一代两代人，而是集腋成裘，代代延续。为何要回乡复校，为何要坚持“有德”校名？当我们围绕这两个中心而抛出专门设计的问题时，便觉得自己有点“弱智”，因为不同时间里的三位不同受访者（其中两位曾参与小额慈善事业），基本上都以类似态

---

① 即使李嘉诚每年一度的汕头大学毕业典礼上的致辞，也是以激励学生、催人向上为主，当然也有奉献社会方面，但很少涉及具体的慈善公益的内容，更少有关于自己事例的介绍。

度来告诉你：这需要理由吗？这样的情况不仅在澄海，在其他区的乡镇还有很多。我们相信这种"理所当然"的心态并非个例，它的形成当然是多种因素综合的结果，其中，根深蒂固的宗族观念、优秀的民俗传统应是主要动力。

又如"葬我于家乡"的故事。张恭良返乡创建濠江区葛洲学校，开始了倾尽积蓄从事慈善公益的晚年生涯。受他的影响，其弟张恭荣同样不遗余力、踊跃支持。兄弟逝世后，子侄儿女均继承遗志，延及甥婿亲人，迄今薪火相传。濠江葛洲社区在 2011 年被国务院侨务办公室评为首批全国 5 个"侨爱新村"之一，张家的长期大额捐赠（各项慈善事业早已过亿元）居功至伟。张恭荣临终嘱言：归葬乡里。原因居然是"有了我在家乡的坟墓，子孙才会每年回乡'相巡'（回乡看看我）……"正是此等精神，令"葛洲张家"作为慈善家族闻名遐迩。

类似这样临终嘱咐后人的感人事例还有不少。正大集团创始人谢易初临终托付后人回乡捐资兴学，谢家子弟除了"超额"完成任务外，还一直坚持其父遗志，无论形势如何均投资中国、助力发展——自新中国成立初期谢易初于澄海实施农业科研，到正大集团在深圳取得第一份中外合资执照、成为第一家进入大陆的外资企业，直至目前谢国民"深耕"于大江南北，谢氏家族不忘初心，与新中国风雨共济、砥砺同行，其社会贡献远不止捐资兴学、力行公益这么简单。

再如"三十岁前必兑现承诺"的故事。不足 28 岁的黄丕通正处在事业积累、发展阶段，先是承诺镇干部三年内捐资 500 万元助建学校，稍后公开此番诺言。30 岁时，黄衣锦还乡，以逾十倍的捐赠兑现，创建潮阳黄图盛中学（截至 2011年已捐资达 7 200 万元）。当然，能够圆满成事，与黄事业成功等个人际遇有关，但无可否认的是，这件事显示出了黄个人笃于守诺的优秀品质，是为世人称道的潮商群体"重诺守信"的精神特质。

这样的事例还有不少，1997—1998 年亚洲金融危机、2007—2008 年环球金融危机，均重创潮侨、潮商密集居住地的东南亚及中国香港地区。然而，汕头方面录得的捐资规模与稍前时期比较，实际上减量不大。从材料和调查中发现这样一宗事例，在危机逐步平息时，便又有继续之前校舍捐赠的末期投入，正如某位不愿透露姓名的受访者所称："阿头家有神明保贺该（大意为'积善之家，必有余庆'）。"

此外，捐资兴学本身便是中华优秀文化传统，其施行中，包括诸多以父母、兄弟、夫妻名字捐资的，或者冠名教室、礼堂、办公楼、教学楼、学校、幼儿园等，也同时体现了慎终追远、孝道家风等。似此等等，载不胜载。

（五）尊重政策，服从大局

尊重捐赠人的意愿，是慈善的底线，也是一贯的政策要求。这方面，在汕头的捐资兴学事业都能得到很好的贯彻和落实。此外，广大侨胞捐资者都能理解与时俱进的布局需要，为更好调配资源、优化教育作出贡献。

譬如，有的捐资者希望从幼儿园、小学到中学"一条龙"捐资建校，这在贯彻"一无两有""全面扫盲"时期可以简单实现，因为当时学位不足、校舍建筑要求较低，只要具备足够资金便能成事（乃至一次性捐款落成建筑则告成功）。到了"改薄"时期，则还要考虑当地适龄学童、公办师资配备能力问题等。目前的要求则更为规范，安全、环境、持续发展、长期前景等需纳入衡量的一应具备，要新增一所全新的公办学校，并非仅仅投入阶段性足够资金便能轻易做到。汕头整体的捐资兴学趋势，是从改革开放之初的各乡村自由捐建，到稍后的校址坐落区域较为讲究，直至目前的更合理化设置。我们对各阶段、各时期的考察，总能发现兴学的侨资流向与实际需要十分适配，如急需职技时总有侨资投入职技、高中学位不足时总有侨资助学高中等。长期基本上如此，这无疑是政府在不同阶段正确引导的结果。

再如，一般情况下，再"无所谓"的捐资者，也会希望自己的付出为人所知。而更高的追求，则是希望自己的付出能够产生更大的效益，使更多的人得到更优质的服务。这是人之常情，广大华侨华人捐资兴学者也不例外。大约从21世纪开始，随着广东乃至中国社会发展的突飞猛进，政府投入教育、校舍的规模相应增加，优化中小学校布局结构、合理配置教育资源成为时代的必然，广东省内有一批侨资捐助的学校被合并、撤销，此类学校数量众多的汕头，自然也在所难免。不过，具有纪念性或象征性的标志均得到妥善保留，而只要不是完全被撤，那些原来按捐助者意愿冠名的学校，无论是否有了新的登记注册名，其校名牌匾、标志迄今仍悬挂于校门或校园显眼处，继续保持华侨捐赠者的既得荣誉。这是侨胞们积极配合政策、适应社会发展的典型事例。可以说，这正是他们"功成不必在我"高尚情操之体现。

（六）捐资兴学，善莫大焉

新中国成立，尤其是改革开放以来，华侨华人、港澳台同胞捐资兴学事业获得了空前的发展，无论在捐款人数，捐资总额，捐建扩建大、中、小学和幼儿园的数量及其规模方面，还是在捐赠的各种先进科学教学仪器及电化教学设备的数量及质量，捐建的图书馆、科学馆、体育馆及提供各类图书资料等方面，都是过去所无法比拟的，各种慈善组织或单个活动所获得的捐资助学资金及收益面，更是过去所没有的。而在上级正确政策的引导下，他们的投入更为适应当时社会发展的需要，补短板，使所捐款项发挥出最大的社会效益，这也是新中国成立之前所未能做到的。

利万世者，莫非文教；捐资兴学，善莫大焉。广大华侨华人、港澳台同胞的长期贡献，无论在物质层面还是精神层面均足以功标青史、名垂竹帛。

第一阶段　新中国成立至改革开放前夕

1949 年 10 月 1 日，新中国成立，经历了近代以来 100 多年苦难斗争的中国人民，终于迎来中华民族浴火重生的曙光，这是中国历史上从来没有过的人民当家做主的新型政权。从此，亿万中国人民满怀豪情地开始了实现国家富强、民族振兴、人民幸福的伟大征程。①

从此时起至改革开放前夕，是华侨华人、港澳台同胞在汕头捐资兴学的第一个阶段。这个阶段发展与挫折并存，总体呈现曲折起伏、螺旋式发展态势，曾经勃然兴起，一度几近绝迹，直到本阶段末期重焕生机。

一、时代背景

中国共产党人早就认识到：人数众多、分布广泛的海外华侨华人时刻不忘关注祖（籍）国的前途和命运，在近现代历次大变革过程中，他们都发挥了积极的影响，也作出了杰出的贡献。当尚处于共产主义小组时，他们便同情华侨、理解华侨。② 中国共产党成立之后，更是长期实行保护华侨的正确政策，在不同历史时期，侨务工作侧重点或有调整，但保障华侨、归侨、侨眷的正当、合法权益始终是中共侨务政策的核心原则。

中共侨务政策之萌芽，始于 20 世纪 30 年代抗日战争时期，当时中共便将华侨视为抗日民族统一战线的重要组成部分加以重视和爱护。1935 年 8 月，《为抗日救国告全体同胞书（八一宣言）》号召"一切关心祖国的侨胞们"参加"全中国统一的抗日联军"，承诺"保护侨胞在国内外生命、财产、居住和营业的自由"；③ 同年 12 月的《中央关于目前政治形势与党的任务决议》，称赞海外华侨

---

① 新华社：《习近平在庆祝中华人民共和国成立 65 周年招待会上的讲话》（2014 年 9 月 30 日），《人民日报》，2014 年 10 月 1 日。

② 许肖生：《中国共产党早期的华侨政策与侨务工作》，《暨南学报》1991 年第 3 期。

③ 《为抗日救国告全体同胞书（八一宣言）》，载中央统战部、中央档案馆编：《中共中央抗日民族统一战线文件选编》（中），北京：档案出版社，1985 年，第 12－18 页。

对中国革命的贡献，提出要采取"积极保护华侨的政策"，并明确表示"欢迎华侨资本家到苏区发展工业"；1938 年 10 月，《论新阶段抗日民族战争与抗日民族统一战线发展的新阶段》指出要"保护华侨利益，并经过华侨的努力推进各国反日援华运动"；1945 年 4 月，又提到"海外华侨输财助战""海外爱国华侨给了援助"的贡献，指出"要求保护华侨利益，扶助回国的华侨"等。①

新中国成立之初，国内物资紧缺，国民经济、工农业生产远没有达到战前水平。经过两三年的努力，1952 年国内生产总值 679 亿元、总人口 5.7 482 亿、人均国内生产总值 119 元/人，全国各项税收 97.96 亿元，普通高校、普通中学、普通小学、幼儿园各有 201 所、4 298 所、526 964 所、6 531 所，全国工农业生产总值达到历史最高水平。又经调整、发展，1965 年国内生产总值 1 717.2 亿元、总人口 7.253 8 亿人、人均国内生产总值 240 元/人、全国各项税收 204.30 亿元，普通高校、普通中学、普通小学、幼儿园分别有 434 所、18 102 所、1 681 939 所、19 226 所。②

这个阶段，党和政府一如既往高度重视侨务工作。侨务工作也由革命手段转变为政府行为，通过为侨服务来满足社会主义革命和建设的需要。

1949 年 9 月，中国人民政治协商会议第一届全体会议通过的《中国人民政治协商会议共同纲领》，明确"由中国共产党、各民主党派、各人民团体、各地区、人民解放军、各少数民族、国外华侨及其他爱国民主分子的代表们所组成的中国人民政治协商会议，就是人民民主统一战线的组织形式"；在经济政策上，"人民政府应采取必要的办法，鼓励人民储蓄，便利侨汇"；在外交政策上，"中华人民共和国中央人民政府应尽力保护国外华侨的正当权益"。1954 年 9 月 21 日第一届全国人民代表大会第一次会议通过的《中华人民共和国宪法》，则规定由国务院"管理华侨事务"，"中华人民共和国保护国外华侨的正当的权利和利益"。③ 这些，是制定新中国侨务政策的法律基础和依据。

同时制定的法律对华侨的利益都有所照顾，如《中华人民共和国土地改革法》第二十四条便规定："华侨所有的土地和房屋，应本照顾侨胞利益的原则，

---

① 《中央关于目前政治形势与党的任务决议》（中央政治局瓦窑堡会议通过）、《论新阶段抗日民族战争与抗日民族统一战线发展的新阶段》（一九三八年十月十二日至十四日）、《论联合政府》（一九四五年四月二十四日）、《论统一战线》（一九四五年四月三十日），载中央统战部、中央档案馆编：《中共中央抗日民族统一战线文件选编》（下），北京：档案出版社，1986 年，第 45 - 68、139 - 160、802 - 804 页。

② 数据均未包括香港、澳门、台湾，下同。参见国家统计局国民经济综合统计司编：《新中国六十年统计资料汇编》，北京：中国统计出版社，2010 年，"凡例说明"页，第 6 - 84、699 - 729 页。

③ 《中国人民政治协商会议共同纲领》（一九四九年九月二十六日中国人民政治协商会议第一届全体会议通过），《人民日报》，1949 年 9 月 30 日；《中华人民共和国宪法》（一九五四年九月二十日第一届全国人民代表大会第一次会议通过），《法学研究》1954 年第 3 期。

由大行政区人民政府（军政委员会）或省人民政府依照本法的一般原则，另定适当办法处理之。"① 但在具体的华侨华人捐资兴学方面，则采取了审慎的态度，并没有具体的鼓励措施。

1950 年 12 月 29 日，政务院通过《关于处理接受美国津贴的文化教育救济机关及宗教团体的方针的决定》，决定"本爱国精神、同心协力""完全肃清美国帝国主义在中国的文化侵略影响"。② 这是针对 1950 年 12 月 16 日美国宣布禁航中国并单方面管制其境内的中国公私财等而采取的反制措施。同年 12 月 28 日，政务院尚出台有《关于管制美国在华财产冻结美国在华存款的决定》③，也是如此。这些决定在具体执行不久之后，便将针对目标由美国扩大至其他主要西方国家，汕头的教会学校众多，大多数有侨资捐赠，自然也是这些政令所及范畴。

1951 年 7 月出台的《各级教育行政部门管理外侨子女学校暂行办法》，是较早一部涉及侨校的教育部公布法规，其主要阐述登记管理制度，以方便管理。按照该办法要求，华侨学校可以自行制定规章、制度、课程、教育方法等，但必须经过比较严格的查核，侨校的优惠政策，则可"按照中国私立学校例，申请减免学校自用房地产税"，至于是否鼓励华侨华人捐资兴学等，则没有明确地提及。④

1952 年 9 月，教育部发出《关于接办私立中、小学的指示》，决定自当年下半年至 1954 年，全国私立中小学由政府接办，改为公立。该指示充分考虑到"私立中小学的政治情况一般比较复杂"，强调必须建立严格的请示报告制度，应将接办过程中碰到的问题及时逐级上报，以利于开展工作。同年 11 月，又发布了《关于接办私立中等学校和小学的计划》，具体阐明包括接办顺序、任务落实以及接办后的经费预算等，并再次强调了应选派一定数量的"政治上较强的干部"负责接办工作，对于规模较大的学校，"尤应派遣得力干部"，以"防止可能发生的各种偏向"。⑤ 对于国内侨区、侨乡而言，接办的中小学便包括侨校，但在工作过程中，不少地方没有按照指示中的"反复讲明政策，解除各种顾虑"

① 《中华人民共和国土地改革法》（一九五〇年六月二十八日中央人民政府委员会第八次会议通过），《人民日报》，1950 年 6 月 30 日。

② 《中央人民政府政务院关于处理接受美国津贴的文化教育救济机关及宗教团体的方针的决定》，《人民日报》，1950 年 12 月 30 日。

③ 中共中央党校党史教研室选编：《中共党史参考资料》（第 7 册），北京：人民出版社，1979 年，第 178 页。

④ 《各级教育行政部门管理外侨子女学校暂行办法》（1951 年 7 月 5 日），载中华人民共和国教育部办公厅编：《教育文献法令汇编（1949—1952 年）》，中华人民共和国教育部办公厅，1958 年，第 111 页。

⑤ 《关于接办私立中、小学的指示》（1952 年 9 月 1 日），《关于接办私立中等学校和小学的计划》（1952 年 11 月 15 日），载中华人民共和国教育部办公厅编：《教育文献法令汇编（1949—1952 年）》，中华人民共和国教育部办公厅，1958 年，第 201 - 202、211 - 212 页。

便强行执行。各地随意更改校名，不允许捐资者留名等情况也十分常见，福建若干地方甚至发生将校长房屋充公以补充办学经费等事件。① 这些事件的发生，多少打击了侨资的信心。

1955 年 2 月发布的《国务院关于贯彻保护侨汇政策的命令》，是较早明确出现关怀、表扬华侨华人捐资兴学的国务院命令。该命令针对地方基层部门"干预"侨汇使用的不良做法，在肯定侨汇为侨胞侨眷的正当权益、对国家建设有积极的作用、对全国人民有利的同时，鼓励华侨侨眷使用侨汇，并强调："华侨素来热心家乡公益事业，如兴办学校医院、兴修水利、造桥、修路等，各级地方国家行政机关对此应表关怀，并给予指导、帮助，必要时予以表扬。"② 1956 年，教育部制定的《关于侨办学校存在问题的改进意见》，也表达了类似的态度。③

1957 年 6 月，教育部发出《关于提倡群众办学的通知》，坦言"我国地广人多，经济落后，中、小学教育不可能完全由国家包下来"，因此必须大力提倡群众办学，动员城乡居民，以及工矿企业、机关、团体、院校、合作社等单位的员工，根据需要、自愿和可能的原则，集资兴办学校。其中特别提及"还应鼓励华侨办学，并允许私人办学"。而群众办学，则"不必强求正规，可以根据条件办理初中、小学或儿童识字班、文化补习班等各种形式"。④

1957 年 8 月 2 日，国务院公布《华侨捐资兴办学校办法》，其第一条便指明宗旨："国外侨胞热爱祖国，热爱家乡，一向有捐资在祖国兴办学校的优良传统。为了进一步鼓励华侨在国内兴办学校，发展文教事业，满足广大华侨子女求学的要求，制定本办法。"其中的鼓励措施，包括：侨校可根据创办者的意愿命名；侨校建设，可由当地政府划拨地基、解决建材和施工等困难；侨校校长由创办人或者校董会提请、主管教育行政部门任免，或者由主管教育行政部门征得创办人或者校董会同意后任免，同时创办人或者校董会可以推荐教职员工；侨校对侨眷子女和华侨学生入学应该予以优先录取（对非侨眷子女也应该按适当比例招收）；各级人民委员会应该积极予以鼓励、支持、协助和指导；对卓有成效的侨

---

① 杨辉主编，福建省教育科学研究所课题组撰写：《福建华侨华人捐资办学史》，福州：福建教育出版社，2007 年，第 85 页。

② 《国务院关于贯彻保护侨汇政策的命令》（1955 年 2 月 23 日），载中华人民共和国国务院秘书厅编：《中华人民共和国国务院公报》（1955 年第 2 号），北京：中华人民共和国国务院秘书厅，1955 年，第 85 - 87 页。

③ 何东昌主编：《中华人民共和国重要教育文献（1949—1975）》，海口：海南出版社，1998 年，第 1113 页。

④ 《关于提倡群众办学的通知》[1956 年 6 月 3 日（57）小行陈字 53 号]，载中华人民共和国教育部办公厅编：《教育文献法令汇编（1957 年）》，北京：中华人民共和国教育部办公厅，1959 年，第 17 - 18 页。

校则给予表扬和奖励，不得任意停办、接办或者更改校名等。①

1966 年 5 月，"文革"全面开始，对海外华侨华人的爱国热情造成严重的打击，捐资兴学事业陷入低谷。

此外，新中国成立初期致力延揽侨心侨力，以及在海外大力开展党务工作等，令海外侨胞与祖国联系日益密切，对新中国的建设有所帮助，但也受到东南亚一些侨居国的质疑，并因此影响到中国与有关侨居国的关系，遂使对外侨务工作有所收缩。1955 年的万隆会议之后，出于时局因素考虑，中国便公开并逐步与有关国家签订不承认双重国籍的条约，同时鼓励华侨华人在居住国"长期生存"。

广东方面的情况，主要是紧跟中央政策执行。不过，广东也有其特殊性，它是海外华侨华人最多的大省，为了更好地做好工作，在若干方面，似乎也体现出其灵活的一面。例如，1952 年 3 月 10 日，中共中央中南局曾有人提出，要"集中打击那些出国前即是地主或出国后在国外已处资本家地位，而又在国内兼并土地者，对于此种人，可依法清算，不应只以国内财产为限"。华南分局不同意这种做法，后得到中共中央支持，指示："严禁追要海外汇款抵交斗争果实。"②

作为华侨资源利用规模最大的省份，广东省在国家侨务工作中占有重要的位置。国家教育部首份侨生入学的法规《关于照顾归国华侨学生入学的暂行办法》规定，广东华侨事务委员会是除了中华人民共和国华侨事务委员会之外，唯一具有审核侨生资格的单位，同时也是北京华侨补习学校之外唯一可以开具侨生介绍信者，当时华北、东北、华东、中南各区高校招生委员会归并在广州设置的考区，在京者则参加北京的高考。③

对待侨捐助学的态度，广东省比之中央的规定显得更为积极。在国民经济恢复时期，侨汇普遍受到影响，导致原本是教育重要力量的侨资学校经济来源萎缩，广东方面即采取积极扶持的政策，使得侨校教育任务得以维持。1950 年，广东省政府还专拨大米 50 万公斤，重点补助侨办中学和私立中学，并相应地要求下辖各涉侨区、市、县等重点关注、补助侨办小学。④

---

① 《华侨捐资兴办学校办法》（1957 年 8 月 1 日全国人民代表大会常务委员会第 78 次会议批准），载中华人民共和国国务院秘书厅编：《中华人民共和国国务院公报》（1957 年第 34 号），北京：中华人民共和国国务院秘书厅，1957 年，第 729 – 730 页。

② 广东省地方史志编纂委员会编：《广东省志·政治纪要》，广州：广东人民出版社，2004 年，第303 页。

③ 《关于照顾归国华侨学生入学的暂行办法》（1951 年 7 月 12 日），载中华人民共和国教育部办公厅编：《教育文献法令汇编（1949—1952 年）》，北京：中华人民共和国教育部办公厅，1958 年，第 112 – 113 页。

④ 广东省地方史志编纂委员会编：《广东省志·教育志》，广州：广东人民出版社，1995 年，第246 页。

广东省于 1951 年贯彻政务院《关于处理接受美国津贴的文化教育救济机关及宗教团体的方针的决定》的精神，全省接收了美国津贴的和教会兴办的中学 20 所，教会大学 1 所，教会中学 20 所，教会小学和幼儿园 58 所。1952 年开始，逐步接办私立中学，9 月份以后，则开始将所有中学改为公立公办，办学体制由多方办学调整为国家办学。①

经历了调整改造、合并公办之后，1954 年台山县侨联集资 1.7 万元，利用原台山女师校舍开办了台山县华侨中学；中山县石岐镇的归侨集资 4 000 元开办了中山石岐华侨初级中学。1955—1956 年，包括潮汕在内，各侨区又有 10 余所新的侨校创办。② 不过，1954 年兴办的几所华侨中学，虽有校董会筹措办学经费，但多数学校仍靠政府补助，教职员工工资由政府负责。③

而在前述 1957 年《华侨捐资兴办学校办法》公布之前，广东实际上已采取若干措施恢复和调动华侨的热情。比如 1956 年 4 月，广东省教育厅、广东省侨委便召开第一次侨校工作会议，明确了鼓励华侨办学、努力办好侨校的态度。《华侨捐资兴办学校办法》的公布，又掀起捐资兴学的热潮。1958 年，中共中央、国务院发布《关于教育事业管理权力下放问题的规定》，下放了中学的管理，"普通中学的设置和发展，无论公办或民办，由地方自行决定"。同年开始的"大跃进"运动等，令省内各地的学校、侨校等剧增，造成教育资金紧张、教育质量下降，1960 年至 1962 年才初步完成精简、整顿工作。据当年统计，1962 年的侨校数量为：华侨中学 57 所，学生 2.07 万人；华侨小学 26 所，学生 7 513 人。到了 1964 年，贯彻《关于华侨和港澳同胞捐资兴办公益事业问题的通知》，严格规定捐资项目必须由省一级审批，当年华侨华人、港澳同胞捐资兴办或资助的中小学和幼儿园已遍布广东各地侨乡，其中县以上华侨中学达 32 所（含转为公办的侨中 3 所）。自 1964 年至 1966 年上半年，则致力于提高教育质量，华侨华人、港澳同胞的捐资兴学，多是在提高校舍建设方面，但总体捐赠事例并不多。④

此后，据《广东省志·教育志》的说法，是："'文化大革命'期间，中共侨务政策被践踏，侨建侨办学校被扣上'资产阶级争夺青少年'的罪名而受到

---

① 广东省地方史志编纂委员会编：《广东省志·教育志》，广州：广东人民出版社，1995 年，第 8、144 页。

② 广东省地方史志编纂委员会编：《广东省志·教育志》，广州：广东人民出版社，1995 年，第 246 页。

③ 广东省地方史志编纂委员会编：《广东省志·教育志》，广州：广东人民出版社，1995 年，第 145 页。

④ 广东省地方史志编纂委员会编：《广东省志·华侨志》，广州：广东人民出版社，1996 年，第 311 页；广东省地方史志编纂委员会编：《广东省志·教育志》，广州：广东人民出版社，1995 年，第 146、246–247 页。

严重破坏。校名被改掉，校舍被占用，教师被调走，教学仪器、设备大量散失、损毁，严重地挫伤了华侨建校办学的积极性。"[1]

"文化大革命"期间，广东省的侨务工作被严重破坏，出台的政策也是极不友好，侨心备受摧残，捐资兴学近于被禁止。1969 年，广东省出台了《关于严禁向华侨、港澳同胞发动捐献问题的通知》，严禁以任何名目、任何形式向华侨华人、港澳同胞发动捐献。对他们的捐献，一般要婉言谢绝；说服不了的，必须逐级上报，经批准方可接受。[2]

影响较大的是"海外关系黑六条"。1970 年 4 月，广东省革命委员会政工组召开"干部港澳、海外关系政策座谈会"，会后总结出台了《处理有港澳海外关系干部的六条意见》（俗称"黑六条"，以下简称《六条意见》），要求立即执行"凡是有港澳、海外关系的干部，不管亲属从事什么职业，如果经过教育，仍然保持政治、经济联系，要从严处理""要视情况进行必要的批判斗争教育"，把城乡有"海外关系"者作为清理、打击对象，造成了大批冤假错案。[3]

《六条意见》看似仅针对干部，实际上扩大至整个侨属侨眷范畴；尽管它并非党委政府之严肃法规文件，只是一份缺乏足够效力的会后"意见"，但事实上广东省各地都予以贯彻执行。汕头地区受到不同方式处理的，仅以"干部"论便数以千计，受到影响的普通群众则难以估量，大多数人填写履历时只能隐瞒海外亲属好友信息，日常生活中亦绝口不提，连自己的子女也不明有这层亲故，其日夜惶恐的感觉可想而知。这个被称为"海外关系黑六条"的意见引起了海外华侨华人的强烈反响，大抵上断绝了正常的海内外联系，华侨华人捐资兴学的源泉也就被堵塞了。

二、汕头形势

（一）政区及统属概略

新中国成立初期，全国各地行政区划调整频繁，其间经历了区划层级由五级制转变为三级制（和事实上的"四级制"）之过程。

---

[1] 广东省地方史志编纂委员会编：《广东省志·教育志》，广州：广东人民出版社，1995 年，第 246 页。

[2] 《关于严禁向华侨、港澳同胞发动捐献问题的通知》（1969 年 3 月 8 日），广东省档案馆馆藏，档案号 294—A2、8—19：41。转引自张赛群：《新中国华侨捐资兴学政策演变及其特征》，《当代中国史研究》2010 年第 6 期。

[3] 《我省召开侨务工作会议》，粤侨：《"海外关系黑六条"的反动实质》，《南方日报》，1978 年 1 月 24 日；《广东省志》编纂委员会编：《广东省志（1979—2000） 30 侨务卷、外事与港澳事务卷》，北京：方志出版社，2014 年，第 105 页。

汕头同样如此，兹梳理其政区统属及区划之情况简述如下：①

1949 年 10 月 1 日，中华人民共和国成立。10 月 14 日，广东省省会城市广州解放。11 月 6 日，广东省人民政府成立。随后采取由上而下建立政权的方针，着手建立了市县以及基层各级人民政府。同时，也设置了不少相当于一级政府地位和作用之派出机构。

1949 年 10 月 24 日，汕头市解放。1949 年 10 月下旬至 12 月，根据潮梅人民行政委员会②《潮梅人民行政委员会组织大纲》的规定，设立汕头市人民政府委员会，代行汕头市人民政府职权；翌年 2 月 13 日稍前，广东省人民政府重新划定政区，将汕头市定为省直属市（省辖市）；1950 年 3 月 15 日，汕头市人民政府正式成立。③

1950 年 2 月 10 日，成立潮汕区行政督察专员公署，治所设于汕头市，辖潮安、饶平、潮阳、揭阳、普宁、澄海、惠来、南澳④ 8 个县；10 月 1 日更名为潮汕地区专员公署，治所、管辖如前。这两个名称，常简称为"潮汕区专署"或"潮汕专区"，是为广东省人民政府的派出机构。

1951 年 7 月 1 日，广东省设立粤东、粤西两个办事处，其中粤东办事处治所设于潮安县彩塘林坞村，翌年迁入潮州城；1952 年 11 月 14 日撤销粤东办事处，成立粤东地区行政公署（简称"粤东行署"），治所设于潮安城镇，汕头市改属粤东行署负责，粤东行署辖有潮安、饶平、潮阳、普宁、澄海、揭阳、惠来、南澳、梅县、丰顺、兴宁、蕉岭、紫金、龙川、海丰、陆丰、大埔、五华、平远、惠阳、河

---

① 下文参见：《粤省划定行政区域，分八个专署一个行署、汕头湛江为省直辖市》，《团结报》，1950 年 2 月 13 日；广东省革命委员会筹备小组：《关于汕头专区成立革命委员会筹备小组的批示》（〔66〕粤革筹字第 42 号），1968 年 2 月 8 日；广东省汕头市地方志编纂委员会编：《汕头市志》（第一册），北京：新华出版社，1999 年，第 242 - 249、556 - 571、655 - 660 页；广东省汕头市地方志编纂委员会编：《汕头市志》（第二册），北京：新华出版社，1999 年，第 10 - 14 页；汕头市副市长黄声报告：《汕头市五个月来接管与施政工作》，汕头市第一届各界人民代表会议，1950 年 3 月 25 日；广东省地方史志编纂委员会编：《广东省志·政权志》，广州：广东人民出版社，2003 年，第 412 - 425、427、430 - 431、442 页；广东省地方史志编纂委员会编：《广东省志·人口志》，广州：广东人民出版社，1995 年，第 109、113 页；广东省地方史志编纂委员会编：《广东省志·政治纪要》，广州：广东人民出版社，2004 年，第 134 - 139、166 页；广东省地方史志编纂委员会编：《广东省志·民政志》，广州：广东人民出版社，1993 年，第 8 - 12 页。

② 潮梅人民行政委员会为中国共产党潮汕地方革命委员会（简称"中共潮汕地委"）1949 年 7 月 28 日建立的人民政权，系中共领导下这一片区域最高的临时政权，中国共产党潮汕地方革命委员会与潮梅人民行政委员会的关系，可以粗略地理解为"中共××市委"和"××市人民政府"的关系。潮梅人民行政委员会辖粤东 17 个县市，在汕头等各主要城市解放、实施正式统治后，才完成历史使命，分设为各个行署。

③ 此前，1950 年 1 月 13 日，中央政务院第 15 次会议正式任命谢育才为汕头人民政府市长，是为首任市长；3 月 10 日，政务院第 23 次会议又任命黄声为汕头市副市长。

④ 南澳岛要到同年 2 月 23 日才告解放。

源 21 个县和汕头市。粤东办事处、粤东行署都是广东省人民政府的派出机构。

1956 年 11 月 16 日，经国务院批准，撤销粤东地区行政公署，设立汕头专员公署（常被简称为"汕头专区"或"汕头专署"）①，治所设在汕头市；汕头市恢复为省辖市。此时，汕头专区辖有潮安、饶平、潮阳、普宁、澄海、南澳、揭阳、惠来、梅县、丰顺、大埔、五华、兴宁、平远、蕉岭 15 个县②和潮州市③；汕头市则直属于广东省管辖。

1958 年，汕头市改为汕头专区管辖。11 月，撤销潮州市，并入潮安县。此时，汕头专区辖有潮安、饶平、潮阳、普宁、澄海、南澳、揭阳、惠来、梅县、丰顺、大埔、五华、兴宁、平远、蕉岭 15 个县和汕头市。

1965 年 7 月 19 日，经国务院批准，以揭阳、陆丰两县各一部分地域，设置揭西县。此时，汕头专区管辖潮安、潮阳、普宁、饶平、揭阳、陆丰、海丰、澄海、南澳、惠来、揭西 11 个县④和汕头市。

上述"汕头专区"都是 1955 年 2 月成立的广东省人民委员会之派出机构。

1967 年 3 月，成立汕头专区军事管制委员会（简称"汕头专区""汕头专区军管会"），辖有 11 个县和汕头市，如前。汕头专区军事管制委员会是同月成立的广东省军事管制委员会之派出机构。

1968 年 3 月，成立汕头地区革命委员会（简称"汕头地区""汕头地区革委会"），辖有 11 个县和汕头市，如前。汕头地区革命委员会是同年 2 月成立的广东省革命委员会之派出机构。

1974 年 5 月，中共广东省委粤字〔1974〕34 号决定恢复汕头市为省辖市，实行省、地双重领导，计划由省单列的管理体制。1975 年 11 月 22 日经国务院批准，汕头市恢复为省辖地级市。至此，汕头地区革委会辖有潮安、潮阳、普宁、饶平、揭阳、陆丰、海丰、澄海、南澳、惠来、揭西 11 个县；汕头市则直属广东省革命委员会。直至这个阶段（即改革开放前夕）结束，并延续至下一个阶段。

---

① 按：广东在 1956 年 2 月便实施"专员公署"派出机构制度；2 月 6 日，广东省人民委员会命令撤销粤东行政区，成立汕头专区，3 月 1 日汕头专员公署应已开始更替粤东行政公署实际施政了；这里的 11 月 16 日是国务院批准的日期，当时批准公文日期迟于实际施行时间的情况，各地都普遍存在着。

② 1956 年 1 月惠阳专区成立时，汕头专区划出惠阳、河源、龙川、紫金、海丰、陆丰 6 县归属惠阳专区，故余 15 个县。

③ 1953 年 1 月，潮安县拆出城关镇，新设一个潮安市，其余地域仍为潮安县；1953 年 7 月，潮安市更名为潮州市。潮安县以及更名前后的潮安市、潮州市，都是县级建制。

④ 1959 年撤销惠阳专区时，海丰、陆丰 2 县划入汕头专区，是为 17 县；1965 年 6 月梅县专区成立时，汕头专区划出梅县、大埔、丰顺、蕉岭、平远、兴宁、五华 7 县归属梅县专区，故余 10 个县；加上此时新设的揭西县，则是 11 个县。

综上所述，汕头作为一个市（无论是否省辖），与作为一个统辖多县市的省政府派出机构，是有区别的，但两者又密不可分。

区别方面，汕头市一直存在，但有时为省辖（约相当于今之称谓"地级市"），有时为广东省的派出机构所辖（约相当于今之称谓"县级市"）。大体情况是：1950年2月至1952年10月、1956年至1958年中、1975年开始至这个阶段结束，这三个时间段，汕头市都是省辖市，并不属于当时的派出机构潮汕区专署（潮汕专区）、粤东办事处、粤东行署、汕头专区、汕头专区革委会、汕头地区革委会管辖。其他时间，则都属于这些派出机构管辖。

汕头市无论是否为省辖市，它都是这片区域的政治、经济和文化中心。大体上，这个阶段的30年里，除了1952年末至1955年这段时间省派出机构的治所不在汕头市之外，其他时间的治所都在汕头市。自1956年开始，汕头专区、汕头专区革委会、汕头地区革委会都是直接冠以"汕头"名，并管辖相当于县级市的汕头市。1975年末则是汕头地区、汕头市同级分治。此时，由于两者等第、治所相同，且有若干单位或人员配置实施双挂牌、任两职等，不少公务在实际操作上密不可分，乃至难以做出较为准确的切割。

此外，这个阶段的中共党组织领导机关基本上都设置于今汕头市区，中共主要领导人之办公地点等，无论名义还是实际上（包括1952年末至1955年这段时间的粤东行署之治所设于潮安城镇）均长驻于汕头市区。在这个阶段，汕头市也是广东省第二大城市，同期涉及省内城市排序之官方文本中，一般情况下仅排在省会广州市之后。

下文如涉及地方政府、行政区划情况等，将使用上述简称，在不同的时期对应不同的简称。又因为"潮汕"一词在这个阶段有着实际的冠名政区称谓（政区方面有"潮汕专区""潮汕区专署"，党委方面如"潮汕地委"等），为免生歧义，所以若涉及今人所称的"潮汕"概念的，直接用"今潮汕三市"字眼，即指目前的汕头市、潮州市、揭阳市三个地级市。

（二）侨务及教育系统相关概况

与华侨华人捐资兴学主题有着比较密切关系的，有侨务、侨团和教育事业。汕头市在这个阶段的侨务、侨团和教育事业概况如下：

1. 侨务、侨团

1949年10月24日汕头解放以后，汕头市军事管制委员会接管原民国政府侨务委员会汕头侨务局。接管后设置侨务处，内设秘书登记科、福利科、华侨招待所。1950年3月改为汕头市人民政府华侨事务局。1950年12月，潮汕区公署办公室设置侨务科。1953年，汕头市侨务局设立秘书室、生产救济科、招待联络科、宣教科、难侨处理科。1955年1月，粤东行署党委把汕头市侨务局更设为粤东行署侨务局，统一领导汕头市和各县的侨务工作。1956年3月，粤东行署改为汕头专区，汕头市为省辖市，则分设为互不统属的汕头专区侨务局、汕头市侨务局：前者内设秘书组、侨政组、人物资料组和归国华侨接待委员会办公室；后者内设秘书科、接待科、宣教科、生产科。同时，汕头专区所辖如潮安、澄海、饶平、揭阳、普宁、惠来、潮阳县政府等先后对应设立侨务科。1963年，汕头专区设立侨汇物资管理处，汕头市和潮安、揭阳等各县也先后设立侨汇物资管理科。1966年"十年动乱"开始后，汕头专区、汕头市侨务局先后成立革命领导小组，不久，便陷入非正常的工作状态。1971年6月，侨务机构被正式撤销，华侨事务工作则先后由各级革命委员会政工组统战办公室、统战部侨务办公室、外事办公室负责处理。①

汕头的华侨团体，较早且具规模的，应属1929年8月23日正式成立的岭东华侨互助社（由于1934年8月更名"南洋华侨互助社"并长期使用，史料多以"南洋华侨互助社"称之）。该社一直是民间性质，在1932年8月召开第二次代表大会时，海内外分社已达24个，社员近6 000人。此外，抗战期间日伪政府拼凑的"岭东华侨协会"也曾有过一定的影响，另具知名度的华侨团体还有1947年的泰国潮州会馆驻汕头市办事处，1949年前后的潮汕马来亚华侨联合会、旅汕越南青年联合会等。

归国华侨联合会，简称"侨联"。中国侨联是由全国归侨、侨眷组成的全国性人民团体，是党和政府联系广大归侨、侨眷和海外侨胞的桥梁和纽带。中国侨联是全国性的一级人民团体，是全国政协的组成单位，各级侨联与同级工会、青年团、妇联等人民团体享有同等待遇。

汕头侨联是全国较早成立的由归侨、侨眷组成的人民团体，其产生及在这个阶段的发展情况，大体如下：1949年12月4日，汕头市军事管制委员会顺应归侨倡议，召开汕头归侨组织筹备会议；1950年4月30日，成立"汕头南洋归侨联合会"并召开第一次代表会，会员362名，并同时吸纳了上述"南洋华侨互助社"在汕头的普通社员；1951年8月28日，广东省政府发出组织单一性归国华侨联谊会的通知，同年11月，汕头南洋归侨联合会改称为"汕头市归国华侨联谊会"；1956年10月12日第一次全国归国华侨代表大会上，表决成立中华全国归国华侨联合会，同年11月，汕头市归国华侨联谊会改称为"汕头市归国华侨

---

① 广东省汕头市地方志编纂委员会编：《汕头市志》（第四册），北京：新华出版社，1999年，第594页。

联合会"；1957 年 1 月，广东省归国华侨联合会筹备委员会①设立了驻汕头专区办事处；至 1959 年末，潮安、澄海、揭阳、潮阳、惠来、饶平、普宁等县，以及汕头市安平、同平、公园 3 个区也先后成立了归国华侨联合会。1966 年"文化大革命"开始后，汕头市及汕头专区（汕头地区）的各级侨联在乱局之下首当其冲，全面停止活动，直至这个阶段结束。②

汕头侨联的成绩一直比较突出。例如，1958 年，当时全国唯一的专业侨报《侨务报》用近两个版面的篇幅刊登了《汕头市侨联做了哪些工作》的报道（见图 1 - 1），实际上有介绍"模范"、树立"典型"的意义，称其"几年来，不论在贯彻党的侨务政策方面或引导归侨、侨眷参加各项运动方面都取得了不小的成就；还由于侨联会对归侨、侨眷的热情服务，因而侨联会也受到归侨、侨眷的爱护"。1957 年，汕头侨联工作成果突出，如接待了回国观光的华侨数百名、直接处理了求助及反映问题的信件逾 2 000 件，以及直接筹资创建了汕头市华侨小学和协助创办了汕头归国华侨学生中等补习学校等。③

图 1 - 1　1958 年《侨务报》报道汕头市侨联工作（李宏新制图）

---

① 广东于 1950 年 5 月成立归国华侨联谊会广东总分会筹委会，此时省内各地的华侨团体名称各异，既有称为该会分会、支会的，亦有称"民主华侨联合会"（台山）、"民主华侨联谊会"（鹤山）等；1951 年 8 月，根据省政府关于组织单一性归国华侨联谊会的规定，归国华侨联谊会广东总分会筹委会工作宣告结束，各地分会支会的名称同时取消，互不隶属；1956 年 9 月底成立广东省归国华侨联合会筹委会，各县、市侨联会相应更名为归国华侨联合会，统一了名称，成为事实上的省侨联的团体会员；1958 年 12 月 12 日召开的广东省第一次归国华侨代表大会上，正式表决通过、成立广东省归国华侨联合会。此外，侨联组织并有设置至派出机构如"潮汕专区侨联""汕头专区侨联"等这一级，但有办事机构如"汕头专区办事处"等，而此时省内各市、县的侨联组织，则沿理上应都是省侨联的团体会员单位。

② 广东省地方史志编纂委员会编：《广东省志·华侨志》，广州：广东人民出版社，1996 年，第 320 - 321、332 页；李宏新著：《潮汕华侨史》，广州：暨南大学出版社，2016 年，第 168 - 169 页；广东省汕头市地方志编纂委员会编：《汕头市志》（第四册），北京：新华出版社，1999 年，第 597 页。

③ 陈德钦：《汕头市侨联做了哪些工作》，《侨务报》1958 年第 2 期。

2. 教育事业

教育部门的接管和建设工作，是随着潮汕地区各地的相继解放而陆续完成的。

以省派出机构而言，大约是：1949 年 12 月开始，正式设置潮汕临时专署教育科（1950 年 2 月 10 日后为潮汕区行政督察专员公署教育科，同期史料多简称"潮汕专署教育科"）；1952 年 11 月，设置粤东地区行政公署文教处；1956 年 3 月，设置汕头专署教育科；1957 年 8 月，设置汕头专署教育局；1958 年 5 月，设置汕头专署文教处；1959 年 5 月，设置汕头专署文教卫生部；1960 年 1 月，设置汕头专署教育局；1966 年下半年起，教育机构陷入非正常工作状态；1967 年 3 月对教育实施军事管制；1968 年 12 月，设立汕头地区革命委员会教育革命领导小组，后称汕头地区革命委员会教育组；1970 年，教育工作为汕头地区革命委员会政工组所领导，对外称办公室，印鉴刻"汕头地区革命委员会政工组教育办公室"；1973 年 7 月，设置汕头地区教育局，直至这个阶段结束。[①]

以汕头市而言，1949 年 10 月 25 日，汕头市军事管制委员会成立时，便设立文教接管部，是为当时的汕头五部（另四部分别是政务、公安、公用、财经接管部）之一，下专设有一个学校接管处；1950 年 3 月 15 日汕头市人民政府成立之后，当月设置汕头市人民政府文教局，为当时十大局之一；1951 年 2 月，广东省对市一级行政机构的设置、称谓作出新的规定，市政府下设委、办、局，内设科，取消原来的课、股，文教局下辖社会教育科、学校教育科、秘书科、文化教育馆 4 个单位；1953 年 9 月，文教局有校教育科、社会教育科、文化科、秘书组 4 个单位；1956 年 4 月，文教局分拆为教育局、文化局，同月 7 日，教育局挂牌；1958 年 6 月，教育局与文化局合并，7 月 7 日文教局挂牌；1960 年 3 月，文教局分拆为教育局、文化局，本年底再次精简机构，文化局、教育局、卫生局、爱卫会、科委、体委与市委文教部 7 个单位合署办公，对内统一组成市委文卫战线办公室[②]；1966 年下半年，教育行政机构瘫痪，翌年实行军事管制。此后，经历了汕头市教育革命委员领导小组、汕头市文教局革委会、汕头市教育局革委会等时期；1972 年 6 月 27 日，汕头市召开"文化大革命"以来的第一次教师会

---

① 汕头市教育志编审委员会编：《汕头教育志》，内部资料，1989 年，第 36 – 37、39 页；广东省汕头市地方志编纂委员会编：《汕头市志》（第四册），北京：新华出版社，1999 年，第 1 – 2 页。

② 同期文献有称"文卫战线办"者即指此。另，从各局、会、委、部发出的文件看，它们仍不失为各负职权之独立部门。

议；8月2日，复设汕头市教育局，直至这个阶段结束。[1]

汕头的教育事业有着悠久的历史和一定的基础，但与全国各地一样，在新中国成立初期，人民群众仍然是未接受过教育的人居多，不认识常用字的人口不在少数。譬如人口大县潮阳，抗战后的摸查显示，1946年全县仅有1所县立幼儿园和2所县立小学、405所私立小学，以及2所县立中学、8所私立中学，计得幼儿园学生70人、初中生2 293人、高中生29人。按当时全县人口计，平均每19人有1名小学生，每414人有1名中学生。到1949年10月全境解放时，也仅有407所小学和8所中学，文盲情况相当普遍。[2]

新中国成立初期，汕头教育方面的主要工作是接管各类学校，进行整顿改造，包括废除国民党的训育制度和旧的规章制度，按照新的教学计划、教学大纲和教材进行教学，并组织中等以上学校的教师学习马列主义、毛泽东思想，进行思想改造，以及重点贯彻"教育面向工农"的方针和"德、智、体全面发展"的教育方针，广泛发动工农子弟入学。1952年起重点整顿小学教育。至1954年基本完成接管、整顿、改造工作后，则创办面向职工、街道民众、乡村农民的业余学校和干部文化进修学校，开展全面的工农扫盲教育和干部文化补习教育。1956年，国家制订了十二年（1956—1967）教育事业长远发展规划，各类教育得到了较为扎实的发展。此后，随着国家、广东省对多方办学的鼓励，汕头的侨办学校重新出现。1958年，随着"大跃进"的形势，各地出现了勤工俭学、半工（农）半读的群众办学热潮，仅1958年，汕头专区便一举创办了411所农业职业中学，由于片面强调学校教育服从政治运动和生产劳动的需要，又多数是仓促上马，师资、资金等均显不足，导致教育质量急剧下降。1960年起逐步调整浮夸跃进的偏向，几年的整顿令学校教育回到正常的轨道，侨校的发展也是如此。"十年动乱"开始后学校便"停课闹革命"，1968年"复课闹革命"，正常教育秩序没有保障，办学也完全脱离实际。譬如遵守"要从有实践经验的工人农民中间选拔学生"的"七二一"指示，不论文化程度、年龄大小招收大学生，挂牌创办大学，1976年仅汕头市区便存在110所"七二一"大学，而侨校则是一开始便停办、更名，捐资兴学事业更是陷入低谷。

---

[1] 广东省地方史志编纂委员会编：《广东省志·教育志》，广州：广东人民出版社，1995年，第7－22、96－97页；汕头市教育志编审委员会编：《汕头教育志》，内部资料，1989年，第18－25页；广东省汕头市地方志编纂委员会编：《汕头市志》（第一册），北京：新华出版社，1999年，第556－577页；广东省汕头市地方志编纂委员会编：《汕头市志》（第四册），北京：新华出版社，1999年，第1－2页。

[2] 潮阳市地方志编纂委员会编：《潮阳县志》，广州：广东人民出版社，1997年，第802页；李起藩：《建国后潮阳学校教育发展述略》，载中国人民政治协商会议潮阳市委员会、《潮阳文史》编辑委员会编：《潮阳文史》（第12辑），内部资料，1996年。

三、曲折起伏的捐资兴学事业

这个阶段的华侨华人、港澳同胞捐资兴学事业，经历了一个发展与挫折并存的阶段，整个过程曲折起伏，可约略分为三个时期：1949—1955 年，为政府接管、整顿、改造学校时期，海外华侨持观望态度，捐资兴学事业并不顺畅；1955—1966 年，系由稍显模糊到明确鼓励侨资助学时期，捐资兴学事业迎来转机，热潮之下侨校大兴；1966—1977 年"十年动乱"时期，教育事业受到严重破坏，捐资兴学事业陷入低谷，到改革开放前夕才迎来转折的曙光。

（一）1949—1955 年：接管整顿

早在汕头市解放前夕，1949 年 7 月 10 日，中共潮汕地委①便在揭阳召开潮汕中等学校教职员座谈会。会议连开一周，商讨了未来整个地区的学校领导、教学建设、师资经费等问题。7 月 28 日，潮汕地委在揭西南山小学成立潮梅人民行政委员会②，开办潮汕公学、梅州公学及党政、财经短期培训班，并着手拟定接管接办 17 个县市旧教育的准备工作。其中便涉及接受侨资、接办侨校的问题并拟定相应措施。③

1949 年 10 月 25 日，汕头市军事管制委员会正式成立，制定了"各按系统，由上而下，原封不动，边接边管"和"边学习"的方针，开始城市接管工作，并要求各接管人员先向在职人士了解接管单位的情况，然后再分别先后缓急，抓住重点开展工作。④ 大体上，自 10 月 27 日至 11 月 5 日，汕头市便按照《中国人民政治协商会议共同纲领》精神接管了旧教育科及学校等教育部门和机构，其他县的接管工作亦大约同时全面铺开，至 1950 年末，整个潮汕专区被接管后再续办的学校计得 3 180 所，学生 339 994 人，其中部分办学条件较差的小学被撤并或改设。⑤

接管的同时开展认定、登记、续办工作，就目前掌握的材料看，并没有明显的公开抵制行为被记录在案。以汕头市的小学为例，1949 年底有 52 所小学，计

---

① 中共潮汕地委，全称为中国共产党潮汕地方革命委员会，存在于 1947 年 4 月至 1952 年 5 月，是此期中共潮汕地区党组织的领导机关。

② 中国共产党建立的人民政权，辖粤东 17 个县市，在汕头解放后才分设为各个行署等。

③ 汕头市教育志编审委员会编：《汕头教育志》，内部资料，1989 年，第 18 – 19 页；潮汕百科全书编辑委员会编：《潮汕百科全书》，北京：中国大百科全书出版社，1994 年，第 35 页。

④ 林美南：《军管会接管工作总结》《汕头市五个月来接管与施政工作》，1950 年 3 月，载中国政协广东汕头市委员会文史资料研究委员会编：《汕头文史》（第 7 辑），内部资料，1989 年。

⑤ 汕头市教育志编审委员会编：《汕头教育志》，内部资料，1989 年，第 69 页。

415 个班级、17 385 名学生，除了私立建华小学被撤销而并入汕头市第三小学外，其余被认定为私立小学的有 36 所，认定为教会小学的有 6 所，都得以维持办学，这 42 所小学，在此前大多数有较可靠的侨资、外资捐赠事例。在接管的单位职员数量上，据时任汕头市军事管制委员会主任林美南的工作报告，文教方面是接管了学校、报社等 30 个单位，计 748 人。[①]

　　小学之外，其他学校的接管、续办工作也颇为顺畅。譬如在中华人民共和国成立后全国最早的一所华侨中学——广东汕头华侨中学。该校由侨眷、澄海樟林人黄勗吾创立于 1932 年。黄勗吾 1931 年毕业于南京国立中央大学，1932 年到泰国等地向其父黄俊卿等募捐到 10 万大洋，遂返汕头置房产创立海滨师范学校，设立高师班、简师班、普初班。1936 年，广东省教育厅通知私立学校停招师范班，遂更设为汕头私立海滨中学，黄炎培、蚁美厚[②]等人组成校董会，黄勗吾任校长，同时在泰国募款返乡兴建新校舍。1937 年 6 月，新校舍落成。此后，由于日军的骚扰和入侵，该校从 1938 年开始辗转潮安华美乡、揭西顶埔墟、普宁流沙墟白塔等地，至 1945 年 11 月始回汕头原址复课。中华人民共和国成立前夕，黄勗吾已离开汕头，但仍为该校名义上的校长。1949 年 11 月 5 日，汕头市军事管制委员会文教接管部领导和干部吴刚、郭湘萍、吴路寒 3 人接管该校，此后主

---

　　① 汕头市教育志编审委员会编：《汕头教育志》，内部资料，1989 年，第 68 页；林美南：《军管会接管工作总结》《汕头市五个月来接管与施政工作》，1950 年 3 月，载中国政协广东汕头市委员会文史资料研究委员会编：《汕头文史》（第 7 辑），内部资料，1989 年。

　　② 蚁美厚（1909—1994），原名美扬，广东澄海南畔洲村人。1922 年被蚁光炎认为义侄；1945 年任暹罗华侨各界建国救乡联合总会会长；1946 年任中国民主同盟泰国支部委员；1949 年 6 月当选为第一届全国政协委员并以爱国侨领身份参加中华人民共和国开国大典；1951 年起历任中央侨务委员会委员、广东侨委会副主任，广东、广州侨联主席，全国、广东工商联常委，广东政协副主席，民盟广东常委等职；1977 年后，历任广东人大常委会副主任，兼任华侨委员会主任、中侨联副主席、广东侨联主席、广东国际华侨信托公司副董事长，又兼暨南大学副董事长、广州海外潮人联谊会会长等职。逝世后，江泽民题"爱国的一生，华侨的楷模"，全国人大侨委会评"为我国侨务工作、为广大归侨侨眷和海外侨胞竭尽全力，鞠躬尽瘁死而后已"，时国务院侨办评"他几十年如一日，为维护华侨和归侨、侨眷的利益，为侨务工作发展，为祖国的繁荣殚精竭力，作出了重要的贡献"。参见李宏新主编：《潮汕史稿》，汕头：汕头大学出版社，2016 年，第 1034 页；广东省侨联、广东省华侨历史学会编：《大海的儿子——纪念爱国侨领蚁美厚百年诞辰（1909—2009）》，内部资料，2009 年，卷首图版，第 15 页。

要的具体工作由吴路寒负责。11 月 18 日，黄声①受命任海滨中学名誉校长，吴刚兼任校长，王义帜任专职副校长。当时全校共 17 个班级，22 名教师，非教人员 33 人。② 1950 年春，以蚁美厚为团长的泰国华侨观光团莅汕，在该团的建议下，汕头市军事管制委员会于 3 月 10 日指令同意、4 月 1 日正式更名为"华侨中学"，是为全国最早的公办华侨学校之一。后经中南教育部指示、广东省文教厅批准，于 1952 年 2 月正式成为省立学校（此处时间依据公文。另，当时汕头军管会通知中的字眼为"省校"），是为"广东汕头华侨中学"。图 1 - 2、图 1 - 3 分别为该校教师发表的教学成果及相关文献。

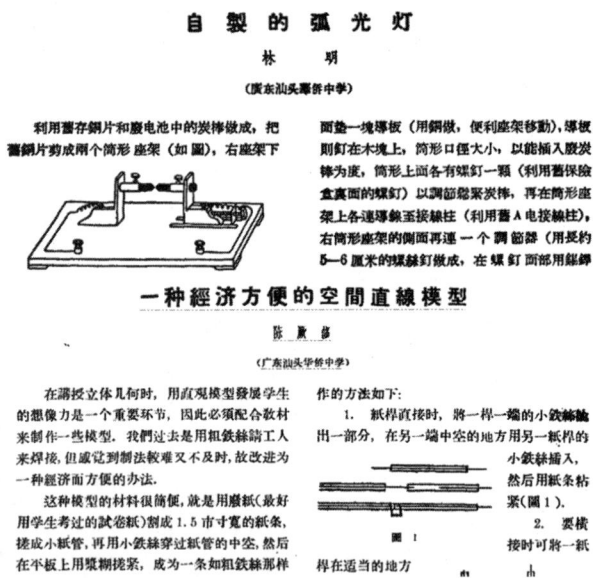

图 1 - 2　20 世纪 50 年代中期广东汕头华侨中学教师发表的教学成果点滴（李宏新制图）

---

① 黄声（1908—1966），是新中国成立初期具丰富华侨资源的汕头市领导，其任职也一定程度上反映出新政权对华侨资源的关注和重视。黄声又名黄心声、黄寄因，笔名高因等，揭西顶埔村人，先后就读于厦门云梯中学、上海医科大学、北平中国大学；1932 年往泰国协办崇实侨校；1934 年回国任普宁兴文中学教务主任；1938 年夏受中共潮汕组织委托协创西山公学（同年秋改称南侨中学）并任校长；1940 年赴江苏盐城新四军驻地任《江淮日报》编辑；1941 年赴东南亚采访及从事统战工作；1942 年回到重庆担任《新华日报》编辑；1945 年到新加坡协助开展民主同盟工作；1946 年转至泰国筹建中国民主同盟暹罗支部，后任民盟中央执行委员、民盟暹罗支部主任委员；1947 年加入中国共产党；1949 年 7 月任潮梅人民行政委员会副主任委员；1950 年 3 月任汕头市人民政府副市长；1953 年调任广东省华侨事务委员会办公室主任；1966 年 6 月逝于广州。

② 参见蔡莺跃：《全国最早一所公办学校——广东汕头华侨中学》，载中国政协广东汕头市委员会文史资料研究委员会编：《汕头文史》（第 9 辑），内部资料，1991 年；李宏新主编：《潮汕史稿》，汕头：汕头大学出版社，2016 年，第 1514 页；侨中印记编委会、林一平主编：《侨中印记：广东汕头华侨中学建校八十周年纪念画册》，内部资料，2012 年，第 12 - 37、42 - 44 页。

汕頭華僑中學訪問記

在汕頭市中山公園附近，一個風景幽美的地區，有一座Ⅱ型的房子，綠色的瓦脊、淺黃色的牆壁，房子的周圍，有綠樹環繞，在晚冬的陽光下，使它顯得更加柔和安靜，——這是汕頭華僑中學。

我們訪問華僑中學的時候，是一個晴朗的上午，一千多個男女同學，正在廣場上舉行課間操，他們在體育教師的指揮下，每一個動作都是如此熟練和整齊。課間操過後，接着是分班進行各種體育活動；打籃球的、翻天梯的、盪浪船的、爬桿的……他們的體育課活動，和一個運動會相比沒有多大的分別。這些來自海外的青年們，在祖國的溫暖的陽光下，顯得更加活潑健康。

僑生學習成績好

汕頭華僑中學，有一千四百四十個學生，其中僑生佔了四百九十五人，他們有來自新加坡的、有來自印尼暹羅的、還有來自越南和緬甸的。他們都抱着一個願望：準備畢業以後獻身於我們偉大祖國的建設事業。

在汕頭華僑中學唸書的僑生們，像生活在一個溫暖的大家庭裏，他們都感到幸福和愉快。許多華僑學生，入學不過一、二個學期，在學習上和健康上都有顯著的進步。同學和師長之間，發揚了友愛精神；僑生同學和國內同學都能互相幫助，互相間取長補短，國內同學學習僑生同學的積極熱情的特點，而僑生同學則學習國內同學的樸實耐勞的精神。國內同學幫助僑生同學補習數、理、化，而僑生同學則幫助國內同學補習英文。在互相教育下，許多僑生都進步得很快。

學校對同學健康的重視

學校當局，對於同學的健康非常重視，每天規定吃三餐，每餐都有足夠的營養，如果學生自己喜歡的話，每月祇要花六千元人民幣每天早上還可以吃到一杯新鮮的豆漿。同時由於同學們積極參加文娛、體育活動，因此在健康上，也有顯著的增進。好多僑生回國不到一個學期，體重都增加了，肥胖起來了，暹羅僑生劉月珠，在暹羅時體重祇有三十九公斤，回國後，不到一個學期，已增加到五十一公斤，比進學校之前，增加了十二公斤。

一些僑生的談話

我們訪問華僑中學時，曾經和一些僑生談過話。羅文輝是初中一年級的學生，他是一九五二年九月才由暹羅回來的。我問他：「回到祖國來，生活習慣不習慣，在國外聽到一些什麼，回來後又看到一些什麼？」他笑了一笑，想了一回，然後慢吞吞地說：「說起來我有點慚愧和難過，在我未回國之前，我一直把祖國看作一個恐怖世界，因爲我聽到許多謠言，說什麼共產黨對回國華僑大事勒索、虐待，甚至迫死華僑和僑眷，年青的僑生還要被拉去當兵。又說祖國人民生活如何痛苦，甚至說餓死不少人。謠言滿天飛，弄得我半信半疑。自從泰汕航運開放後，我看到許多僑胞都回祖國來了，他們一批一批的回來，這時使我更加覺得糊塗了。『爲什麼他們不怕回到祖國後會受到迫害呢？』我常常這樣問自己，最後，我終於決定冒險一試，回國看看。九月二十四日，我乘濟南輪由曼谷回到祖國來。當輪船駛入汕頭港時，心裏實在有一點慌，我和許多旅客乘駁船到汕頭，剛踏上岸，我就低聲地問一個年青的搬運工友：『年青人是不是都要當兵？』那工友拍拍我的肩膊說：『現在要當一名光榮的人民解放軍可不容易呀！像我這樣去報名參軍還沒有取錄呢。』於是我才放心。隔幾天後進入學校，國內老同學對我非常關心，像自己的兄弟一樣。回國以後，我只覺得幸福和溫暖！」他回國後的感受，正是許多僑生們的感受一樣，祖國是偉大的、可愛的、溫暖的。

擴充校舍，迎接更多僑生

汕頭華僑中學爲了迎接更多的僑生，一九五二年下學期買了十三座房子，準備擴充校舍，同時新添了很多實驗儀器、各種圖書和動物標本，並增加各種文娛體育活動，使僑生們學習得更好，生活得更幸福健康。

【一九五三年二月七日】

图1-3　1953年初的广东汕头华侨中学佚名文献（李宏新制图）

政府接管学校后，即对学校进行整顿改造。整顿改造的最基本要求包括：各校普遍建立校务委员会，学生有权派代表参加校务委员会；取消训导处，建立教导部，废除国民党党义教育、童子军，建立学生教师的学习小组；实行学校财产公开等。接收之初正临寒假，政府遂在市立一中、聿怀、大中、时中等中学内举办中小学校长、主任、教师学习会，帮助他们提高思想认识，树立为人民办教育的思想。在新学期中，对市立一中、海滨中学（广东汕头华侨中学）、潮汕高级商船技术学校①等主要学校委派了知名人士和有教学经验的同志担任校长，实施新民主主义教育。②

此时期，由于侨汇大为减少，又经政府接管，原侨助、侨办学校的经济来源大抵告竭，政府遂对侨办学校采取扶持的政策，使之维持下来。1950 年，省政府专拨大米 50 万公斤，重点补助侨办中学和私立中学。汕头市和潮汕专署各县也是如此。譬如海滨中学，在未批准成为省立的"广东汕头华侨中学"之前，经济上便显短缺，其发给教师的薪金为大米，大米便是政府方面所补助的；批准为省立中学之后，尽管国家经济处在恢复时期，财政收支紧张，作为华侨大省的广东仍然挤出大量经费给予支持，令该校经费较为充裕，加上汕头地方财政的支持，遂在 1952 年夏便开始筹买并先后购得汕头慕韩里、美昌里、四发里、桂馥里、汀江里处的单元为学生、教师宿舍或休息室等，建筑面积超过 5 000 平方米。该校作为地区名校，在未成为省立中学之前尚且困难，其他学校则更是捉襟见肘，乃至不少原侨助的学校因经费短缺、办学不佳而被撤销、合并。③

师范类学校被撤并的比例最大。新中国成立前夕，今潮汕三市地域存在 7 所师范学校，分别为广东省立韩山师范学校、潮阳县立简易师范学校、揭阳县立师范学校、普宁县立师范学校、普宁县立女子简易师范学校、澄海县立简易师范学校、饶平县立简易师范学校。汕头市原本存在不少师范学校、师范班，但它们在沦陷期间或撤入内地或停办，因此在新中国成立前夕已不余一所。1949 年 10 月末开始接管，经过撤并、停办、改办等，最终得以续办的只有 3 所。1952 年 10 月，广东省教育厅贯彻教育部《师范学校暂行规程（草案）》精神，对此 3 所学

---

① 该校原全称"广东省立潮汕高级商船职业学校"，于 1945 年 11 月 11 日在汕头市成立；1949 年后全称为"广东潮汕高级商船技术学校"；1953 年由长江航务管理局接办，改名"长江航务学校"，校址仍在汕头；1955 年 1 月校址迁武汉，后校名几经更变，并入武汉理工大学，是武汉理工大学航海技术专业的源头。

② 李德之：《汕头市解放接管及建政工作概况》，中国政协广东汕头市委员会文史资料研究委员会编：《汕头文史》（第 7 辑），内部资料，1989 年。

③ 广东省地方史志编纂委员会编：《广东省志·教育志》，广州：广东人民出版社，1995 年，第 246、443 页；蔡莺跃：《全国最早一所公办学校——广东汕头华侨中学》，载中国政协广东汕头市委员会文史资料研究委员会编：《汕头文史》（第 7 辑），内部资料，1989 年。

校的命名、招生对象等作出规定：韩山师范学校，办中师班（即入读学生必须是初中毕业程度）；揭阳初级师范学校，办三年制简师班（即入读学生必须是初中毕业程度），以及兼办中师班；普宁初级师范学校，办简师班。这3所学校的毕业生并不足以补充急需的师资力量，如1949年毕业生104人，1950年毕业生1 093人，两年合计不足1 200人。于是出现了不少临时班、特训班等，如1951年，汕头市拨出40吨大米，安排4名教师在汕头市一中举办一年制"特师班"，招收初中毕业以上程度的学生45名，实际毕业41名。政府财力有限，侨资又告中断，是撤并专业师范学校的主要因素之一。①

今潮汕三市的师范学校，凡是历史悠久的，便基本存在侨资捐赠事例。以上述广东省立韩山师范学校为例，新中国成立之前，该校虽说是省属学校，但实际上获得省政府的拨款较少。该校的办学经费，主要依靠的是其前身"韩山书院"继承下来的田产铺租，以及社会资金的支持。如1922年8月2日，"八二风灾"致校舍多半倒塌，该校（时称"广东省立第二师范学校"）发文劝捐，遂于翌年修葺校舍并增建学生宿舍。此后，仅校长方乃斌1925年赴新加坡和马来西亚的吉隆坡、怡保、槟城4处便募得叻币②14 000余元；又得侨领曾汝平、林连登各捐1 000元。1926年，校方代表再赴南洋募捐也大有收获，遂令学校焕然一新，规模更胜于前。大抵上，本次灾后重建的资金来源，前期多是上海、香港潮商所捐，后期则主要是南洋侨商。③ 总而言之，尽管自民国开始，便有规定师范教育应属政府公立性质，但实际上政府拨付资金并不充裕，侨资捐赠一直在办学经费中占有不可忽略的比例。

1951年4月25日至30日，广东省处理接收美国津贴教会学校会议于广州召开，会议传达了政务院决定的精神，也拉开了全省全面性处理、接收教会学校的帷幕。④ 同年9月29日，汕头市军事管制委员会将"美帝国主义分子"陆培德⑤驱逐出境，罪名是陆培德于1947年11月13日到汕头晨星女子中学搞奴化教育。尽管在1951年之前，有若干教会学校接受管制，但在此之后，则是各地已不再

---

① 汕头市教育志编审委员会编：《汕头教育志》，内部资料，1989年，第172、174、177－178页。

② 叻币（Straits Dollar）是马来西亚、新加坡与文莱在英国殖民地时期，由英殖民地政府所发行的货币，发行机构是叻屿呷政府（即海峡殖民地），使用年限为1826年至1939年，1939年被发行的马来亚元（Malayan Dollar）取代后，仍有不少华人沿用"叻币"来指称当地的货币。

③ 吴榕青：《潮侨捐资与"八二"风灾后韩师的重建——潮汕华侨在本土教育捐资的个案研究》，《韩山师范学院学报》2001年第4期。

④ 广东省地方史志编纂委员会编：《广东省志·教育志》，广州：广东人民出版社，1995年，第8页。

⑤ 此处按《汕头教育志》，该志称陆培德为"美帝国主义分子"，又《建国前后汕头市唯一的女子学校——私立晨星女子中学》称陆培德为法国籍传教士。

区分何国籍、隶属何教会而全面接收。①

汕头的教会学校由来已久，1848年黎力基在澄海盐灶传教时便创立了一所小学。此后，随着各教会教派以及传教士的不断流入，教会学校也越来越多，并逐步分布至汕头市区及今潮汕三市腹地。不少教会学校的办学资金，主要是华侨华人的捐赠，有的甚至占了极大的比重。

譬如隶属于英国长老会的华英中学，一开始便是由长老会之教友陈雨亭捐资兴办的。陈雨亭经商足迹遍及东南亚、东亚，其捐资教会以兴学，虽有宗教信仰的因素，但更主要的动因是抱爱国爱乡之心，而借助教会的教学教师资源、办学经验等以启发民智。陈雨亭早在1900年便聘请加拿大人办过学校，但两年后加拿大人回国，学校只得停办。1903年，他寻求教会的帮助支持，并与长老会达成初步协议，在1905年购地创办华英中学。该校学生中非信教者居多，而办学经费，则除了陈雨亭捐赠之外，尚有其他东南亚侨商如陈慈黉等的资助，真正由教会所出的资金几可忽略，教会更主要的是提供规范办校、办学方面的经验和力量。②

又如晨星女子中学，其前身是晨星女子补习学校，由天主教会修道院于汕头沦陷时期创办，抗战胜利后正式称为晨星女子中学。1951年任校长的李德纲这样描述该校的办学目的："不少初中入学女生，家庭、本人原都不是天主教徒，读到高中一年时，就成为虔诚的天主教徒了。"而且该校领导层禁锢学生思想，敌视人民政权，从不悬挂新中国国旗，而且"不让学生迎接共产党带来的春天"等，行为极其反动。汕头解放后，一开始该校仍得以如常续办。但是该校学生冲出校门，强烈要求"早日回到中国人民的怀抱"，汕头政府遂于1950年12月底撤换顽固不化的校长，代以新校长，并实施接管改造。1952年9月，再将晨星女子中学与若瑟中学（天主教会办）合并，改设为汕头市第二中学。③

汕头市接收教会小学的工作，在1951年底基本宣告完成，6所教会小学都于同年12月完成接收改造工作，具体是：新民小学并入汕头市第一小学，碧明小学并入汕头市第十小学，碧民小学改为汕头市第十三小学，普益小学改为汕头市第

---

① 汕头市教育志编审委员会编：《汕头教育志》，内部资料，1989年，第19页；李宏新主编：《潮汕史稿》，汕头：汕头大学出版社，2016年，第998页。

② 胡卫清：《海滨邹鲁的国家认同——以汕头华英学校风潮为典型个案》，载潮汕历史文化研究中心、韩山师范学院编：《潮学研究》（第11辑），汕头：汕头大学出版社，2004年；陈汉初：《汕头华英学校收回教育权的斗争》，载中国政协广东汕头市委员会文史资料研究委员会编：《汕头文史》（第9辑），内部资料，1991年；李宏新主编：《潮汕史稿》，汕头：汕头大学出版社，2016年，第998页。

③ 李德纲：《建国前后汕头市唯一的女子学校——私立晨星女子中学》，载中国政协广东汕头市委员会文史资料研究委员会编：《汕头文史》（第9辑），内部资料，1991年。

十五小学,若瑟小学改为汕头市第十六小学,牖民小学改为汕头市第十七小学。[1]

整个潮汕专区的情况也大抵如此。譬如揭阳市真理中学(今名)的前身是北美浸信会国外宣道会于 1906 年创办的真理学堂,原仅办小学,后屡屡扩大规模,至 1930 年为揭阳县私立真理中学。1943 年获批增设高中部,1945 年揭阳城沦陷时一度停办,但很快便得以复学,截至 1949 年 10 月 19 日揭阳县城解放前夕,已有 6 届高中毕业生和 33 届初中毕业生毕业。该校办学过程中一直得到侨资捐赠,较大额且能查对的,便有 1923 年在暹罗募得 3 000 元,1930 年在中国香港募得数千元,1936 年在暹罗募得大洋 7 000 元,1937 年在南洋英、荷两属募得国币 1.4 万元,1945 年复校时得到香港林子丰等人的 80 余万元捐款等。还有其他形式的捐助,如 1930 年在香港获捐一批图书等,而捐助者基本都是揭阳籍华侨华人。该校于 1951 年 1 月被揭阳县军事管制委员会接管,但校名仍旧。[2]

1952 年开始,广东省开始逐步地将私立学校、教会学校改造为公办学校,并抽调机关干部到中学担任领导职务。这早于教育部当年 9 月发布的《关于接办私立中、小学的指示》和 11 月发出的《关于接办私立中等学校和小学的计划》。至 1954 年,全广东接办了私立中学 287 所、私立小学 1.4 万多所,同时,广东省要求对办学条件较差的学校进行调整合并工作。[3]

粤东行署(此期汕头市属粤东行署管辖)的学校私立转公办工作,大抵与广东同步开始,譬如揭阳县、普宁县,都在 1952 年 2 月整顿地方财政和整编教师队伍后,便逐步实施"私立学校转为公办学校,经费由国家拨给"的改造工作。[4] 也就在这一年,不少地方都明确提出"禁止一切摊派、募捐"[5],海外华侨华人、港澳台同胞的捐资兴学行为几乎绝迹。

小学私立转公办的工作完成得比较早。以潮安县为例,该县全力整顿地方财政,在 1952 年便将所有 460 所小学改为县财政拨给经费办学,教职员工享受国家公务人员待遇。侨资捐助的学校也是如此,譬如潮州市绵德小学(今名),原由香港庄静庵于抗战胜利后捐建,名为"绵德小学",创办时有 4 个教学班、207 名学生、21 名教职工,此后无论规模如何盈缩,庄氏一直负责所有的办学经费,

---

① 汕头市教育志编审委员会编:《汕头教育志》,内部资料,1989 年,第 69 页。

② 王钊:《揭阳私立真理中学溯源》,载中国政协广东汕头市委员会文史资料研究委员会编:《汕头文史》(第 9 辑),内部资料,1991 年;揭阳县地方志编纂委员会编:《揭阳县志》,广州:广东人民出版社,1993 年,第 636–642 页。

③ 广东省地方史志编纂委员会编:《广东省志·教育志》,广州:广东人民出版社,1995 年,第 8、20、144 页。

④ 普宁市地方志编纂委员会编:《普宁县志》,广州:广东人民出版社,1995 年,第 529 页;揭阳县地方志编纂委员会编:《揭阳县志》,广州:广东人民出版社,1993 年,第 41 页。

⑤ 汕头市教育志编审委员会编:《汕头教育志》,内部资料,1989 年,第 320 页。

1950 年该校被接办并更名为"潮安县城关镇第四初级小学"，大概在 1952 年 9 月整顿财政时并入镇一小学，成为镇一小学的分教处，是为公办学校。①

中学私立转公办的工作完成得相对较迟。以潮阳县为例，该县在新中国成立前夕有初级中学 10 所，其中私立 8 所（不含南山管理局辖地②），新中国成立后全面接管县境公私校及南山管理局中的南山中学，共计得初中 68 个班、学生 2 291 人（其中初级师范 1 班 41 人）、教职员工 173 人，其间有过合并、更设，至 1953 年七八月，计得全县学生 5 589 人，中学 10 所，全部改为公办。其中汕头市潮南区砺青中学（今名），为留学归国的郑国凯、郑国让等人于 1937 年秋筹资创办，侨资占了绝大多数，时逢国难，郑氏取"战争砥砺、青年奋发"之寓意而定校名为"私立战时砺青初级中学"（1940 年法定名"私立砺青初级中学"），1943 年潮阳沦陷，该校一度内迁至大埔等地，1945 年冬日本投降后始回原址，截至 1949 年，该校共计有初中毕业生 12 届。1950 年 1 月受接管，1952 年 2 月迁址至成田乡原中民小学③处，1953 年 8 月转为公办学校，仍称为"砺青初级中学"。1990 年尚有泰国李光隆捐资五六十万元捐建图书馆等。④

总体而言，汕头市的学校私立转公办改造工作，完成得相对缓慢，在 1954 年粤东行署中的今潮汕三市地域，号称"全面铺开并基本完成"时，汕头市仍有 16 所学校未完成私立转公办改造工作，其中的两所中学（联合中学、友联中学）要到 1956 年、14 所小学则要到 1958 年，才改造为公办学校。⑤

在接管、整顿，尤其是将私立改为公办学校的过程中，很多学校的财政入不敷出，这是由于早期有没收到的财物，又得到政府资金（并不多）的支持而尚能应付，但随着时间的推移便陷入"无钱"困境。两所省立中学算是比较好的。如广东汕头金山中学，其前身为 1877 年创建的"金山书院"，校址位于今潮州市湘桥区金山，1903 年改为广东省任命监督的"潮州中学堂"；进入民国时期，为省委任校长制，此后以省立潮州中学校、省立潮州金山中学校、省立第四中学、广东金山中学、广东金山高级中学等校名在金山顶办学；日军侵略期间曾迁校至潮安凤塘镇淇园、潮安凤凰，经短暂停办，学生转至揭阳古沟等处就读。该校的发展过程多得华侨华人的资助，但 1949 年 10 月 25 日为潮安县军事管制委员会

① 潮州市教育局编：《潮州市教育志》，内部资料，1990 年，第 18 – 19、125 – 126 页；张泉林主编：《当代中国华侨教育》，广州：广东高等教育出版社，1988 年，第 297 – 298 页。
② 1935 年广东省政府所设置，相当于县级机构，1949 年末后基本名存实亡，1950 年 3 月正式行文撤销，其地大部分归潮阳区，小部分分别归普宁县、惠来县。
③ 中民小学亦为华侨捐建之学校，为马松轩、马介吾等 60 多名华侨于 1920 年创建。
④ 潮阳市地方志编纂委员会编：《潮阳县志》，广州：广东人民出版社，1997 年，第 818 – 820 页。
⑤ 汕头市教育志编审委员会编：《汕头教育志》，内部资料，1989 年，第 69、113 页。

接管后，在紧缺社会资金支援的情况下，仅凭当地政府拨款，各方面捉襟见肘；1952 年 8 月迁校至汕头市私立礐光中学①校址，接收礐光中学财产，并有汕头财政的支持，方略解财务困境；1953 年 6 月，被列为省立重点中学，此时与他校对比则已显宽裕了。

1954 年，经接管、整顿、改造、并扩后的中学，如果以位于今潮汕三市的中学来计，则一共有 56 所，其中完全中学 14 所、高级中学 1 所、初级中学 41 所（见表 1 - 1）。

表 1 - 1　1954 年今潮汕三市市域之中学概况表

	完全中学 数量（所）	高级中学 数量（所）	初级中学 数量（所）	小计		其中省立 中学数量（所）
				数量（所）	占比（%）	
汕头市	6	0	3	9	16.07	2
潮安县	1	1	5	7	12.50	0
潮阳县	1	0	9	10	17.86	0
揭阳县	2	0	8	10	17.86	0
普宁县	2	0	4	6	10.71	0
惠来县	0	0	2	2	3.57	0
澄海县	1	0	6	7	12.50	0
饶平县	1	0	3	4	7.14	0
南澳县	0	0	1	1	1.79	0
合计	14	1	41	56	100	2
占比（%）	25	1.79	73.21	100		3.57

注：（1）今潮汕三市，在 1954 年均属于粤东行署管辖，这个年度也是这个阶段里较为难得的政区相对稳定的一年，详见前文。

（2）表中潮安县，其县境包含 1953 年拆出的潮安市（后更名潮州市）地域，详见前文。

（3）若干师范学校，如普宁师范学校附设有初中部，本表不计入。

表 1 - 1 中这 56 所中学，如果从历史渊源来追溯，绝大多数都曾有过或多或少的侨资捐赠记录。然而，此期它们已改为公办（汕头市的联合中学、友联中学仍为私校），校产全是公产，办学费用也主要为各级政府所出，正如《广东省志·教育志》所称："1953 年整顿小学，侨办小学全部改为公办。至 1953 年冬，

---

① 礐光中学成立于 1927 年秋，系由美属基督浸信会 1860 年所创的正光女子学校和 1873 年所创的礐石中学合并而来，校址在礐石，1952 年 8 月撤销。该校初期也受侨资捐助，如民国时期泰国赖渠岱便曾捐资。

侨办中学全部改为公办。侨办中学改公办后，进行了调整，有的合并，有的更改校名，学校经费全由政府负责。"① 因此，我们很难再认为，此时表 1 – 1 中的学校是"海外华侨华人捐资兴学的侨校"了。

不过，接收侨生的任务从未断绝。为了更好地照顾侨生的升学、学习，在改造学校的过程中，至迟自 1953 年起，汕头市、粤东行署每年招生计划中，就专门列有侨生、侨眷生的招生额度。② 1954 年，中国教育部、中侨委联合发出《关于华侨学生福利办法的通知》，要求适当补助生活困难的华侨学生，进入正规中学者，其经费（包括生活、医药、被服等补助费）由人民助学金解决，如再有困难，则从地方教育经费调剂解决。③ 汕头等广东侨区都予以贯彻执行。

新中国成立初期，便有不少华侨回国定居，当时大抵统称为"归侨"或"归难侨"。归侨回国的动因，既有受鼓舞于新中国成立而来参加建设的，也有受侨居国当局政治迫害而落难返乡的。这些人中，有的在故土亲戚众多、资产富裕；也有相当一部分是无家无业或亲戚稀疏、难有依靠者。在谋生方面，有的本来就是专业人士、行业佼佼者；也有的虽有技傍身却一时难以找到工作；而本身并无一技之长，劳动、生活都难以为继的更不在少数。但无论如何，换了新环境生活，总需要一个适应过程，这便需要有政府的帮助。

新政府很早便注意到这个问题，广东省积极响应中央政策，对归侨、难侨采取"按籍安置，主要面向农村，有技能的量才录用"的方针，接待成批量的难侨时，则实行"以集中为主，分散为辅"的政策，大部分集中安置在国家创办的华侨农场和农垦农场，使他们各有所归，各得其所；对回国升学的华侨学生，采取"集中接待，分散入学"和"同等成绩，优先录取"的原则，予以接受深造。④ 本时期归侨人数众多，据中侨委的统计，"建国 5 年内华侨回国参加新中国建设、求学和归国的难侨共约 17.8 万人"。⑤ 据广东省侨委会的统计，则是至 1955 年底回粤的侨胞共有 17 万人。⑥ 如粤东行署 1955 年发函至澄海县，要求澄海县"按籍安置，面向农村"，安置 1955 年 4 月 30 日汕头入口的澄海籍归国华侨王爱和等 103 人。⑦

---

① 广东省地方史志编纂委员会编：《广东省志·教育志》，广州：广东人民出版社，1995 年，第 246 页。
② 汕头市教育志编审委员会编：《汕头教育志》，内部资料，1989 年，第 113 页。
③ 顾明远主编：《教育大辞典（增订合编本）》，上海：上海教育出版社，1998 年，第 470 页。
④ 广东省地方史志编纂委员会编：《广东省志·华侨志》，广州：广东人民出版社，1996 年，第 10 页。
⑤ 高启源：《祖国对归国华侨的安置》，《人民日报》，1954 年 10 月 6 日。
⑥ 方方：《关于我国侨务工作的若干政策》，载侨务报社：《侨务政策文集》，北京：人民出版社，1957 年；广东省地方史志编纂委员会编：《广东省志·华侨志》，广州：广东人民出版社，1996 年，第 37 页。
⑦ 澄海县华侨志领导小组编：《澄海县华侨志（初稿）》，内部资料，1987 年，第 153 页。

华侨补习班、补习学校等正是在此背景下产生的，其一开始的主要目的是让归侨、侨眷等学习知识以更好融入新环境，当然也有专门来此求学的归国学生，如"仅 1950 年至 1952 年，广东接待了来自印度尼西亚、马来西亚、泰国、菲律宾、老挝、柬埔寨、毛里求斯等 10 多个国家和地区的华侨、港澳学生 600 多人，其中投考各地高等学校的占 28.4%"[1]。后来招收的，则基本是专门回国进修、升学的学生。同时需要说明的是，华侨华人送后裔回国学习的情况是普遍存在的，有的侨领甚至要求孩子必须学习故土文化才能继承家业，而本时期将子女送往北京等地就学的潮侨也并不罕见，如澄海东里籍柬埔寨华侨邱成章（后定居澳门），便分别于 1955 年、1956 年和 1960 年将 3 个儿子送往当时的北京矿业学院、广州华南工学院、北京第十五中学进修。[2]

关于接收、优待华侨学生回国就学的政策，早在民国时期便存在了，北洋政府制定有《侨民子弟回国就学规程》（1914 年公布），规定从宽录取侨生、各地开办补习班帮助侨生等，南京国民政府时期也出台有多个政策性规章、政令，要求各方为侨生提供补习、升学机会以及对清贫侨生进行经济补贴等。如《华侨中小学规程》（1931 年公布）、《广东省政府训令——令广东教育厅通饬各校对于侨生投考学校酌予通融》（1933 年公布）、《侨务委员会广东侨务处布告》（1945 年公布）、《侨委会教育部拟定奖学金办法奖励成绩优异侨生》（1946 年公布）、《教育部指定专科以上学校设置特别生——华侨学生可由侨务委员会报送》（1947 年颁布）、《华侨学生优待办法》（1947 年公布）、《回国升学华侨学生奖学金办法（修正）》（1948 年公布）等都有详细的要求和规定。[3]

新中国对侨生持十分友善的态度，1956 年全国第四次侨务工作扩大会议上的报告称："祖国对华侨学生回国升学极为欢迎。对于每年回国升学的数千名华侨学生，国家教育机关都予以教育和培养，安置他们学习。"[4] 国家照顾归国侨生，除在暑期办理大批归国侨生的接待、考试、分送入学工作外，还对侨生采取随到随收，分别编班补习，为侨生升入正规学校打好基础。各地学校入学考试，以能跟班上课即照顾录取为原则，并在年龄规定上比国内放宽。在生活上，除照

---

① 广东省地方史志编纂委员会编：《广东省志·教育志》，广州：广东人民出版社，1995 年，第 9 页。

② 蚁行瑞：《访柬埔寨侨领邱成章》，载政协饶平县文史委员会编：《饶平文史》（第 8 辑），内部资料，1991 年（本年"再版"本）。

③ 广东省档案馆、广州华侨志编委办、广州华侨研究会等编：《华侨与侨务史料选编（广东）》，广州：广东人民出版社，1991 年，第 391 - 440 页；顾明远主编：《教育大辞典》（增订合编本），上海：上海教育出版社，1998 年，第 1213 - 1215 页。

④ 方方：《目前国内工作的若干侨务政策问题——在全国第四次侨务工作扩大会议上的报告》（1956 年 6 月 8 日），载中共广东省委党史研究室、广东省档案馆编：《方方文集》，广州：广东人民出版社，1990 年。

顾侨生的生活习惯外，对家庭经济困难或侨汇暂时中断者，如常发给助学金外，还采取补助金、银行小额贷款等办法，给予必要的照顾。①

广东汕头华侨中学是广东最早办有"华侨学生升学补习班"的两所中学之一。在其尚未冠名"广东"的1951年9月，便与位于广州的"广东华侨中学"同时接受增设"华侨学生升学补习班"的任务。② 自该校从海滨中学改为华侨中学开始，在海内外的知名度便与日俱增，又由于地处区域中心汕头市，因此各县籍的归国侨生、侨眷生纷纷寻求入读。1951年9月开设了"华侨学生升学补习班"后，侨生继续增多；1953年，更增加至4个侨生升学补习班。学生经补习后按文化程度相应插入初中、高中各年级学习。1953年，王林伟、陈史峰、林风、李斐、姚万达等一批泰国《全民报》进步编辑被泰国当局驱逐出境而回国，由汕头市教育局安排到广东汕头华侨中学任教，该校师资力量得到进一步加强，补习班也就大体由这一批教师负责。③ 广东汕头华侨中学的补习班大概在1955年左右便告结束，④ 1957年秋在利安路新办了一所"广州华侨补习学校汕头分校"，该校至1958年1月时有107名侨生。据统计，广东汕头华侨中学补习班以及广州华侨补习学校汕头分校办学期间，从1954年至1957年，共有来自东南亚各国的侨生六七百人，其中以泰国生源居多。⑤

广东的专门华侨补习中学，则要到1954年才开始。1953年政务院批准在北京和广州分别设立归国华侨学生招生委员会，负责办理华侨、港澳学生的接待和升学事宜。1954年，国家在广州设立归国华侨学生接待站，华侨学生由该站统一分配到全国各地的补习学校（班）或普通学校就读；同年3月8日，中侨委在广州市创办的"广州归国华侨学生中等补习学校"⑥ 正式开课。接下去开办的专门的华侨学生中学，是1958年汕头侨联据中侨委的指示协助筹办的"汕头归国

---

① 广东省地方史志编纂委员会编：《广东省志·华侨志》，广州：广东人民出版社，1996年，第312页。

② 广东省地方史志编纂委员会编：《广东省志·教育志》，广州：广东人民出版社，1995年，第248页。

③ 蔡莺跃：《全国最早一所公办学校——广东汕头华侨中学》，载中国政协广东汕头市委员会文史资料研究委员会：《汕头文史》（第7辑），内部资料，1989年。

④ 按：该校何时存在、正式办学以及具体校名，省志、市志、专志、侨中校志及当事人口述材料等均有不同说法（同种文献亦常有不同记载），经辨析较为可靠的有1954年、1955年、1956年办学三种说法，有可能是批准时间与实际办学的时间不一致、各说法所依据不同而造成的，这里暂时按照《汕头教育志》中两处出现的"1955年创办广州华侨补习学校汕头分校"说法模糊表述。参见汕头市教育志编审委员会编：《汕头教育志》，内部资料，1989年，第113、264页。

⑤ 吴化：《汕头归侨学生们的劳动干劲》，《侨务报》1958年第3期；蔡莺跃：《全国最早一所公办学校——广东汕头华侨中学》，载中国政协广东汕头市委员会文史资料研究委员会编：《汕头文史》（第7辑），内部资料，1989年。

⑥ 该校在1954年6月于广州石牌开工建新校舍，年底竣工迁入，参见广东省地方史志编纂委员会编：《广东省志·教育志》，广州：广东人民出版社，1995年，第9页。

华侨学生中等补习学校",该校是前述"广州华侨补习学校汕头分校"的延续,也是中侨委在"文化大革命"前创办的全国 7 所华侨补习学校之一[1],校址设在汕头市金砂乡;1965 年末停办,1966 年初,广东汕头华侨中学迁入该址。由此,今广东汕头华侨中学的史志遂将广州华侨补习学校汕头分校、汕头归国华侨学生中等补习学校写入其校史,将它们视为自己的前身之一。[2]

综上所述,新中国成立初期,党和政府都颇为照顾、保护华侨侨眷,譬如就汕头市来说,政府拨款 2 亿多元(相当于现在 2 万多元),安置了 277 名难侨,并就保护和照顾侨胞、侨眷利益,改善服务,处理难侨纠纷等采取了积极措施。[3] 然而百废待兴,"全市人口总共 25.8 万左右……依靠华侨经济过生活的侨眷约 3.005 万人"[4],显然难以做到尽善尽美。

(二)1955—1966 年:侨校兴废

新中国成立初期的接管、改造、整顿工作,确立了中国共产党对教育工作的领导,加强了以教学为中心的学校秩序并使整个教育系统运行有序,扩大了学生规模和满足了更多阶层人士的求学欲望,令不少干部和工农群众由此"脱盲",对中华民族文化教育事业的发展贡献匪浅。然而,在新政权建立、国民经济尚待恢复的情况下,没有延续原有的社会办学机制,反而马上收归国有,期望依靠政府财政来维持和扩大办学,这显然是不现实的,尤其在原本便更多依赖侨资、私人资金办学的地方,地方财政更显力有不逮。实际上,在 1952—1954 年全国学校"私立改公办"的过程中,当时并不富裕的广东教育财政即刻出现危机。《广东省志·教育志》直言不讳:"两年间,接办了私立中学 287 所,私立小学 1.4 万多所。由于此举不切合国情,不久又恢复和提倡民办。"[5]

广东省至迟在 1954 年便率先默许、恢复了侨胞的捐资兴学事业。较早的华侨华人兴建中学的事例,有台山县侨联集资 1.7 万元利用原台山女师校舍开办台

① 这 7 所归国华侨学生中等补习学校分别位于北京、广州、集美、汕头、南宁、昆明和武汉,是为"中侨委七补校"。此外,这所"汕头归国华侨学生中等补习学校",有可能在 1960 年 6 月国务院批转中侨委、教育部《关于建立各类华侨学校,加强归国华侨学术教育工作的意见》的稍后才真正确立校名,这里暂按汕头当地的文史记录,视为 1958 年筹办。

② 广东省地方史志编纂委员会编:《广东省志·华侨志》,广州:广东人民出版社,1996 年,第 10、38、312、358 页;广东省地方史志编纂委员会编:《广东省志·教育志》,广州:广东人民出版社,1995 年,第 248 页;侨中印记编委会、林一平主编:《侨中印记:广东汕头华侨中学建校八十周年纪念画册》,内部资料,2012 年,第 24 – 25 页。

③ 李德之:《汕头市解放接管及建政工作概况》,载中国政协广东汕头市委员会文史资料研究委员会编:《汕头文史》(第 7 辑),内部资料,1989 年。

④ 汕头市副市长黄声报告:《汕头市五个月来接管与施政工作》,汕头第一届各界人民代表会议,1950 年 3 月 25 日。

⑤ 广东省地方史志编纂委员会编:《广东省志·教育志》,广州:广东人民出版社,1995 年,第 8 页。

山县华侨中学，中山县石岐镇归侨集资 4 000 元开办中山石岐华侨初级中学等。不过，此时仍处于"私立改公办"的浪潮中，这些 1954 年兴办的学校，尽管系由校董会筹措办学经费，但多数仍靠政府补助，教职员工工资仍由政府负责，工作待遇等俱属政府人员编制。①

粤东行署所属学校的财务问题同样严峻，资金困难情况同样突出。虽然 1954 年底，粤东行署已号称"基本完成私校改为公办"工作，但实际上，有不少学校仍为私立，例如汕头市，便有 16 所中小学未真正完成"转公"，有内部材料显示，之所以拖而未转，资金紧缺是最主要因素之一。

1955 年 2 月 23 日，国务院总理令发布《国务院关于贯彻保护侨汇政策的命令》，命令中强调：侨汇是侨胞、侨眷的正当所得及正当权益，在侨区对繁荣地方经济，发展文化公益事业均有显著作用，要求各级干部应深刻认识侨汇的作用，予以应有的重视。尤为关键的是，其中明确而清晰地出现了这样的表述：各级地方国家行政机关对"华侨"的"兴办学校"等，"应表关怀，并给予指导、帮助，必要时予以表扬"。这个命令的效力级别，属于行政法规、国务院（中央政府）文件，施行于全国，因此，可以认为，这是新中国较早一份鼓励华侨捐资兴学的全国性法令。

根据这个命令，广东省首次明确宣布，共产党员、共青团员、国家干部、学生都可以接受侨汇和使用侨汇。1956 年严厉惩治严重侵犯侨汇案件 669 宗，② 这在海内外引起很大的关注，对树立侨心，取得信任，进而推动捐资兴学事业无疑大有裨益。也就是在这个命令之后，广东、粤东行署开始全面性地掀起了新中国成立以来的第一波华侨华人捐资兴学热潮。

1. 汕头市华侨小学

1955 年开学招生的汕头市华侨小学，是中华人民共和国成立后，广东省内较早的两所由海外华侨华人及归侨侨眷捐资兴办的小学之一。③ 该校的成立，经过长期的不公开酝酿，至 1954 年 4 月汕头市归国华侨联谊会召开的第四次代表大会上，与会代表决议同意筹办一所侨校，并于同年 10 月开始实际筹建工作。④ 该校的筹办过程中得到了地方领导的支持和众多海内外侨胞的帮助，成立了以汕头市侨联主席许杰为董事长的汕头市华侨小学董事会（共 38 位董事），初期办学

---

① 广东省地方史志编纂委员会编：《广东省志·教育志》，广州：广东人民出版社，1995 年，第 145、246 页。

② 广东省地方史志编纂委员会编：《广东省志·华侨志》，广州：广东人民出版社，1996 年，第 307 页。

③ 同年成立的还有广州市华侨小学，是今广州市华侨外国语学校的前身。

④ 张泰生：《潮汕华侨历史上一所"侨"字号的特色学校——汕头市华侨小学的历史作用及在海内外的影响》，《潮汕史学》2014 年第 1 期。

经费 2.5 万元，主要来自蚁美厚的捐资 1 万元，以及该市 3 位归侨侨眷的捐资计 1.5 万元，遂租用汕头市外马路一座两层旧楼房作为校舍。

1955 年 9 月 12 日，汕头市华侨小学正式开学，聘有 7 位教师，招生 300 人，设 6 个教学班，其中一年级 3 个班，二、三、四年级各 1 个班。租用的校舍环境较差，教室小、隔音差、光线不足，以面积不到 200 平方米的空地作为学生文体活动场地等，不能满足正规学校的需要。因此，在海内外华侨的反馈下，汕头市侨联开始筹建新校舍，并向上级寻求建校场地的支持。1956 年，汕头市同意划拨土地给予汕头市侨联，作为建设侨联的新会址及汕头市华侨小学新校舍之用。新建筑于当年 10 月 3 日动工，至 1957 年 11 月 6 日落成并举办了落成典礼。当时参加庆典活动的海内外嘉宾达到 3 000 多人，是中华人民共和国成立后汕头市内举办的较大规模海内外联谊活动之一，对当时汕头市、粤东行署涉侨政策起到良好的正面宣传作用。

汕头市华侨小学 1957 年秋乔迁新校，当年拥有一至六年级，共 14 个教学班、720 多名学生，是为完全小学；1958 年 1 月时有 800 多名学生①，当年附设两个初中班，是为"戴帽子学校"②，在正规登记上仍为小学③，1960 年初撤销初中班。1962 年办起中学部，学校改为二部制教育，④ 开始招收初一级和高一级

---

① 陈德钦：《汕头市侨联做了哪些工作》，《侨务报》1958 年第 2 期。

② 出现于新中国的特殊时期，在学校建制不变的情况下增设高一级教育班级的行为及学校，俗称"戴帽子"及"戴帽子学校"。1955 年 12 月，教育部在北京召开全国普通教育、师范教育事业计划的座谈会上，提出采取小学附设初中班、中专附设大专班、专科附设本科班的措施来解决中学和高等师范学校不足的问题。广东 1954 年 8 月便有小学附设初中班、初中附设高中班的情况；1971 年高峰期时有 1.7 万多所"戴帽子"小学；1979 年开始"摘帽"；1983 年大部分小学和初中"摘帽"；1985 年或稍后号称基本完成学校"摘帽"的任务。汕头专区于 1956 年开始全面推行初中二部制和"戴帽子"办学形式，今潮汕三市，大约在 1987 年仍有 129 所小学附设初中，占同期小学总数的 4.51%，其中不乏侨捐学校，后至 1991 年潮汕分市前后，才逐步"摘帽"。参见顾明远主编：《教育大辞典（增订合编本）》，上海：上海教育出版社，1998 年，第 225 页；广东省地方史志编纂委员会编：《广东省志·教育志》，广州：广东人民出版社，1995 年，第 4、9、19、23、26、28、120 页；汕头市教育志编审委员会编：《汕头教育志》，内部资料，1989 年，第 113 - 121 页。

③ 有文史材料称，何香凝 1958 年前后曾题字"汕头市华侨初级中学"予该校，笔者未见实物，录此参考。同时，严格来说，该校 1958 年附设初中，仅是"戴帽"性质，很难归为"华侨中学"。

④ "教育二部制"自民国时期便存在了。一般是在中、小学学生人数众多而教育经费相对困难、校舍师资设备不足的情况下实行。有半日制（中小学生分别在上、下午上课）、全日制（同时到校，一部分上课、一部分自学等，间时互换）、间日制（中小学生隔天上课）、混合制（以上情况间杂进行），自 20 世纪 90 年代以来，今潮汕三市乃至广东的公立学校已基本没有这种定制。另，按方方在政协会议上提出"侨区中学尽可能开办二部制的班级，并开设语文、数、理、化以及技术补习班，适当收容考不上学校的侨眷子弟"，则此期侨校二部制的推广可能与此有关。顾明远主编：《教育大辞典（增订合编本）》，上海：上海教育出版社，1998 年，第 323 页；方方：《关于目前侨务工作的一些问题——在政协全国委员会第三次全体会议上的发言》（1957 年 3 月 17 日），载中共广东省委党史研究室、广东省档案馆编：《方方文集》，广州：广东人民出版社，1990 年。

学生。以后逐年自然递升，至 1964 年 9 月，从初中一年级至高中三年级共计 6 个年级；其间的 1963 年，小学迁出。1966 年后，汕头侨联停止活动，汕头市华侨小学更名为"汕头市红卫小学"，中学部分则更名为"汕头市红卫中学"，都改由教育部门管理。1969 年，汕头市红卫中学更名"汕头市第十二中学"至今；1974 年，汕头市红卫小学改办成"利安路小学"。目前，汕头市第十二中学视汕头市华侨小学为其前身。

现存资料显示，汕头市华侨小学自 1954 年 10 月至 1957 年 8 月期间，总共收到捐资兴学款项 17 万多元，捐款人既有泰国、新加坡、印度尼西亚、马来西亚、越南、柬埔寨、老挝等国家的潮籍华侨，也有身在国内的归侨、侨眷。其中，蚁美厚捐赠 1 万元，安达公司的私方股东先后认捐 7 万多元，朱潮丰夫妇捐赠 1.3 万元，刘受之捐赠 1 万元，柬埔寨华侨捐建一座有 8 个教室的教学楼，马来西亚侨领林连登的长孙林文祥捐出 6 000 多元铺筑了学校巷道和侨联会址的埕地等。[①] 此外，与华侨小学为邻的侨联新会址大楼（见图 1－4），接受了近 6 万元归侨、侨眷的捐资款项；其中，自 1957 年 3—8 月中旬便在归侨中募捐得 5.2 万余元。[②] 图 1－5 为该校学生秋游照。

图 1－4 1963 年的侨联大楼和华侨小学毕业照（张泰生藏）

---

① 按：以上关于汕头市华侨小学的内容，参见张泰生：《潮汕华侨历史上一所"侨"字号的特色学校——汕头市华侨小学的历史作用及在海内外的影响》，《潮汕史学》2014 年第 1 期。

② 陈德钦：《汕头市侨联做了哪些工作》，《侨务报》1958 年第 2 期；汕头华侨志编写组编：《汕头华侨志（初稿）》，内部资料，1990 年，第"3－71"页。

图 1-5　汕头市华侨小学秋游照（张泰生藏）

1956 年 6 月，在全国第四次侨务工作扩大会议上，时任全国侨联副主席方方①所作的报告指出，华侨自愿出资"兴办学校、夜校"等公益事业的，可留名纪念，与国家公共财产同样看待，但必须"纠正任何变相的'自愿'捐献方法，或任何'动员'投资的做法"。

该报告中还提到：各地侨务部门应协同教育部门积极解决华侨兴办学校的教师、教学、基建等方面的实际困难；华侨学校如仅有初中而没有高中的可增设高中，以尽可能更多地安插华侨学生；在招生时，对于侨眷子弟，应采取同等成绩

① 方方（1904—1971），原名方思琼，广东普宁人。1926 年加入中国共产党；1941 年任中共南方工作委员会书记；1947 年任中共中央香港分局首任书记；1949 年 9 月，任新的中共中央华南分局第三书记（列丁叶剑英、张云逸之后），11 月 10 日任新成立的广东省人民政府副主席；1950 年兼任广东省土改委员会主任，对华侨、工商业者兼地主及开明士绅、知识分子实行区别对待的政策，完全符合广东实际，但翌年 6 月即因此受批改任华南分局第五书记；1953 年 4 月又被撤销华南分局第五书记、常委、省政府第一副主席等职；1954 年改任华南分局交通部部长；1955 年调任中共中央统战部副部长，国务院华侨事务委员会中共党组书记、副主任及全国侨联主席等职；1960 年 2 月任中华人民共和国接待和安置归国华侨委员会委员兼办公室主任，主持安置几十万归侨的工作；"文革"期间被非法关禁 5 年，1971 年 9 月 21 日逝世；1979 年 3 月 28 日，中共中央举行追悼会平反昭雪；1991 年 8 月，广东省委调查认为"解放初期，方方同志在华南分局、叶剑英同志领导下，为建立和巩固人民政权、恢复和发展广东的国民经济做了大量工作，作出了贡献，应予肯定。1952 年对方方同志'土改右倾''地方主义'的批判，1953 年对方方同志'官僚主义、分散主义'的批判都是缺乏事实根据的，应予否定"；1994 年中共中央同意改变对方方的结论和处理：撤销原给予方方同志撤销华南分局第五书记、常委、省政府第一副主席等本兼各职的处分，对 1952 年方方同志的"地方主义"问题予以否定，彻底恢复方方同志政治名誉。参见广东省地方史志编纂委员会编：《广东省志·人物志》，广州：广东人民出版社，2001 年，第 763-766 页。

优先录取的办法；对于家境贫寒或侨汇中断而生活困难者，应给予必要的生活补助或贷款等；并希望国外华侨在侨居地，特别是尚未有高级中学的地区，能创办更多的中等学校，尤其是高级中学、师范学校等，以便从国内、国外各方面来满足华侨学生求学的需求。[①] 无论如何，为了满足更多的求学需求，各地都多少明确了鼓励并提倡捐资兴学的态度，其前提，是禁止变相乃至强迫"捐献"。

与此同时，1956 年汕头专区（粤东行署改汕头专区）教育行政管理机构制订了十二年（1956—1967）教育事业长远发展规划，要求十二年内逐步奠定基础，各类教育有较为扎实的发展。尽管这个规划因为后来的时局变化而未能完全实现，但在实施的前几年，对积极发展民办、侨办等类型的学校，还是成效卓著的。[②]

在这样的背景下，华侨华人的公益捐赠日益增多，据广东省侨务委员会1956年的不完全统计，华侨华人在今潮汕三市家乡兴办公益事业的捐款计有：汕头市 8.22 万多元，揭阳县 9.11 万多元，普宁县 12.7 万元，潮安县 1 万元，主要用于修建校舍、资助教育经费和医疗卫生事业。[③]

各县开始筹建华侨中学。1956 年 9 月有两所华侨中学开始招生，分别是普宁县华侨中学和潮安县华侨中学。此外，还有华侨华人、港澳同胞捐建普通学校，如潮安县绵德小学；捐助侨生补习班级，如澄海的临时性侨生补习班等。

2. 普宁县华侨中学

1955 年春，方方倡导在普宁创建一所华侨中学并发出倡议书，随即由普宁归侨、侨眷和知名人士组成"普宁华侨中学筹建委员会"。方方在香港时便曾联络、团结民主党派人士筹办香港"达德学院"（存在于 1946—1949 年），培养了大批革命干部和海内外知名人士。这次是他第二次倡导办学。普宁华侨中学筹建委员会成立后，泰国、马来西亚、印度尼西亚、新加坡、柬埔寨等地的普宁籍华侨华人，以及港澳同胞热情呼应，踊跃捐资，计集资金额达 30 万元，加上政府的拨款，于 1956 年 5 月 21 日兴工，8 月 16 日竣工，9 月招收归国侨生、侨眷子女 502 人入学。[④] 该校在"文化大革命"期间易名"红旗中学""池尾中学"；1978 年成立"普宁华侨中学复校筹备委员会"筹办复校、复名工作，1980 年正

[①] 方方：《目前国内工作的若干侨务政策问题——在全国第四次侨务工作扩大会议上的报告》（1956年 6 月 8 日）、《侨联如何工作——在中华全国侨联成立大会闭幕会议上的讲话》（1956 年 12 月 7 日），载中共广东省委党史研究室、广东省档案馆：《方方文集》，广州：广东人民出版社，1990 年。

[②] 广东省汕头市地方志编纂委员会编：《汕头市志》（第四册），北京：新华出版社，1999 年，第 1－2 页。

[③] 广东省地方史志编纂委员会编：《广东省志·华侨志》，广州：广东人民出版社，1996 年，第 233 页。

[④] 普宁市地方志编纂委员会编：《普宁县志》，广州：广东人民出版社，1995 年，第 21、484、518 页。

式复名。改革开放之后，仍继续收到华侨捐赠。该校今名"普宁市华侨中学"，为高级中学。

普宁县（市）华侨中学一开始便是完全中学。与续办的广东汕头华侨中学不同，它是全新创建的。从这个意义上来说，普宁县华侨中学是中华人民共和国成立后、今潮汕三市中第一所新办的华侨中学，在广东也属于较早兴办的重点华侨中学之一。该校的创立在海内外产生较大的影响，亦令普宁当地的华侨华人捐资兴学迅速形成热潮。随后的 1957—1958 年，泰国张德孝在梅塘镇东山村独资创建德孝小学、香港张中畊在下架山镇葵岭村独资创建中畊学校、香港张字眼在流沙镇小扬美村创建佩群华侨中学。此后尚有培群、洪阳、培新、果陇、桥柱、泥沟、安仁、溪南等 10 多所乡村侨办初级中学相继落成。这些学校虽属村级，但捐建者不乏东南亚著名侨领，如 1958 年独资捐建桥柱华侨中学的柬埔寨侨领陈顺和，日军侵占柬埔寨期间坚持与日斗争，对新中国也有贡献。他于 1957 年到北京观光，受到国家领导人接见，被周恩来总理称为"爱国硬骨头"。[1] 计自中华人民共和国成立后至 1966 年，普宁的华侨华人、港澳同胞在家乡捐资建校的资金共达人民币 59.1 万元，各项目的建筑面积共 7 331 平方米。[2]

此外，香港庄世平作为方方"钦点"的海外筹捐主要人物，也对普宁县华侨中学的成立作出贡献，其与筹委会商讨后，将总工程拆分为大小不等的多个相对独立项目，由各人承捐，项目完成则各铭刻捐资人姓名于建筑物以兹留念，如教室每间 4 000 元、学生宿舍每间 2 000 元、教师宿舍每间 800 元等，规定捐建后可留名，受到海外人士的赞许和欢迎，因此，不足半年便筹到所需费用。同时，这种化整为零的做法，在中华人民共和国成立后的捐资兴学事例中是比较新颖的，具有创新性。后来筹建暨南大学（广州）等多个大项目时，也是采取这种方式，同样取得不错的效果。[3]

3. 潮安县华侨中学

该校前身是 1955 年在庵埠溪头李村创办的华侨补习学校。当时只有 3 名教师，借用两座祠堂和数间小民房为校舍，招收两个升初中的补习班，比较简陋。1956 年，潮安县政府重新择址建校，在潮安县侨联统一组织下，获得新加坡、马来西亚和印度尼西亚等国华侨捐赠资金，遂办成潮安县华侨中学。开学时，原

---

① 广东省地方史志编纂委员会编：《广东省志·华侨志》，广州：广东人民出版社，1996 年，第 488－489 页。

② 李绪光：《普宁侨胞港澳同胞捐资兴学概况》，载普宁县政协文史委资料室、普宁县侨务办公室、普宁县侨联：《普宁文史》（第 6 辑），内部资料，1991 年；普宁市地方志编纂委员会编：《普宁县志》，广州：广东人民出版社，1995 年，第 530 页。

③ 廖琪著：《庄世平传》，北京：作家出版社，2015 年，第 250－254 页。

有两个补习班升为初中一年级，另招收两个升初中的补习班，共有 8 个教职员工，学生约 200 名。1957 年，该校再募侨资迁址建校舍，建成 4 间简易教室和一列教师宿舍，秋天时有初一、初二两个教学班。同年 10 月 26 日成立董事会，并获东南亚侨胞支持，至 1966 年办成占地 25 亩，配套较为齐全的完全中学。在此期间，陈作梓、林洽亮和陈鸿让捐 4 座共 12 间平房教室，新加坡林应标发动集资建礼堂一座，新加坡谢厚勋等发动捐资捐物拟建四层教学办公楼，盖一层后因"文化大革命"开始而中止。"文革"期间学校受破坏，1968 年更名"东方红中学"后迁往潮安沙溪，原校舍被占用，华侨中学名实俱失。1980 年，潮安县政府归还部分校舍，在原址复办华侨中学，先办升大中专补习班。1983 年县市合并后，该校除了继续办补习班外，开始招收高中一年级新生。自改革开放后至1997 年止，该校共接受新加坡及中国香港等国家和地区侨资 400 多万元，潮州本地的热心企业也有所捐赠。该校今称"潮州市华侨中学"，为高级中学。①

4. 潮安县绵德小学

该校由香港庄静庵始创于 1945 年，中华人民共和国成立后被接管、更名，1952 年成为公办的镇一小学之分教处。1956 年 9 月，庄静庵再次独资复建，恢复"绵德小学"校名，当年招收 6 个教学班，是为中华人民共和国成立后广东省第一间由华侨、港澳同胞自筹资金独资创办的学校。1962 年起，增加至六年制教育，每年级 2 个班，计 12 个教学班，已成为当地较具规模的小学。"文革"期间，该校大受打击，先后易名"前进小学""胜利小学"。1979 年 2 月，庄静庵又一次捐资 53.5 万元新建校舍，恢复校名，增至五年制每级 3 个班，计 15 个教学班。庄静庵对该校的捐资兴学是全方位的，其自 1956—1988 年（其间约 13 年停办）付出的建校及办公费用达到港币约 500 万元。学生不仅免费入学，还能得到赠送的课本、作业簿；教师的工资、医药、福利以及学校装修、设备、办公费用等，亦均由庄氏支付。

在各个阶段的非正常社会环境中，绵德小学屡经变故，然而庄静庵矢志不渝，不离不弃，倘得大环境稍微宽松，便第一时间回乡，独资复兴小学（后又以"绵德"为名，捐资另建了中学、幼儿园等），就文献记载来看，这种情况在国内算是极其罕见的。该校今名潮州市绵德小学，是潮州具知名度的小学。②

---

① 潮州市湘桥区地方志编纂委员会编：《潮州市湘桥区志》，广州：岭南美术出版社，2013 年，第146、148 页；饶怀元：《潮州华侨中学四十二年（1955—1997）》，载潮安县政协文史委员会编：《潮安文史》（第 2 辑），内部资料，1997 年。

② 潮州市地方编纂委员会编：《潮州市志》，广州：广东人民出版社，1995 年，第 1557 页；潮州市教育局编：《潮州市教育志》，内部资料，1990 年，第 21、125 - 126、269 页；广东省地方史志编纂委员会编：《广东省志·华侨志》，广州：广东人民出版社，1996 年，第 433 - 434 页。

5. 澄海县的临时华侨子女补习班级

澄海县在 1956 年办有 4 个海外华侨华人子女升学补习班级，分别位于当时的澄城城北李厝祠和东里的樟东乡、月窟乡上课，这是根据上级创办侨校的指示精神而临时设立的，主要是解决燃眉之急。补习班规模并不大，也并非成建制的真正意义上的"学校"。这几个班级存在的时间应该不长，从笔者掌握的材料看，大约在 1958 年澄海县华侨中学开班授课时，就基本停办了。这些补习班一般由侨联负责，可理解为侨联是补习班的"主管单位"，也有的是侨务机构负责，但其办学资金中，都或多或少包含有归侨、侨眷等的资金。类似这样的补习班，是没有华侨补习学校的侨区所采取的权宜之计。截至 1956 年 6 月第四次侨务工作扩大会议召开时，全国仅有位于广州、北京、厦门集美的 3 所专业华侨学生中等补习学校，其他各侨区，多数是像澄海这样开办临时性质的补习班。

1957 年 6 月和 8 月，教育部《关于提倡群众办学的通知》和国务院《华侨捐资兴办学校办法》分别发布，舆论随之宣传造势。新华社 8 月 12 日通稿，报道了对中侨委发言人的采访，其中列举不少华侨办学数据，并称：华侨一向关怀和支持祖国的建设事业，捐资兴办学校，是华侨的优良传统；华侨积极捐资兴学，不仅对解决华侨子弟教育问题有帮助，而且对发展侨乡文化建设事业也有贡献；国务院《华侨捐资兴办学校办法》必将大大鼓舞华侨捐资办学的热情。《人民日报》8 月 13 日头版社论认为，"近午来"侨办中小学校不但已经恢复，而且有了很大的发展，这是好的现象，并指出："今后有关地区的各级人民委员会应当认真地贯彻国务院颁布的华侨捐资兴办学校办法中的规定，重视华侨回国捐资兴学的工作，积极地予以鼓励和支持，并且主动地协助他们解决困难……过去有些地方由于对侨校性质和作用认识不足，对侨校领导重视不够，对侨校存在的困难帮助解决不够，有的甚至以为侨校属于私人企业的性质，而任意加以接管或更改校名，这些做法是完全没有必要的，应当予以纠正。今后各级人民委员会未经侨校创办人同意，不应当任意接管侨校或更改校名。凡已经接管的学校，只要国外华侨继续支持经常费用，仍应当改由侨办，其中已经更改校名的，要予以恢复。应当将侨校教育工作，纳入地方教育事业规划之内，加强领导，一视同仁，使侨校的教学质量不断提高。为了使归国华侨学生和侨眷子女能够得到更多的就学机会，侨校对归国华侨学生和侨眷子女入学应当予以优先录取。为了密切侨校与所在地区人民的联系和取得当地人民的支持，对非侨眷的子女也应当按适当比例招收。"①

广东省政府对指导华侨兴办公益事业工作也多次发出通知贯彻国家政策，同时要求，各级行政机关既要保护和颂扬华侨华人的爱国爱乡热情，又要反对巧立名目去敲诈勒索、骗取钱财的做法。广东教育厅明确指出：办好侨中，具有加速教育事业发展及落实侨务政策的双重意义。②

1957年，在各种"利好"政策的引导下，汕头专区的华侨华人捐资兴学事例纷至沓来。其中最具知名度的，除了前述直属中侨委的汕头归国华侨学生中等补习学校，以及隶属汕头市侨联、迁新址扩大规模的汕头市华侨小学之外，还有新创办的澄海县华侨中学和揭阳县华侨中学。此外，不少华侨投资兴建、扩建小学，若干普通学校则受侨务机构的委托开办补习班。

6. 澄海县华侨中学

该校在澄海1956年开办4个临时"侨补班"的同时便已开始策划，至1957年3月，首次以"澄海县华侨中学筹备委员会"的名义发出含有具体建设规划的"筹办缘起"倡议书。1958年9月，由于新校未成，遂借用当时县城城北李氏大宗祠办班，并招收首届初中一年级新生4个班202名和高中一年级新生2个班100名，这两个高一班学生，因师资问题和校址较远等因素而只能寄读于澄海中学，由后者负责教育。据文史材料，1960年秋，由蚁美厚、许存寿、陈镛铿、陈振敬等14人捐资14.5万元，于澄城东门外鹦哥埔兴建的新校舍落成（1965年广东的调查材料将1960年视为澄海县华侨中学之始，这似乎意味着：直至1960年，该校才完成完整意义上的登记手续认定），计有礼堂1个，教室、宿舍各24间，办公室2间，原来及新招的初中学生8个班共计384人。按学校介绍，则可能也有原来在外寄读的高中生迁入。

该校在"文化大革命"初期即告停课，主要领导及若干教师均受到不同程度的批斗或打击；1967年更名"育红中学"并复课。1968年底，学校与澄海县农业职业学校、澄海县城关农业中学合并为"延安中学"，迁入由澄海中学更名的"红旗中学"校址办学，原校舍也于1969年被附近工厂所占用。1979年拨乱反正之后得以复办，9月1日招收了322名初、高中生，暂借澄海中学的教室上课，1980年秋搬进简陋的后坑园新址继续办学。后屡获资助，渐成规模。该校

① 新华社：《侨务委员会负责人发表谈话，欢迎侨胞投资和办学》，1957年8月12日；人民日报社论：《国家对华侨事务的又一重要措施》，《人民日报》，1957年8月13日。
② 广东省地方史志编纂委员会编：《广东省志·华侨志》，广州：广东人民出版社，1996年，第311页；汕头市教育志编审委员会编：《汕头教育志》，内部资料，1989年，第113页。

今名"汕头市澄海华侨中学",为高级中学(见图1-6、图1-7)。[①]

图1-6 早期澄海华侨中学史料(引自该校"校史展")

图1-7 澄海华侨中学大事纪要(引自该校"校史展")

---

① 澄海县华侨志领导小组编:《澄海县华侨志(初稿)》,内部资料,1987年,第48、156页;澄海县地方志编纂委员会编:《澄海县志》,广州:广东人民出版社,1992年,第70、175、684、690、861页;李泽沾:《华侨齐心办侨中》,载汕头市澄海区政协学习和文史委员会编:《澄海文史资料》(第21辑),1988年,内部资料;此外,还参考了相关碑记及汕头市澄海华侨中学校史展示厅展示资料。

7. 揭阳县华侨中学

该校 1956 年由泰国归侨林运秋、黄通等提议，翌年筹得侨资创办，初时仅有平房教室 12 间。1957 年 9 月开学，招收初、高中新生各 4 个教学班，有学生 400 多人，是为完全中学。计自 1956 年至 1958 年，共接受柬埔寨朱焜、魏怡隆、江文奇、陈礼荣等捐资达 30.19 万元；1959 年又得到柬埔寨、泰国、新加坡等华侨华人资助，遂得以逐步开发，扩大规模。"文革"期间，该校遭受破坏，先是更名为"红卫中学"，接着与揭阳真理中学合并称为"五四中学"，后又改为"揭阳县第二中学"，至 1979 年 2 月方恢复原名。此后，先后接受了新加坡华侨许合成发、泰国卢楚高、中国香港林世铿等捐资。该校为揭阳名校，是揭阳市第一所省一级学校（1995 年）。今名"揭阳华侨高级中学"。[①]

1957 年兴建、扩建的小学不在少数。以澄海县的小学为例：属于新办学校的，有泰国余炎欣（又作"余炎勋"）捐资 1 万元在湾头北村兴建一所小学，该校于 1957 年 7 月落成，是为中华人民共和国成立后澄海县第一所华侨独资捐建的新学校，在当时当地有不小的影响；属于扩建、改建旧学校的，有印度尼西亚华侨华人、泰国华侨华人，分别在家乡南徽、隆都后沟，捐资扩建、改建小学各一所。[②]

此外，1957 年度尚存在不少侨生补习班，主要是当地侨校学位难以满足归侨、侨眷的补习需要，因此由侨务机构协助处理补习、升学问题。譬如，据《侨务报》的报道，潮安县的潮安一中，便受潮州市侨联委托，开办了一个华侨子女高中补习班，该班学生，同样需要参加劳动教育。[③] 又如，潮阳县侨联筹资在潮阳成田田中央村创办了华侨中等文化补习学校，不久，又先后在两英、谷饶、棉城、上练等地办有补习学校或补习班。[④]

1958 年，华侨华人捐资兴学的热潮不减，汕头专区各县市纷纷响应政策，开始筹建县级华侨中学，并有大量的所谓"侨捐""侨建"学校出现。至当年末，全汕头专区统计得到的华侨中学，有至少 30 所（含县、社、队主办），招生规模大幅度增长，其中又以普宁县、揭阳县最为突出。据 1958 年统计，普宁归侨侨眷和海外侨胞仅捐给兴办中学的款项就有 28 万余元，建成了 8 所华侨中

---

① 揭阳县地方志编纂委员会编：《揭阳县志》，广州：广东人民出版社，1993 年，第 45、278、555、658、667 页。

② 澄海县地方志编纂委员会编：《澄海县志》，广州：广东人民出版社，1992 年，第 49、170 页。

③ 王侨声：《潮州市侨联的一天》，《侨务报》1958 年第 2 期。

④ 郑白涛：《建国后潮阳侨务工作史略》，载中国人民政治协商会议潮阳市委员会、《潮阳文史》编辑委员会编：《潮阳文史》（第 12 辑），内部资料，1996 年。

学。① 又据 1959 年的统计，普宁县录得华侨中学 16 所，合计有 81 个教学班、4 462 名学生；揭阳县录得华侨中学 6 所，合计有 60 个教学班、1 597 名学生。② 其他县也兴办了不少侨校，如其中较具知名度又延续至今的，有饶平县华侨中学、惠来县华侨中学等。而更多的小学则难以厘清脉络，譬如仅 1958 年，潮安县录得本年华侨华人的捐资助学超过 2 万元③，其中捐资给家乡小学的，大抵已难寻踪，但按统计金额看，规模不是很大。

8. 惠来县华侨中学

1957 年末，惠来县政府、惠来县侨联开始筹建华侨中学。在马来西亚林连登等筹资参与下，1958 年 9 月校舍落成并开学招生，初期有学生 112 人，设两个初中教学班，时称"惠来县华侨中等文化学校"。1958 年 12 月，普宁、惠来两县合并后，1959 年初该校改称"普宁县第二华侨中学"。同时，马来西亚林坚捐资 14 万港元、其他惠来籍乡亲捐资 4 万港元，共计 18 万港元首建课室新楼；至 1960 年新校舍正式落成，当年招收 7 个初中教学班，学生 400 多人，有教职员工近 30 名。1961 年 3 月惠来复县，该校恢复最初的名称"惠来县华侨中学"。"文革"开始后，学校停课"闹革命"，1967 年改称"红星中学"；1968 年停办，校址为普宁县师范学校所用。1978 年复办，1979 年招收新生 970 人，有高一及初中三个年级共 16 个教学班。1982 年香港林宝喜、林世铿、陈权、曾茂举、唐盛平、林廷丰、林伟辉等捐资 70 万元建设新的教学大楼，1983 年又筹资成立校办印刷厂等以增益学校经费，遂成为该县较具规模的学校。该校今名"惠来县华侨中学"，为完全中学。④

9. 饶平县华侨中学

该校于 1958 年 3 月奠基兴建，秋季校舍落成开学时招收 3 个班级计 148 名学生。当年泰国唐大典、陆惠初分别捐赠人民币 1.4 万元和 5 000 元兴建校舍；泰国余子亮捐建图书馆 1 座，此后数年 3 人陆续资助，累计折合人民币 6.45 万元。1962 年，余子亮、唐大典被聘任为华侨中学名誉董事长。1965 年录取 6 个班 334 名学生，已是当地的知名学校。"文革"初期的 1966 年 10 月，学校改名

① 何惠：《在蓬勃发展中的广东侨办学校》，《侨务报》1959 年第 9 期。
② 汕头市教育志编审委员会编：《汕头教育志》，内部资料，1989 年，第 117 页。
③ 潮州市侨务办公室、市归国华侨联合会主编：《潮州市华侨志（初稿）》，内部资料，1988 年，第 123 页。
④ 广东惠来县地方志办公室编著：《惠来县志》，北京：新华出版社，2002 年，第 485、542、583、585－586、758 页；朱良平：《惠来华侨中学简介》，载政协广东省惠来县文史资料征集研究委员会编：《惠来文史》（第 1 辑），内部资料，1988 年，第 113－118 页；林淑华、方耀东：《马来西亚华侨林坚》，载政协广东省惠来县文史资料征集研究委员会编：《惠来文史》（第 3 辑），内部资料，1990 年，第 115－117 页。

"红卫中学"，1970 年 9 月并入饶平二中，成为饶平二中的一个分教处。1974 年春，黄冈中学迁来该校，原校址成为"饶平县黄冈中学"校址。改革开放后的 1981 年 11 月 20 日，复名为"饶平县华侨中学"，又先后接受香港汤秉达、黄金源、潘守仁、欧史里、张伟伦、邱成章、陆从雁等港澳同胞、华侨华人的捐资，加上国家拨款，至 1985 年，该校校区建筑总面积已达 5 765 平方米。1985 年，有高中 12 个、初中 24 个共计 36 个教学班，学生 2 333 人，在校学生数量居饶平县各校之首。2009 年 12 月，被评选为广东省一级学校。该校今名"饶平县华侨中学"，为高级中学。①

1958 年开始剧增的捐资兴学事例，一直延续至 1960 年中，直线式上升的侨捐资金及华侨学校，既补充了政府办学的资金缺口，也对更好地普及教育有着巨大的贡献，这也是对中央《华侨捐资兴办学校办法》等善政的回应。

然而，另一个不容忽略的因素就是，自 1958—1960 年所创办的这些侨校，与"大跃进"和"人民公社化"运动息息相关，包括侨资在内的诸多成倍出现的学校，很大一部分是"浮夸风"的产物，是一种非正常社会状态下的"虚肿"式增长。这些，在同期材料上能够反映出来。

广东在 1958 年 3 月召开的省教育工作会议上，要求全省 4 年内扫除青壮年文盲，普及小学教育，各地必须分别在 2 年、3 年或 5 年的时间内，做到社社有小学、乡乡有初中，每 5 个乡有一所高中。同年 7 月，全国"放卫星"更甚，广东也迫切提出：本月（7 月）基本扫除文盲，普及小学教育。

此后，广东大力鼓励、发动包括华侨捐资兴学在内的各种公私办学，全省小学由 2.82 万所猛增到 3.99 万所，中学由 516 所猛增到 1 966 所。新办"半农（工）半读"学校 1 000 多所，中专学校由 40 所猛增到 146 所。中、小学生增加了 376.3 万人，教师增加 8 万多人。全省普通高等学校，由 1957 年的 7 所增加到 1959 年的 50 所，在校学生人数由 1.46 万增至 3.58 万。1960 年发展达到高峰，在校学生，大学发展到 4.5 万多人，中技 5 万余人，中师 4 万余人，中学73.8 万多人，农职业中学 6.6 万人，小学 562.7 万多人。同时，为了完成各项高指标的任务，有着 18 万名超龄"小学生"读书等情况发生。

由于在校学生人数猛增，师资和教学设备跟不上、教育质量严重下降，不少学校的"学习"只是体现在上报的纸面数据而已。1959 年，广东高中毕业生参加全国高等学校统一招生考试的合格率，由 1957 年的 22.7% 猛烈下降为

---

① 饶平县地方志编纂委员会编：《饶平县志》，广州：广东人民出版社，1994 年，第 58、78、92、819－820、841－842、981、1057、1064－1065 页；《饶平县华侨中学》，《广东教育》（高中版）2013 年第 6 期。

9.49%，在全国各省、直辖市、自治区中居第 14 位。与此同时，资金的不足更是一个困扰。实际上，在 1957 年侨校初兴时，广东一些地方的新侨校的资金便显不足，广东省侨委一开始尚能拨出专款"帮助那些创办不久的侨校解决资金困难"。然而，只不过一年半载，1959 年已然自顾不暇，陷入困境。[①]

汕头专区同样紧跟政策，不甘人后，自 1958 年开始便全面实行"教育大跃进"，随后大放"卫星"。专区方面提出"彻底普及小学教育，迅速扫除文盲，大打教育翻身仗""布下天罗地网，不让文盲过关"等要求，各县市则喊出"鼓起干劲，大整大改，苦战三年，实现教育事业全面跃进"，乃至在上级"口径提速"之后高呼"苦战三、五昼夜，实现教育全面大跃进"等口号。有的地方不仅要求学校总量必须多，社办、村办、侨办学校等也要力争上游。一时间各地开"誓师会"，立"军令状"，献"决心书"等，不一而足，"卫星"频放，乱象丛生。

粗略统计，此期间汕头专区各类学校的增长：高等教育方面，新办了汕头工专（1958 年）、韩山师专（1958 年）、汕头医专（1959 年）等至少 3 所大专学校，中专学校由 1957 年的 2 所发展至 1959 年的 20 所，师范学校由原来的 4 所发展至 8 所，中学由 1957 年的 79 所发展至 1959 年的 197 所（不计农业职业学校，因农职学校难以计算，仅 1958 年一年便新办有 411 所），小学由 1957 年的 1 308 所发展至 1959 年的 3 295 所，幼儿园由 1957 年的 64 所发展至 1959 年的 4 572 所（不计农村数据），成人教育方面更是达到"社社队队"均办有扫盲教育及业余教育班。

同时，早在 1958 年 5 月召开的全省扫盲和普及小学教育先进单位代表会议上，汕头专区的普宁县便获得全省第一个文化县称号、汕头市获得全省第一个青年文化城市称号等。当时省的要求是"再接再厉，力争当年成为文化省"（扫除了文盲、普及了小学）。[②] 这些成绩，我们可以断言，与当时的政治运动乃至"纸上数据"不无关系。实际上，在 1983 年地市合并、汕头市管理潮汕之前，今潮汕三市都是众所周知的普及化教育之落后地区，即使放在当时不发达的广东省教育领域来说，也低于平均水平。

到 1960 年，广东省已意识到教学质量的下降，1 月 4 日省委便发出《关于教育工作的指示》，要求"把提高全日制中等学校的教学质量作为极重要的经常

---

① 广东省地方史志编纂委员会编：《广东省志·政治纪要》，广州：广东人民出版社，2004 年，第 205 – 208 页；广东省地方史志编纂委员会编：《广东省志·教育志》，广州：广东人民出版社，1995 年，第 4、11 – 15 页；何惠：《在蓬勃发展中的广东侨办学校》，《侨务报》1959 年第 9 期。

② 汕头市教育志编审委员会编：《汕头教育志》，内部资料，1989 年，第 6、21、70、117、179 页；潮州市教育局编：《潮州市教育志》，内部资料，1990 年，第 22 – 23 页。

任务"，1 月 12 日至 22 日《南方日报》连续发表了 8 篇社论，呼吁全党和教育工作者高度重视和切实解决中学教学质量问题。同年中央制定对国民经济进行"整顿、巩固、充实、提高"的方针，广东逐步纠正 1958 年"左"倾思想在教育上所造成的错误，至 1961 年着力贯彻中央提出的"八字方针"，开始进行调整。1961 年，除小学教育大致保持原有的规模外，普通中学比 1958 年减少了820 多所，学生减少 7 万多人；停办了农业、职业中学 800 多所，减少 5.7 万名学生；合并或撤销办学条件差的中专学校和高等学校，中专调整为 40 所，大专院校调整为 19 所。1962 年继续调整，大学生比 1960 年减少了 8 800 多人，小学和中学的在校学生则减少了差不多 68 万人，教师精简了约 2 万人。此年，广东省教育厅还发出过整顿侨办中学的通知，要求华侨捐资办学必须由省审批。①1963 年则主要是精简高等学校，当年减少到 25 所，至此才基本完成调整工作，1964 年开展的"四清"运动（清政治、经济、组织和思想），在一些学校搞试点，挫伤了不少教师的积极性，使教育工作受到影响。②

　　汕头专区的情况与广东省大抵相似，学校的盈缩趋势与广东省也无不同。以今潮汕三市的华侨中学为例（见表 1 - 2），1958 年的学校数量开始爆发式增长，华侨中学数量与 1957 年比较同比增长 320%。1959 年的华侨中学及办班总数都达到顶峰，华侨中学数量同比增加 43%，办班数量同比增加超过 100%。1960 年在校学生数量达到最高点，年内在读的学生达到 11 154 名，是本时期唯一的突破万名在读生的年度。1961 年开始，政治运动式拔高增量的弊端已经显现，侨校普遍呈现出来的经费不敷导致多数学校办学难以为继。在上级挤水分的要求下，几个主要统计数据迅速下降。1962 年，广东省教育厅通知，必须严格华侨捐资的审批制度，由省统一审批，必须坚持"以生养校"措施，如民办华侨中学经费有困难，可参照民办中学的补助办法给予补助，汕头专区遂依照通知实行"以生养校"，继续调整、巩固。此后，在收费的压力下，出现学生逐年流失的情况。至 1965 年 1 月，省侨委及教育厅不得不指出，1962 年提出的"以生养校"，若干学校收费较高，必须予以纠正。1965 年全省学生数量才有所回升，今潮汕三市的数据，同样显示出这种趋势。

---

① 汕头市教育志编审委员会编：《汕头教育志》，内部资料，1989 年，第 264 页。
② 广东省地方史志编纂委员会编：《广东省志·教育志》，广州：广东人民出版社，1995 年，第 4 - 6、13 - 14 页。

表 1-2　1957—1965 年今潮汕三市市域之华侨中学概况表

统计年度	华侨中学			当年在学中学生数量	
	侨中数量（所）	班级数量（个）	学生数量（人）	侨生数量（人）	侨眷生数量（人）
1957	5	无计	无计	1 255	12 760
1958	21	103	5 893	1 020	9 488
1959	30	211	8 250	1 201	13 671
1960	16	122	11 154	981	9 379
1961	10	64	3 279	849	缺数据
1962	17	135	5 809	1 161	6 743
1963	16	107	4 488	967	4 814
1964	9	67	3 031	897	缺数据
1965	11	102	4 744	缺数据	缺数据

资料来源：汕头市教育志编审委员会编：《汕头教育志》，内部资料，1989 年，卷首"凡例"页，第 117-120 页；《汕头市教育志》（油印本），内部资料，1960 年。

在本时期中，今潮汕三市已在多个年度声称实现了"县县有侨中"的目标，并列入 20 世纪 80 年代之后修纂的志书中，被目前多种研究文献作为"汕头专（地）区（或者潮汕地区）"华侨华人捐资兴学兴盛的例子所引用。但实际上，由于政区的演变以及民办村办"侨资""中学"（可视为补习班）的兴废频繁、有名未必有实等情况并非孤例，我们在理清脉络时遇到不少困难：究竟是哪个年度"汕头专（地）区（或者潮汕地区）"实现了所谓的"县县有侨中"。由于南澳县一直没有一所华侨中学，而它曾在 1958 年 11 月至 1959 年 11 月撤销县级建制并入饶平县，则只有在这一年里，才存在汕头专区（或者说"汕头"）"县县有侨中"的可能性。

1962 年的汕头专区，共辖有 1 市 15 县，其中，今潮汕三市的地域分属汕头市和潮安、饶平、潮阳、普宁、澄海、南澳、揭阳、惠来县 8 个县。此年，除了南澳县之外，其余 1 市 7 县同时存在着华侨中学，一直延续到 1965 年设置了揭西县，今潮汕三市地域有了 1 市 9 县的建制时。

10. 潮阳县华侨中学

目前地方材料多视潮阳县华侨中学为 1962 年才开办，但它可能于 1957 年便有侨中之名实——一份 1965 年的广东调查材料便将 1957 年视为潮阳县华侨中学之始，只是该校一开始时未必在法定或说注册程序上冠以"潮阳""潮阳县"的行政区域名称而已。1957 年 10 月，柬埔寨侨领郭恒长回乡，曾与县侨联商谈筹办一所覆盖全潮阳县的侨中问题，并捐资 1.5 万元为前期倡导启动资金，于和平（今潮阳区和平镇）先行开班。1962 年，由潮阳侨联主持筹得资金，遂移至当时的县城牛头山建设新校舍，定名为"潮阳县华侨中学"继续办学。该校在 1962 年时有新建成的教学楼 2 幢，还有两列平房宿舍，以及食堂和其他生活用房等。1964 年办成完全中学，已经颇具规模。"文化大革命"开始不久，1966 年 6 月潮阳县委派出第一批工作组分别进驻 4 所学校，该校名列其中——可知此时该校已经有一定的规模。同年 12 月 2 日，该校转为纯公办中学，12 月 19 日，县侨联保存的华侨捐款 1 万元港币转到县华侨中学，作为学校办学经费。1968 年 11 月，学校彻底停办，已是"无名无实"了。据了解，在改革开放后，潮阳教育、文史届人士曾有过提议复办，或说继承这所"潮阳县华侨中学"的"香火"，但由于地址问题难以解决而作罢，后来潮阳诸多"华侨中学""华侨学校"也没有认其为前身者，也就是说，此校已消失于历史中了。

此外，潮阳县的归侨、侨眷在 1958 年共捐献人民币 14.4 万元，开办华侨中学 4 所，新建、扩建小学 3 所，但在 20 世纪 60 年代开始可能都改为华侨补习学校。[①] 其间，谷饶上堡俗称"五常里"处还有一所华侨中学，始创于 1958 年，1960 年停办，它也是属于侨资所捐创的。[②] 上述这些位于潮阳的华侨学校，据笔者所见，尚没有今潮阳区、潮南区的学校明确追溯或认定它们为"前身"。

11. 揭西县的华侨中学

揭西县 1965 年建县时，存在 10 所公办中学和 2 所华侨中学，2 所华侨中学都是在 1956—1957 年筹建的，其中材料确凿的一所是"南山民办华侨中学"；另外一所，则地方志书中仅列校名，而且各志或同一种书在表述上又有矛盾——它的校名既可能是"河婆民办华侨中学"，也可能是"坪山民办华侨中学"。[③] 到了"文革"时，这两所华侨中学均告停办。揭西县域的华侨华人捐资兴学事例，主要发生在民国时期以及改革开放之后，新中国成立至 1978 年这个阶段，就目前当地的地方志书、文史材料来看，尚没有发现较为具体、可靠的记载，这应该是与该县成立较迟，人口相对较少，华侨华人人数也少等有关。

调整、精简、提高教学质量后的 1965 年，广东有过一份省内华侨中学的统

---

① 潮阳市地方志编纂委员会编：《潮阳县志》，广州：广东人民出版社，1997 年，第 823 页；汕头市潮阳区地方志办公室、外事侨务局，汕头市潮南区地方志办公室、外事侨务局编著：《潮阳市华侨港澳台同胞志》，深圳：海天出版社，2009 年，第 24、89－90 页；《潮阳市志》编纂委员会编：《潮阳市志（1979—2003）》，广州：广东人民出版社，2012 年，第 1100 页。

② 张海鸥主编：《谷饶乡史初探》，内部资料，1991 年，第 66 页。

③ 揭西县志办公室编：《揭西县志》，广州：广东人民出版社，1994 年，第 496、503 页。

计数据，调查内容的时限是 1964 年。该数据不包括华侨升学补习班，也不计入如揭西县的民办村办华侨中学之类，但包括当时属于广东的今海南省地域（5 所）。梳理得：广东之县市级及以上的华侨中学共 32 所，一共办有 285 个班级，其中初中教学班 96 个、高中教学班 189 个；如果剔除当时属广东省、今已独立建制的海南省部分，则是 27 所，240 个教学班，其中初中班 80 个、高中班 160 个。

这个数据中，位于今潮汕三市境内的有广东汕头华侨中学、潮安县华侨中学、饶平县华侨中学、潮阳县华侨中学、普宁县华侨中学、澄海县华侨中学、揭阳县华侨中学、惠来县华侨中学一共 8 所，占当时广东公办华侨中学总数的 25%，剔除今海南省的（即相当于今广东省域）则占总数的 29.63%。如果细分至班级，今潮汕三市的比率更高，具体如下表所示：

表 1-3　1964 年今潮汕三市市域之县市级及以上华侨中学概况表

名称	始称"华侨中学"年份	高中班级数（个）	初中班级数（个）	办班数小计（个）
广东汕头华侨中学	1950	4	6	10
普宁县华侨中学	1956	9	10	19
潮安县华侨中学	1956	6	6	12
揭阳县华侨中学	1957	7	6	13
潮阳县华侨中学	1957	5	5	10
饶平县华侨中学	1958	0	6	6
惠来县华侨中学	1959	0	8	8
澄海县华侨中学	1960	0	6	6
合计		31	53	84
以当时广东论，今潮汕三市办班占比（%）		16.40	55.21	29.47
以现在广东论，今潮汕三市办班占比（%）		19.38	66.25	35.00

全省这些华侨中学，除了广州、汕头、海口共 3 所为公办学校之外，其余均为"侨办公助"的性质，一般都设立有学校董事会，归侨学生和侨户子女都占

各校在校学生总数的 60% ~ 80%。[①]

幼儿园的情况，则在 "大跃进""人民公社化"运动期间的数量起伏幅度更大。今潮汕三市，在运动高峰期曾经录得 4 572 所幼儿园，是 1951 年的近 460 倍、1965 年的逾 34 倍，最多时一共有近 46 万名幼儿在园，是 1951 年的近 322 倍、1965 年的逾 28 倍。梳理若干年份的数据如下表所示：

表 1-4　若干年份今潮汕三市市域之幼儿园概况表

年度	位于今潮汕三市			其中位于汕头市区		
	幼儿园数量（所）	办班数量（个）	学生数量（人）	幼儿园数量（所）	办班数量（个）	学生数量（人）
1951	10	68	1 430	8	21	588
1955	18	73	2 249	9	36	1 009
1957	64	224	7 008	32	110	3 447
1958	2 268	5 056	202 459	107	225	11 229
1959	4 572	9 809	459 366	369	740	30 149
1960	2 890	7 639	386 135	192	538	21 036
1961	548	1 288	45 712	77	247	7 038
1962	146	467	15 351	45	159	4 868
1965	134	477	16 270	49	214	7 758

这些幼儿园，凡是历史悠久者，在中华人民共和国成立前几乎都有侨资介入，但在接管之后，则尚未发现有明确的华侨华人捐赠记载。到了本时期捐资兴学热潮兴起，尤其是 1958 年省教育厅提出 "勤俭办园、群众办园"，汕头专区提出实现民办中学、小学、业余教育、幼儿园的 "教育四大跃进" 之后，才有了零星记录在案，但具体情况不详。

就记录看，1957 年开始，华侨华人、港澳同胞在汕头专区捐资兴办有大量的幼儿园，以及具幼儿园性质的托儿所。仅仅 1957—1958 约两年时间，汕头专

---

① 《广东省志·华侨志》另载有一组 "潮语系侨乡，大部分属汕头专区" 的数据，称 "据调查：1956—1965 年，华侨、港澳同胞捐款建设了普通中小学、农业中学校舍达 50 多座"，由于不知出处、难以辨析该句中的若干词义界定等，暂时未能作更好的解读，兹列为参考。广东省地方史志编纂委员会编：《广东省志·华侨志》，广州：广东人民出版社，1996 年，第 214、233 页。

区侨资兴办的幼儿园便达 269 所，托儿所 242 所。[1] 譬如潮阳县的，1958 年，印尼林锦诚捐资兴建华侨幼儿园，同年开班招生。1958 年，揭阳县榕城籍的华侨、侨眷捐资兴办有一所幼儿园及配套设备，可容纳儿童 100 人。[2] 1959 年春，吴膺尚便在潮安彩塘捐资兴办了具有全托设备的水美侨办幼儿园。[3]

除了常制的中、小学和幼儿园之外，自 1957 年起，华侨华人捐资的业余中学和不定期补习班等也是或从无到有，或猛烈剧增，一经政策触发，随即数据惊人。1957—1958 年，华侨捐资汕头专区的乡村办业余中学及文化补习班 320 多个[4]，它们办学面临的窘境与同期的普通学校大致相同，一直到 20 世纪 60 年代整体形势调整之后，才稍微稳定。

大学方面，汕头专区在 1962 年办有一所符合当时主流的完全正规大学，全称"汕头市劳动大学"。

汕头市劳动大学的性质属于"半工半读制高等教育"，即一半时间参加生产劳动，一半时间专注学习，俗称"半日制"办学。这是 1958 年 9 月之后的全国主流高校办学形式之一，也是依照法规政策注册并受政府认可的大学。其招生范围绝大部分是汕头市（按规定）及汕头专区，1962 秋季招收了 200 多名学生；设立四年制本科教育，以及要求两年修完高中课程并通过考核的预科教育；采用的教材是全日制大学课本，课程设置与教学要求则与华南农学院基本一致，学生生活费用和医药治疗费用等由大学负责。

汕头市劳动大学中华侨学生和归侨、侨眷生占有一定的比例。1963 年的一篇采访报道显示，当时该大学除了不少归侨、侨眷生之外，还有来自柬埔寨、印度尼西亚、新加坡、泰国等国家的 9 名华侨学生，他们分别就读于本科农艺班、本科农机班，以及预科班。一般情况下，这些学生每周上课约 20 节，早晨劳动或自修，上午上课；午睡后自修，下午三四点钟后劳动到晚饭时间；晚上自修两小时。另每周三晚有文娱活动，有时放电影，有时是安排学校业余文工团或文娱组织表演节目等。1963 年初，包括侨生在内"有些学生初来学校时，存在各种各样不正确的看法，情绪不安定。现在大家都有了新的认识，情绪安定下来，学习劳动有了干劲"，有不少于 4 位侨生当选为"学习股委员""学习劳动积极分

---

[1] 广东省汕头市地方志编纂委员会编：《汕头市志》（第四册），北京：新华出版社，1999 年，第 584 页。
[2] 榕城镇地方志编纂办公室编：《揭阳县榕城镇志》，内部资料，1990 年，第 353 页。
[3] 潮州市教育局编：《潮州市教育志》，内部资料，1990 年，第 269 页。
[4] 汕头华侨志编写组编：《汕头华侨志（初稿）》，内部资料，1990 年，第"3 – 44"页。

子"等。① 1964 年汕头市劳动大学情况见图 1－8。

本时期，还有若干华侨华人、港澳同胞在中国内地其他地方捐资兴学、支持建设高校，如暨南大学（广州）的建设，便多有潮人华侨的参与。澄海籍蚁美厚、饶平籍汤秉达、普宁籍张中畊（蚁、汤都曾兼任暨南大学董事会副董事长，张曾任董事会董事）等华侨、归侨都曾给过资助，如蚁美厚在暨南大学 1958 年筹建时便多方出谋献策，并捐助了 3 万元。②

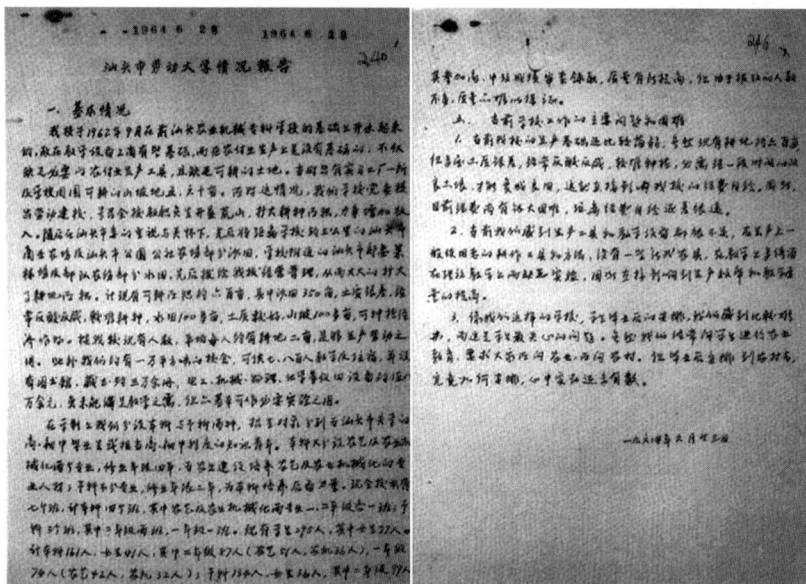

图 1－8　1964 年汕头市劳动大学情况报告（汕头市档案馆馆藏，李宏新摄影）

（三）1966—1977 年：陷入低谷

本时期经历了 1966—1976 年"文化大革命"，党和国家的各项事业受到全面性的严重干扰和破坏，与华侨华人捐资兴学事业息息相关的教育和侨务领域是深受其害的重灾区，其间所有华侨学校皆名实俱亡。不过，也尚有汕头的若干县存在捐资兴学事例，这主要发生在本时期后期，捐献者大抵属潮阳县、普宁县籍华

---

① 　中央档案馆、中共中央文献研究室编：《中共中央、国务院关于教育工作的指示/国务院关于全日制学校的教学、劳动和生活安排的规定》，北京：法律出版社，1959 年，第 1－15 页；顾明远主编：《教育大辞典（增订合编本）》，上海：上海教育出版社，1998 年，第 52－53 页；王继泽：《汕头市劳动大学在成长中》，《侨务报》1963 年第 3 期。

② 　张晓辉、夏泉：《暨南大学史 1906—2016》，广州：暨南大学出版社，2016 年，第 205－206 页；张玉春主编：《百年暨大人物志》，广州：暨南大学出版社，2006 年，第 327 页；黄大斌：《香港工商界知名人士张中畊》，载广东省政协文史资料委员会、汕头市政协文史资料委员会编：《广东文史资料》（第 76 辑），广州：广东人民出版社，1994 年。

侨华人、港澳同胞。总体来说，汕头的捐资兴学事业与全国一样，这个时期是一个低谷时期。

汕头专区在 1966 年 6 月 1 日召开了 17 级以上干部会议，传达《中国共产党中央委员会通知》并动员开展"文化大革命"。不久文教战线便开始大鸣大放、大字报、大辩论，猛烈开展揪斗"牛鬼蛇神"的残酷斗争，各地学校相继停课，宣告了"文革"的全面发动。[①] 运动一开始，侨务、侨联组织首先受到冲击。如汕头专区的侨联组织，自 1966 年 6 月开始便多次被骚扰，不久被"砸烂"而停止实际活动。1950—1959 年，潮安、澄海、揭阳、潮阳、惠来、饶平、普宁等县以及汕头市安平、同平、公园 3 个区的归国华侨联合会，接踵宣告"无疾而终"，直至 1978 年 5 月、12 月，汕头市归国华侨联合会、广东省归国华侨联合会汕头地区办事处才分别恢复活动。[②] 而在此期间，汕头专区各级侨务机构被诬称为"牛鬼蛇神的黑窝"，侨务工作都系"为资产阶级服务"，乃至被视为"与人民为敌"之类的"叛国"行为。[③]

学校尤其是侨校，不仅相继停办、撤销等，归侨、侨属也在一开始的乱局中遭受打击。以一个局部——今划为汕头中心城区的外砂、新溪、下蓬、官埭四地（今属汕头市龙湖区，时属澄海县）为例：1966 年 6 月开始在教育、文化战线方面扫除"四旧"（旧思想、旧文化、旧风俗、旧习惯），工作组进驻下蓬中学（约两个月后工作组反被批判为"走资产阶级路线"而退出），各学校相继"停课闹革命"。8 月，各校组织红卫兵并踊跃活动。9 月，下蓬中学首批 30 名红卫兵代表上京，于国庆日接受主席检阅。10 月，学校"复课闹革命"。11 月，学校红卫兵开始外出"串连"。12 月，各校成立多支"战斗队"，同时，与其存在交互式影响的基层机关也出现了名称各异的"武装队"，这些群众组织呼喊着"造反有理"，张贴大字报，揪斗"走资本主义道路当权派"，党政机关陷入瘫痪状态。1967 年 1 月，群众组织开始了"夺权"活动，25 日中共澄海县委被迫交权；月底，95% 以上的机关、团体、企事业单位同时被"夺权"。3 月 8 日，中国人民解放军派出军管小组实行军事管制。在这个过程中，外砂等四个地方有很多归侨和侨眷侨属受到影响和伤害。[④]

---

① 广东省汕头市地方志编纂委员会编：《汕头市志》（第一册），北京：新华出版社，1999 年，第 179、776 页。

② 广东省汕头市地方志编纂委员会编：《汕头市志》（第四册），北京：新华出版社，1999 年，第 597–598 页。

③ 汕头华侨志编写组编：《汕头华侨志（初稿）》，内部资料，1990 年，第"3–20"页。

④ 《汕头市龙湖区志》编纂委员会编：《汕头市龙湖区志：1979—2003》，广州：花城出版社，2013 年，第 47–48 页。

十年间，归侨、侨眷工作、生活等各方面都持续受到影响，其中较为严重的时间段，应是集中在"清理阶级队伍"及"一打三反"时期。在"清理阶级队伍"期间，《处理有港澳海外关系干部的六条意见》出台，归侨、侨眷、港澳同胞的亲属以及存在着海外关系的干部，只要有同海外通信联系便成为无须辩驳的"里通外国"，海外汇来的侨汇则是免证自明的"特务经费"。乃至只要有"海外关系"者便是可能的"特务"，歧视、打击、迫害随之而来。1970年1月开展的"一打三反"运动，在"左"的思想指导下和派性的干扰下，对所谓的"阶级敌人"进行残酷的斗争，随意株连，捕风捉影，无限上纲均是十分常见的。[①]

当时的情况，正如邓小平在1978年11月13日会见新加坡总理李光耀时所指出："林彪、'四人帮'横行的时期，把侨务方面的政策搞得乱七八糟。在国内，不管华侨还是华人的亲属都遭到摧残，动不动就说是有海外关系。有海外关系就是叛国，不少人被捕入狱。华侨、华人不能到中国探望亲属，也不能互相通信。这方面在中国国内牵涉到几千万人。"[②]廖承志的文章也称："把同海外亲友的书信来往说成是'里通外国'；把海外赡家汇款诬为'特务经费'；把有'海外关系'的人同地、富、反、坏、右、特并列在一起，称为'黑七类'。叛徒陈伯达公开叫嚷说：有的地区'归侨多'，是'特务联合国'。他们胡说什么'有海外关系的无好人，信任他们无根据，接触他们无好处'。""接受赡家汇款是搞资产阶级生活，适当照顾是搞特殊化等罪名。他们甚至采取种种高压手段，强迫侨眷、归侨割断海外亲属的联系。"[③]

在著名侨区汕头地区，"海外关系"成为不少干部、群众的噩梦。与海外亲属通信，小则是"崇洋媚外"，大则成"里通外国"。即使不再同海外联系，归侨、侨眷等也会被另眼看待，提心吊胆的日子异常难熬。这些，在当时都是广泛存在的客观事实。

总而言之，"1966年5月开始的'文化大革命'运动，给广东的归侨、侨眷带来了深重灾难。广大归侨、侨眷的正当权益被严重损害。这期间，中央侨委和各有关部门虽曾先后下达通知，做出规定，以制止和纠正破坏侨务政策的事件，但由于'左'的干扰和混乱局面，正确的政策没有得到认真贯彻"[④]。而持续不断的政治运动既令广大归侨、侨属和有港、澳、台关系的人绝大部分不同程度地

---

① 广东省地方史志编纂委员会编：《广东省志·政治纪要》，广州：广东人民出版社，2004年，第225－233页。

② 冷溶、汪作玲主编：《邓小平年谱：1975—1997》，北京：中央文献出版社，2007年，第428页。

③ 廖承志：《批判"四人帮"所谓"海外关系"问题的反动谬论》，《人民日报》，1978年1月4日。

④ 广东省地方史志编纂委员会编：《广东省志·政治纪要》，广州：广东人民出版社，2004年，第304页。

受到迫害，也在海外造成了极其恶劣的影响，捐资兴学事业停止发展、跌入谷底。

以澄海县为例，有海外关系的学校教职工均深受打击，导致澄海县在这十年期间完全没有捐资兴学的记叙，如志书所称："'文化大革命'十年动乱期间，旅外侨胞、港澳同胞中止捐资办学。"① 澄海并非孤例，实际上各地均差不多。

潮阳县的归侨、侨眷及旅港澳台同胞眷属的正常海外关系被视为"反动的社会基础"，导致归侨、侨眷及旅港澳台同胞眷属受到冲击和不公正对待，全县共发生冤假错案及历史旧案 178 宗，极大地挫伤了旅外侨胞、华裔及旅港澳台同胞爱国爱乡的感情，广大归侨侨眷及旅港澳台同胞眷属只能疏远与海外亲人的联系，著名的侨乡竟然出现了"谈侨色变"的极不正常现象。②

然而，就算是在这样惨淡的境况下，仍然有若干潮侨捐建家乡公益事业的事迹记录在案。目前所见，捐资兴学事例较为集中在传统的"潮普惠"一带，尤其是潮阳、普宁两个县有 20 例左右，这放在全广东省乃至全国的范围来考察，都是比较少见的。兹特记述如下：③

1. 潮阳县的捐资事例

1973 年，香港陈英彬捐资兴建贵屿华美小学第一分校，旅外侨胞多人集资扩建沙陇石坑学校。1975 年，泰国胡荣塔回到峡山华桥家乡，见学生分散于祠堂上课，遂带头捐资，并联络旅外乡亲兴建了 1 座三层教学楼，两年后竣工落成，投入使用，后于 1991 年独资 400 万元捐建新校舍（见图 1 – 9、图 1 – 10）。④ 1976 年，旅外侨胞捐资兴建沙陇仙家小学。1977 年，旅外侨胞捐资扩建成田西岐学校、铜盂壬屿北小学。1978 年，旅外侨胞捐资扩建沙陇珠埕小学，兴建成

---

① 澄海县地方志编纂委员会编：《澄海县志》，广州：广东人民出版社，1992 年，第 698、700 页；汕头市澄海区地方志编纂委员会编：《澄海市志（1979—2003）》，北京：方志出版社，2012 年，第 700 页；澄海县教育志编辑组编：《澄海县教育志（1564—1985）》，内部资料，1988 年，第 140 – 141 页。

② 汕头市潮阳区地方志办公室、外事侨务局，汕头市潮南区地方志办公室、外事侨务局编著：《潮阳市华侨港澳台同胞志》，深圳：海天出版社，2009 年，第 5 – 6 页。

③ 除了潮汕外，笔者搜检 127 种当代编纂的《广东省志》分志（分册），暂未发现此十年间存在明确的华侨捐资兴学的记录，《浙江省华侨志》《浙江省教育志》同样如此，福建则晋江地区也有捐资兴学事例。以上也许会有所遗漏。参见《浙江省华侨志》编纂委员会编：《浙江省华侨志》，杭州：浙江古籍出版社，2010 年；《浙江省教育志》编纂委员会编：《浙江省教育志》，杭州：浙江大学出版社，2004 年；杨辉主编，福建省教育科学研究所课题组撰写：《福建华侨华人捐资办学史》，福州：福建教育出版社，2007 年，第 121 页。

④ 胡荣塔回乡捐校的时间及情况，参见华桥小学建校志、华桥荣塔学校碑记。

田下家学校校舍，兴建溪尾小学等。① 而此期内潮阳县的其他涉侨公益活动也同样在进行着，如仅仅在1973—1974年，潮阳县便处理了华侨捐献事件23宗，涉及金额达人民币11.353 6万元。

图1-9　潮南区峡山街道华桥小学碑记（黄松书摄影）

图1-10　潮南区峡山街道华桥小学大门（黄松书摄影）

① 中共汕头市潮阳区委党史研究室、区地方志办公室，中共汕头市潮南区委党史研究室、区地方志办公室编：《潮阳大事记》（公元前214年至2003年1月），汕头：汕头大学出版社，2005年，第99、101-102、103页；汕头华侨志编写组编：《汕头华侨志（初稿）》，内部资料，1990年，第"3-34""3-35"页。

2. 普宁县的捐资事例

1974 年，泰国叶祥龙率泰国篮球队来华进行体育交流，其间，叶陪同泰国国务院实业部部长差猜·春哈旺少将与我国国务院洽购原油。1975 年 7 月 1 日两国签署联合公报、正式建立大使级外交关系时，又是叶祥龙陪同泰国总理蒙拉差翁·克立·巴莫亲王前来，叶祥龙可说是为中泰两国恢复贸易以及正式建交作出了重大贡献。而 1974 年那一次，他便曾返回普宁谒祖，并捐建了一所"渔新小学校"。①

此期间普宁县的捐资助学事例应该还有不少，有文史材料称："十年动乱"期间，广大海外华侨、港澳同胞爱国爱乡依然矢志不移，共捐得侨资人民币 93.3 万元，新扩建了马栅、华溪、交丙坛、旱塘等 16 所小学，总建筑面积达 13 449 平方米。②

更加令人感动的是，在此非常时期，还有身在海外而留遗嘱捐赠的。如 1972 年，泰国陈振敬病逝于曼谷，其家属遵其遗嘱，将陈氏生前存在中国的 20 万元人民币，捐赠给广东省侨联奖励基金会，设立了"陈振敬奖学基金"，奖励品学兼优的在学归侨大学生和研究生。③

---

① 普宁市地方志编纂委员会编：《普宁县志》，广州：广东人民出版社，1995 年，第 704 页；卢静子：《叶祥龙年谱》，载泰国归侨联谊会《湄江风云》编委会编：《湄江风云：泰国华侨抗日爱国活动回忆录》，北京：中国华侨出版社，1993 年。

② 此项，《普宁县志》称"1967—1978 年，共捐得侨资人民币 93.3 万元，建筑面积为 1.34 万平方米"。参见李绪光：《普宁侨胞港澳同胞捐资兴学概况》，载普宁县政协文史委资料室、普宁县侨务办公室、普宁县侨联编：《普宁文史》（第 6 辑），内部资料，1991 年；普宁市地方志编纂委员会编：《普宁县志》，广州：广东人民出版社，1995 年，第 530 页。

③ 广东省地方史志编纂委员会编：《广东省志·华侨志》，广州：广东人民出版社，1996 年，第 505 页。

第二阶段　1978 年至 1991 潮汕分市

1978 年 12 月 18—22 日中国共产党第十一届中央委员会第三次全体会议（下称"十一届三中全会"）在北京召开。这次会议是在党和国家面临何去何从的重大历史关头召开的，它标志着中华人民共和国成立以来党的历史上具有深远意义的伟大转折，开启了改革开放和社会主义现代化的伟大征程。[①]

从这时起至 1991 年 12 月 7 日汕头市分设为汕头、潮州、揭阳三个地级市（简称"1991 潮汕分市"）之前，是中华人民共和国成立后，华侨华人、港澳台同胞在汕头捐资兴学的第二个阶段。这个阶段高潮迭见，总体呈现一路高歌态势，前期渐入佳境，中期百花齐放，后期更趋活跃，直到这个阶段末期仍不见颓势。

一、时代背景

（一）全国方面

改革开放令整个中国社会进入良性发展的康庄大道。教育方面，经过几年时间的调整和整顿，逐步恢复、提升、夯实整体质量，还开办了不少职业学校、特殊教育学校，仅以普通高校、普通中学、普通小学、幼儿园论，1978 年分别有598、162 345、949 323、163 952 所；1981 年分别有 704、106 718、894 074、130 296 所；1991 年分别达到 1 075、85 851、729 158、164 465 所。[②]

这个阶段，中共中央、国务院从推进中国改革开放伟大事业的战略高度重视侨务工作，将发挥几千万海外侨胞、留学生和归侨、侨眷的作用作为我国大发展的独特机遇。根据归侨、侨眷、海外华侨、华人群体呈现出的新变化、新特点，

---

① 新华社：《习近平在庆祝改革开放 40 周年大会上的讲话》（2018 年 12 月 18 日），《人民日报》，2018 年 12 月 19 日。

② 数据均不包括中国香港、澳门、台湾，下同不注。国家统计局国民经济综合统计司编：《新中国六十年统计资料汇编：中英文对照》，北京：中国统计出版社，2010 年，"凡例说明"页，第 6 - 84、699 - 729 页。

党和政府不断调整侨务工作的整体性思路，以与时俱进的战略思维制定新的侨务政策，使侨务工作迅速打开新局面，随即呈现出蓬勃生机。

1977 年 9 月 29 日，邓小平在北京会见参加国庆庆祝活动的华侨华人、港澳台同胞旅行团部分成员时，指出：现在侨务工作提到日程上来了，准备恢复过去的侨务机构。10 月 2 日在会见港澳同胞国庆代表团时他再次指出："说什么'海外关系'复杂不能信任，这种说法是反动的。我们现在不是海外关系太多，而是太少。海外关系是个好东西，可以打开各方面的关系。'四人帮'胡说什么'地、富、反、坏、侨'，把华侨同地、富、反、坏并列起来。这种错误说法和做法一定要纠正过来，要做大量工作，进行政策教育，全国执行。中央已下了这个决心。"①

国家侨务机构很快恢复。1977 年 11 月 28 日至 12 月 20 日，全国侨务会议预备会议召开。1978 年 1 月 11 日，中共中央批转外交部党组《关于全国侨务会议预备会议的情况报告》。同时，国务院批准同意成立中华人民共和国国务院侨务办公室（简称"国务院侨办"），国务院侨办与 1969 年撤销的中侨委的性质与职能大体相同。1978 年 8 月，成立国务院港澳办公室（简称"港澳办"，1993 年后更名"国务院港澳事务办公室"）。全国侨联也在 1978 年 4 月正式恢复活动，同年 12 月 22 日至 28 日，第二次全国归侨代表大会在北京召开。其召开的时间正是十一届三中全会的闭幕日，与会代表之多、规模之大都是空前的。这次会议也被普遍视为拉开了侨务工作改革开放与发展创新的序幕，标志着侨务工作进入了一个崭新的发展时期。而全国侨务会议预备会议提到的、第二次全国归侨代表大会深入阐释的"一视同仁、不得歧视，根据特点、适当照顾"，遂成为新时期国家侨务工作的"十六字方针"。②

1978 年 1 月 4 日，《人民日报》报道了全国侨务会议预备会议在京举行的消息，称："团结广大华侨，调动广大侨眷和归侨的社会主义积极性，为实现祖国的四个现代化作出贡献。"同日又刊登了两篇重量级文章，其中廖承志署名文章《批判"四人帮"所谓"海外关系"问题的反动谬论》，在批判"四人帮"倒行逆施的同时，历数华侨的爱国传统和革命传统，强调"华侨当中多数是爱国的、进步的，这是问题的本质和主流"，"归国华侨中的资本家数目不多，他们多数

---

① 冷溶、汪作玲主编：《邓小平年谱：1975—1997》，北京：中央文献出版社，2007 年，第 220－221、214－215 页。

② 中华全国归国华侨联合会编：《侨联三十年》，内部资料，1986 年，第 23 页；《中共中央转发外交部党组〈关于全国侨务会议预备会议的情况报告〉》（中发〔1978〕3 号）、《中共中央转发李先念、廖承志在全国侨务会议、第二次全国归侨代表大会上的致词和报告》（中发〔1979〕7 号），载广东省侨务办公室编印：《侨务工作手册》（1），内部资料，1979 年。

也能接受社会主义教育，愿意改造思想，有的还回来兴办公益事业。这些事实说明："侨眷、归侨绝大部分同全国劳动人民一样，是革命的动力"，必须拨乱反正，"应予欢迎并给予妥善安排"。①

1978 年 1 月 11 日，中共中央转发外交部党组的"中发〔1978〕3 号"文件中，提到"华侨、外籍人自愿捐资兴办有利人民的公益事业，经省、市、自治区革委会批准，可予接受。但要严禁对外劝募"，这应是"文革"之后中央法规文件中较早涉及公益事业的明确表述，自然也包括捐资兴学行为。实际上是拨乱反正，重申 1964 年《关于华侨和港澳同胞捐资兴办公益事业问题的通知》中的规定。1978 年 4 月，外交部转发的《〈关于侨务政策表态口径的请示〉的通知》也指出："我们的侨务政策一如过去，没有改变。"② 1978 年 1 月，中共中央组织部《关于侨眷、归侨入党、提干等若干问题的通知》同样强调了国内侨眷、归侨同海外亲属的正常联系有利于社会主义建设，要求纠正此前的错误。要正确看待"海外亲属关系问题"，不能予以政治歧视。③

争取侨汇、发展经济被重视，这也包括捐赠的外汇和物资，涉及捐资兴学。1978 年 2 月，国务院转发外交部、人民银行总行《关于积极争取侨汇的意见》中，明确要求积极争取侨汇，严禁强行摊款、借款甚至冒领、克扣、侵吞侨汇，违者严肃处理。同时，也列了一些激励措施，如"持有人（包括敌我矛盾按内部矛盾处理者）主动积极调回存在国外的资产，应该受到鼓励""原私营企业在解放后合营前将资金逃存海外，持有人已经交代并经有关部门处理者，调回外汇所得的人民币，归持有人所有""如存外资产属于官僚资本，调回后应上交国库，对调回人由当地党委决定酌情给予百分之五至二十的人民币奖励"等。同年 12 月 4 日，国务院批转《关于接受海外华侨、外籍人、港澳同胞捐赠外汇或物资的有关规定》，再次强调严禁主动劝捐、到海外募捐，自愿捐赠者，则必须得到省、市、自治区革委会批准方能接受，并进行了若干规定，如：省、市、自治区侨务部门必须将捐赠财物的使用情况，每季上报国务院侨办、抄报人民银行总行和国务院港澳办公室；必须严格"按捐赠人的意愿"进行，"专户保管，专款专用"，银行、侨务等部门协助监管，而"如非用于发展地方工农业生产，促进

---

① 新华社：《全国侨务会议预备会在京举行，李先念副主席亲切接见到会同志并作重要讲话》；人民日报社论：《必须重视侨务工作》；廖承志：《批判"四人帮"所谓"海外关系"问题的反动谬论》，《人民日报》，1978 年 1 月 4 日。

② 广东省侨务办公室编印：《侨务工作手册》（1），内部资料，1979 年。

③ 中共中央组织部：《关于侨眷、归侨入党、提干若干问题的通知》（1978）（78）组通字 3 号，载广东省侨务办公室编印：《侨务工作手册》（1），内部资料，1979 年。

科学、文教、卫生事业的发展和改善人民福利生活"的捐赠外汇，银行有权拒付。①

侨生回国升学、接受教育方面的政策也陆续出台。1978 年 7 月，国务院批转国务院侨办、教育部《关于接收华侨、港澳学生回国和到内地升学的意见》，对华侨和港澳学生就学申请程序、接收学校的条件要求等作了规定，意见中的"酌情安排""适当照顾"及"使回国侨生感受到社会主义温暖"文义贯穿始终，要求：在广州成立华侨学生接待站，负责华侨、港澳学生的接待、报考工作（京津沪则由华侨旅行社负责接待、联系报考）；接待站由广东侨务机构领导，教育部门协助工作；立即恢复广东、福建的华侨补习学校，负责学生补习工作。②

1979 年开始，全国更大规模的侨务领域拨乱反正工作全面铺开，显著的成效使得侨心日聚。正如 1979 年 6 月邓小平在全国政协五届二次会议上所指出的："台湾同胞、港澳同胞和国外侨胞心向祖国，爱国主义觉悟不断提高，他们在实现统一祖国大业、支援祖国现代化建设和加强国际反霸斗争方面，日益发挥着重要积极的作用。"③

改革开放之初，党和国家制定了一系列法规政策，其中不少涉及侨务。在国外侨务工作方面，譬如 1980 年颁布实施《中华人民共和国国籍法》，第一次以法律的形式明确了"中华人民共和国不承认中国公民具有双重国籍"，确认了华人是外国公民的政治法律身份。在国内侨务工作方面，则以平反冤假错案、解决历史遗留问题为重点，如 1980 年 9 月国务院批转国务院侨办、公安部制定的《关于对刑满释放、解除劳教后留劳改单位就业的归侨处理意见的报告》（1987 年 6 月作了补充规定），1981 年 5 月国务院侨办、组织部、公安部发布《关于善始善终地复查纠正归侨、侨眷中冤假错案工作的通知》，1984 年 9 月组织部、公安部、安全部、国务院侨办发布《关于抓紧清理归侨、侨眷档案工作的补充通知》，1989 年建设部发布的《关于善始善终做好城镇私房遗留问题处理工作的通知》等，至 1989 年侨务领域大规模拨乱反正、落实政策的任务基本完成。同时也制定了一系列引资政策法规，如《中华人民共和国中外合资经营企业法》（1979 年颁布，1990 年修正④）、《中华人民共和国外资企业法》（1986 年）、《中

---

① 《国务院批转外交部、中国人民银行〈关于积极争取侨汇的意见〉》（国发〔1978〕29 号）、《国务院批转〈关于接受海外华侨、外籍人、港澳同胞捐赠外汇或物资的有关规定〉》（国发〔1978〕252 号），载广东省侨务办公室编印：《侨务工作手册》（1），内部资料，1979 年。

② 广东省侨务办公室编印：《侨务工作手册》（2），内部资料，1979 年。

③ 冷溶、汪作玲主编：《邓小平年谱：1975—1997》，北京：中央文献出版社，2007 年，第 524 页。

④ 《全国人民代表大会关于修改〈中华人民共和国中外合资经营企业法〉的决定》，《中国法律年鉴》1991 年第 1 期。

华人民共和国中外合作经营企业法》（1988年）、《国务院关于鼓励华侨和香港澳门同胞投资的规定》（1990年）等。此外，1990年9月，第七届全国人大制定并通过了《中华人民共和国归侨侨眷权益保护法》，这是新中国历史上通过的第一部侨务法律，标志着党和政府将重视和保护归侨侨眷权益工作提升到了一个前所未有的高度。①

涉侨的公益、捐赠类法规政策也有不少。主要的如1982年8月的《关于加强华侨和港澳同胞捐赠进口物资管理的通知》《关于捐赠的外汇结汇价格和留成比例的通知》，1983年7月的《关于贯彻执行加强华侨和港澳同胞捐赠进口物资管理的补充通知》，1989年2月的《国务院关于加强华侨、港澳台同胞捐赠进口物资管理的若干规定》，1989年7月的《关于对华侨港澳台同胞捐赠外汇参加外汇调剂的暂行规定》，1989年12月的《中华人民共和国海关对华侨、港澳台同胞捐赠进口物资监管办法》，1990年2月的《关于严格控制进口捐赠废旧轮胎的通知》等。这些政策法规除强调捐赠自愿、接受自用的基本原则和相关的捐赠纪律外，还对捐赠类别、受赠对象、审批制度、外汇调入、捐赠物资免税、捐赠人权利、违规处理等做出了规定，加强了对捐赠工作的管理。②

由于在捐赠过程中出现了向华侨伸手要钱要物、借捐赠之名套汇逃税等现象，有关部门还出台了一些专门强调捐赠纪律的政策法规，如1979年10月的《关于在受理华侨捐献中严禁违反政策和营私舞弊的若干规定》，1982年2月的《关于严格制止向华侨、外籍华人和港澳同胞伸手要钱要物的紧急通知》等。这些文件强调捐赠自愿的原则，并进一步严格华侨捐赠审批制度。

同时，这一时期相关部门也出台了专门的宣传纪律。如1979年9月国务院《关于华侨、外籍华人和港澳同胞向国内投资捐赠不要公开宣传的通知》，1987年2月国务院侨办、外交部《关于报道华人捐资兴办公益事业应注意的问题的通知》。上述文件对纠正华侨捐赠实践中存在的偏差、保护华侨捐赠的积极性和合法权益起了重要作用。③

此外，十一届三中全会以后，国家、社会对文化教育的重视达到前所未有的高度。1980年12月3日，中共中央、国务院发布《关于普及小学教育若干问题的决定》，强调教育事业在"四个现代化"建设中的重要作用，明确要求"在80年代，全国应基本实现普及小学教育的历史任务，有条件的地区还可进而普及初中教育……经济比较发达、教育基础较好的地区，应在1985年前普及小学教

---

① 张梅：《改革开放以来中国侨务实践的政策法规成效》，《侨务工作研究》2012年第3期。
② 张赛群：《新中国华侨捐赠政策演变及其特征分析》，《广东社会科学》2013年第2期。
③ 张赛群：《新中国华侨捐赠政策演变及其特征分析》，《广东社会科学》2013年第2期。

育"。1986 年 4 月 12 日颁布、7 月 1 日起施行的《中华人民共和国义务教育法》，更是规定，"国家实行九年制义务教育。省、自治区、直辖市根据本地区的经济、文化发展状况，确定推行义务教育的步骤""在普及初等教育的基础上普及初级中等教育"。

在此背景下，各级政府无不对教育极其重视，尤其是对普及九年义务教育等指示、通知层层下达，更促使各个基层政府积极建校扩校、增加学位，以谋求扩大教育规模。然而，各地政府资金毕竟不太丰裕，因此它们只能千方百计寻找社会办学资金以弥补教育经费的不足。时值改革开放之初，全国整体经济规模较低，这样的背景下，社会资金也显得稀缺，华侨华人、港澳台同胞的捐资遂成为全国各侨区重要的教育资金补充来源。

（二）广东方面

作为改革开放的排头兵、先行地、实验区，广东在这个阶段一跃成为经济强省，包括侨务在内的各项事业都取得长足进步。其通过拨乱反正，全面落实侨务政策，激发了海外侨胞和港澳同胞爱国爱乡的热情，捐资兴学事业取得飞跃性发展。

广东省侨委在"文化大革命"之初便告瘫痪，此后侨务工作陷入非正常状态。1973 年 3 月成立了一个隶属于省委统战部领导的"广东省革委会侨务办公室"；1974 年 12 月撤销，侨务工作归入外事口管理；1978 年 3 月，根据国务院通知重新成立了侨务办公室，省内各级侨务机构也先后相应地统称为"侨务办公室"。此后，各级人大、政协相继设立涉侨工作机构，积极开展与华侨华人、港澳台同胞在经济、科技、文化等方面的合作交流。

广东省侨联在 1966 年"文革"一开始时实际上便停止活动，1978 年 2 月恢复工作，1979 年 3 月召开第三次归国华侨代表大会。1981 年 9 月，中共中央对各级侨联的性质和地位重新予以明确，遂成为中国共产党领导下的一级人民团体，同工会、共青团、妇女联合会、文学艺术联合会、科学技术协会等人民团体享有同等的待遇。这个阶段，广东省侨联机关开拓新的工作领域、健全各级侨联的组织机构，陆续成立省侨联华侨事务法律顾问处、《华夏》杂志社等机构，为保护华侨权益、宣扬华侨文化、联络海内外感情作出了贡献。

尤值一提的是，在广东侨联领导下，1981 年 6 月 26 日成立了广东省华侨历史学会，这是中国（除港澳台外，下同）第一个地方侨史学术团体——如果不计"前身"，它甚至还早于 1981 年 12 月成立的全国性侨史学术团体"中国华侨历史学会"。该会于 1982 年举行的美洲华侨史座谈会，是中华人民共和国成立后第一次在中国举办的专门讨论美洲华侨史的学术性座谈会。1985 年召开的有 10 个国家和地区学者参加的华侨华人历史研究会，是中华人民共和国成立后第一次在中国举办的以华侨华人历史为中心议题的国际学术讨论会。截至 1991 年 10 月，省内 10 个市县相继成立华侨历史学会（此时全国地方性华侨历史学会共 27 个，广东占比超过三分之一），举办十多次全省性学术研讨会，各会员出版学术论文 400 多篇，译著专著约 40 种（此时中国刊出的侨史著述、资料汇编大约 150 种，广东占比超过四分之一）。在多个方面，"在国内都是首屈一指的"，广东华侨历史学会在国际上也有相当高的知名度。①

广东省委省政府十分重视侨务工作。习仲勋 1978 年 4 月 6 日在中共广东省第四次代表大会第三次全体会议的讲话中提出："必须落实党的干部政策、知识分子政策、统一战线政策、侨务政策、对敌斗争政策。"当天下午，习仲勋当选广东省委第二书记、主持广东主要工作后（第一书记韦国清在该次会后不久返回北京），更是不忘侨务事业。1978 年 7 月 11 日，他主持召开省委常委会议时强调，"要求统战部也要管侨务政策的落实"。1979 年 1 月，在广东省委四届二次会上，他再次提出："广东是著名的侨乡，华侨和侨眷绝大多数是劳动人民。华侨具有爱国的光荣传统，'黑六条'是反动的，应该彻底加以批判。凡因'黑六条'受到迫害的人，都要平反昭雪。"习仲勋做了很多实际工作，在 1979 年 11 月 20 日—12 月 6 日访问澳大利亚，以及 1980 年 10 月 20 日至 11 月 6 日担任团长率首个访问美国之中国省长代表团访美期间，便专门参观了唐人街、中文学校并出席华侨华人的欢迎宴会等。在亲密接触的同时，介绍中国的社会进展情况，宣传祖国统一的主张。所有这些都对宣传侨务工作、争取侨心大有裨益，一些侨领询问了回国投资的渠道，乃至有当场提出捐献设备者。②

在这样的背景下，广东省的侨务工作一开始便领先于全国。如在侨汇方面，广东省积极贯彻中央精神，新华社通稿《广东侨汇收入创历史最高水平》称，广东省 1978 年 1 月至 11 月的侨汇收入创下历史最高水平，比 1976 年全年收汇额还多 9.4%。"侨汇收入大量增加，反映了我国形势大好，被林彪、'四人帮'破坏的侨务政策得到落实。"③

1978 年 12 月 19 日，正是中共十一届三中全会召开的第二天，广东省革委会

①　广东省地方史志编纂委员会编：《广东省志·华侨志》，广州：广东人民出版社，1996 年，第 44、292、321 - 322 页；《广东省志》编纂委员会编：《广东省志（1979—2000）30　侨务卷、外事与港澳事务卷》，北京：方志出版社，2014 年，第 1 页；何珠主编：《广东华侨历史学会成立十周年纪念特刊 1981—1991》，内部资料，1991 年，第 1 - 3、13 - 15 页。

②　《习仲勋传》编委会编：《习仲勋传》（下），北京：中央文献出版社，2013 年，第 384 - 385、387 - 388、490、495 页；《习仲勋主政广东》编委会编：《习仲勋主政广东》，北京：中共党史出版社，2011 年，第 311 页。

③　新华社：《广东侨汇收入创历史最高水平》，《人民日报》，1979 年 1 月 3 日。

率先颁布了《关于受理华侨、外籍人、港澳同胞捐赠物资和捐资兴办公益事业的试行规定》，它主要依据、贯彻前述国务院 1955 年第 2 号命令、中共中央"中发〔1978〕3 号"文、国务院"国发〔1978〕252 号"文精神，并结合广东实际而制定，着重于实施方面的细化，规定：各地政府对捐资兴办的公益事业，应引导到工农业、文教卫科等项目上来，劝止捐资搞封建迷信、铺张浪费者，若是项目调整，必须征得捐资人的同意；捐建学校等公益事业，可列入基建计划；捐资捐物价值 20 000 万以下者，省革委会授权省侨办受理审批；20 000 万及以上者，省侨办审核后送省革委会审批；捐赠人对捐赠的兴办项目要求留名的，可以适当方式留名纪念。与广东稍前发出的《关于严禁向华侨、中国血统外籍人、港澳同胞发动捐赠的通知》相比，这份"试行规定"有着更为显著的积极意义，它意味着广东省已经放开并开始尝试常规化受理捐资兴学事务。①

十一届三中全会之后，广东侨务工作更是全面铺开。尽管侨情复杂、遗留问题很多，但此项工作一开始便走上正轨，各级侨务部门从服务于国家大局、服务于广东改革开放出发，以维护海外侨胞、归侨侨眷的根本利益作为侨务工作的落脚点，解放思想，敢为人先，勇于创新，务实进取，创造了许多全国侨务工作之第一。如 1980 年率先创办海外华裔青少年夏令营（1980 年 7 月 19 日至 8 月 9 日，开平县组织），1986 年首次开展"荣誉市民"授荣活动（广州市 1984 年首提"荣誉市民"称号及授荣条款，1985 年拟定实施说明，1986 正式授荣），1987 年颁布全国首部地方性侨务法规《广东省国家建设征用土地拆除城镇华侨房屋的规定》等，均为广东的改革开放和社会建设作出重要贡献。②

在落实侨务政策方面，1979 年 3 月，广东省政府召开全省侨务工作会议进行工作部署。1979 年 9 月 7 日，广东省委批转省侨办《关于抓紧落实侨务政策若干问题的意见》（粤字〔1979〕76 号），针对比较突出的政策问题提出了 3 个意见、20 条细则要求。③ 这些文件的颁布，都在不久之后取得明显成效。如清理归侨侨眷人事档案工作，该项工作一开始各地进度不一，1984 年 9 月《关于抓紧清理归侨、侨眷档案工作的补充通知》下发后有了较大进展。至 1986 年底，全省各地各单位对归侨侨眷干部职工档案的清理工作基本完成：共清理归侨侨眷干部职工档案材料 82 011 份，对其中有问题的 12 263 份，均按有关规定处理完毕。

---

① 《广东省革命委员会关于受理华侨、外籍人、港澳同胞捐赠物资和捐资兴办公益事业的试行规定》（粤革发〔1978〕179 号）、《关于严禁向华侨、中国血统外籍人、港澳同胞发动捐赠的通知》（粤革发〔1978〕175 号），载广东省侨务办公室编印：《侨务工作手册》（1），内部资料，1979 年。

② 《广东省志》编纂委员会编：《广东省志（1979—2000） 30 侨务卷、外事与港澳事务卷》，北京：方志出版社，2014 年，第 3、8、159 - 160、211 - 212 页

③ 中山大学法律系编：《经济法规汇编》（二），内部资料，1981 年，第 230 - 236 页。

再如处理侨港澳同胞的房产遗留问题。不少地方在土地改革和私房改造等政治运动中错没收、征收、拍卖、改造、拆毁了大批侨房，"文革"期间，一些机关、单位和个人又趁机以各种借口接管、挤占侨房，遗下了大量"后遗症"。因此，从1978—1987年，广东便先后8次发出《关于进一步全面落实侨房政策的通知》等有关落实政策的文件。到1987年底，全省退还"土改"中被错误没收的城镇侨港澳同胞房产权57.8万平方米，占应退的59%；退还"土改"中被错误没收、征收的农村侨港澳眷属房屋1 243.6万平方米，占应退的72%；退还"文革"中被挤占的全部侨港澳同胞的房屋31.9万平方米；退还私房改造中被错改的100.3万平方米，占应退面积的92%。清退农村侨房的工作较为顺利，至1990年底，退还1 612万平方米，基本完成落实农村侨房政策工作任务。1991年后，一些海外侨胞陆续回来申诉要求，至1994年再清退90万平方米，两项合计共1 702万平方米，基本完成扫尾任务。

城镇侨房清退问题则情况复杂，广东省将之分为8类，其中："文革"期间挤占、接管、私改错改、非建制镇（指不设镇建制的农村集镇）私改侨房四大类，至1984年底一共退还挤占侨房34万平方米、接管侨房176万平方米，基本完成清退任务；其他私改、代管、"土改"没收、"土改"农会拍卖侨房四大类（俗称"四类侨房"）则到1999年基本处理完毕。到了1999年3月，广东省召开总结表彰大会，宣告全省落实侨房政策工作基本结束，计此期先后印发了11个针对性文件，用于落实侨房政策的专款达8亿多元，清退各类农村侨房1 702万平方米，处理城镇侨房1 213万平方米。①

广东省还制定了不少侨务法规政策，对侨务工作的开展发挥了较大作用。这些文件，如1981年8月省政府颁布的《关于华侨、港澳同胞捐资办学若干问题的通知》，② 1984年12月颁布的《广东省华侨、港澳同胞捐办公益事业支援家乡建设优待办法》③ 和《关于难侨职工及其子女安置问题的若干规定》，1986年8月颁布的《外国和港澳企业在我省设立常驻代表机构聘用工作人员方法的通告》。1987年3月省人大常委会公布实施的《广东省国家建设征用土地拆除城镇华侨房屋的规定》、1987年10月省政府颁布的《关于享受华侨投资优惠待遇企

① 广东省地方史志编纂委员会编：《广东省志·中共组织志》，广州：广东人民出版社，2001年，第530–531页；《广东省志》编纂委员会编：《广东省志（1979—2000） 30 侨务卷、外事与港澳事务卷》，北京：方志出版社，2014年，第2–3、107–114页。

② 广东省地方史志编纂委员会编：《广东省志·教育志》，广州：广东人民出版社，1995年，第247页。

③ 广东省人民政府办公厅、广东省人民政府经济法规研究中心编著：《广东省法规规章汇编（1984.7—1986.12）》，内部资料，1987年，第439–440页。

业认可问题的通知》①、1988 年 2 月省政府办公厅颁布的《广东省华侨用侨汇在城镇购买住宅照顾亲属入户暂行规定》、1990 年 11 月省旅游局发布的《关于在我省开展对旅游涉外餐馆和商店实行定点管理的意见》等。② 这些法规、政策的实施，更好地保护了华侨、归侨、侨眷的正当合法权益，也为华侨的投资、工作、生活、旅游等诸多方面提供方便和照顾。

其中，《关于华侨、港澳同胞捐资办学若干问题的通知》和《广东省华侨、港澳同胞捐办公益事业支援家乡建设优待办法》是较为专门的针对捐资兴学事业者。兹介绍如下：

《关于华侨、港澳同胞捐资办学若干问题的通知》指出：华侨和港澳同胞自愿捐资办学，是爱国爱乡和热心教育的表现，各级政府应积极鼓励、支持和欢迎，并给予指导和协助；捐资新建、扩建学校，由县政府批准；建校项目列入当地基建计划，优先安排，捐资办学的经费专款专用；捐资兴建的校舍，产权属学校所有，任何单位和个人不得侵占，捐资人要求命名、立碑以志纪念，应予同意；捐赠的教学设备、图书资料，经批准接受后，可免税进口，学校应造册登记、妥善保管、使用，不得转手变卖、调走或私人占用；捐助的办学经费，应在银行立户保管，专款专用，由银行、侨务部门、教育部门监督，任何单位和个人不得侵占、挪用，应按捐助人的意愿，拨给指定学校使用。文件还规定：如属大宗捐款，可根据捐助人的意愿或征得其同意，成立基金委员会，负责管理和监督使用；捐资人要求对其捐建的校舍命名、立碑，以志纪念，应予同意；捐资办学贡献大的，可视情况，分别由市、县人民政府或省人民政府以适当方式给予表彰，以资鼓励。广东省这份通知，应该是改革开放后较早贯彻中央侨务工作精神，专门针对华侨华人、港澳台同胞捐资兴学的政策性文件之一，它极大地调动了华侨、港澳同胞捐资建校办学的积极性。

《广东省华侨、港澳同胞捐办公益事业支援家乡建设优待办法》则是针对整个华侨华人、港澳台同胞捐资兴办公益事业，而结合广东实情特地制定的。该办法一如既往地强调了捐者自愿、不得劝募原则，以及"捐赠的物资必须保证全部用于捐赠人指定的单位或项目，接受单位不得将之倒卖牟利，套汇逃税"等监管规定外，还列明对捐资者的具体表彰形式及优待方式。同时，还有单列条款"台湾同胞在我省捐资兴办公益事业适用本办法"。其表彰形式包括：颁发奖状、奖

---

① 《转发省人民政府办公厅关于享受华侨投资优惠待遇企业认可问题的通知》，《广州政报》1988 年第 2 期。

② 本段所列法规文件，未随文加注的参见麦崇楷主编：《广东法规全书（1979—1993）》，广州：广东人民出版社，1995 年，第 208 - 209、663、952 - 953、963、1509 页。

章，授予一定的荣誉职务，为捐建的学校、医院、大厦、工厂等建筑物命名，题名留念等；如须在报刊上表彰捐赠人，则应征得捐赠人的同意；表彰方式可由各级侨务办公室或侨联会根据捐赠人的意愿和捐资情况具体执行。其优待方式包括：捐赠外汇可在当地中国银行开立外汇存款专户，专款专用并予计息；捐赠物资或者使用捐赠外汇进口的物资，准予免税进口，属国家所限制进口的物资按有关规定分别征、免税；捐办的公益事业，以及专门为提供公益事业经费而捐办的工厂、企业等项目，可获得自选造型、优先施工，优先征用土地，所需三大建材优先供应，优先供水供电，免纳市政建设费、建筑税和能源交通基金；捐办项目所需职工，可优先安排捐赠者亲属入职，捐赠5万元以上可安排一人，20万元以上者酌情增加，最多不超过5人，就业人员如属农村户口，可予办理城镇入户手续等。

此外，广东省还专门召开了针对华侨捐建学校的会议，总结经验，讨论教育建设水平的提高、令捐资人更为满意等问题。较重要的如1984年4月16日省教育厅、省政府侨务办公室在肇庆市召开华侨办学汇报会，1987年4月5日省教育厅在广州市召开华侨中学校长会议等。后者提出要充分发挥华侨中学特色和优势，将之办成有良好的校园、校风、管理、质量的中学，还形成《华侨中学校长会议纪要》，对华侨中学的办学方向、形式、条件和组织机构、教师学生队伍、经费与资产管理等多个方面做出原则性规定。①

上述种种，无疑对此前遭到破坏的海内外情感起到良好的恢复和促进作用，随之而来的是捐资兴学的热潮。20世纪80年代以后，华侨华人、港澳台同胞陆续回乡探亲访友，不仅给学校捐赠了大批物资和设备，而且积极筹资、发动集资建校办学。总而言之，改革开放以及广东省的善政，令侨乡焕发生机，掀起一波空前的捐资兴学高潮。

据统计，从1978年到1987年底，广东全省旅外乡亲捐赠家乡兴办公益事业共达人民币23.85亿元（包括外汇和物资）②，其中捐资兴学资金达到5.92亿元③，约占捐赠公益事业总金额的24.82%。从1981年开始，捐资兴学更呈勃发态势。1978—1980年3年录得约1 297.4万元，而1981年当年便达到3 043万元，此后逐年攀升。广东省教育厅1982年在中山县召开的广东省华侨、港澳同胞捐资办学工作座谈会上，给出了全省捐资兴学方面的统计数据："全省有52个

---

① 《广东省志》编纂委员会编：《广东省志（1979—2000） 18 教育卷》，北京：方志出版社，2014年，第287页。

② 广东省地方史志编纂委员会编：《广东省志·华侨志》，广州：广东人民出版社，1996年，第311页。

③ 广东省地方史志编纂委员会编：《广东省志·教育志》，广州：广东人民出版社，1995年，第247页。

县、1 346 所学校接受捐赠 8 100 万元，给 361 所学校新建了校舍，建筑面积达 73.5 万平方米。"① 自 1981 年至 1987 年，便计得约 5.79 亿元捐资额，其间新建了一大批学校，规模较大的中、小学有 100 多所，新建、扩建、改建了原有的侨办中、小学 3 000 多所。个人建校办学捐资超过 100 万港元以上的有 88 人。

捐资兴学的侨资在很大程度上弥补了官方教育资金投入的不足。这个阶段，广东省教育发展迅猛，至本阶段末，在若干领域已经处于全国领先位置。如在普及义务教育方面，广东 1985 年普及小学五年义务教育，以及后来的 1995 年扫除了青壮年中的文盲②、1996 年普及九年义务教育，成为全国率先实现"两基"（基本普及九年义务教育和基本扫除青壮年文盲）的省份之一③，这都与这个阶段侨胞们的踊跃捐资兴学而打下良好的软硬件基础有着密不可分的关系。1988 年 12 月 8 日，广东省委宣传部、南方日报社等举办的"广东改革开放十件大事"评选活动揭晓，由省侨办推荐的"广大侨胞热心捐办公益事业"不负众望，获得 45 万多张海内外选票，入选改革开放十年来的十件大事，名列第六位。④

梳理 1981—1987 年华侨捐资兴学简况如表 2-1 所示。⑤

表 2-1　1981—1987 年广东省华侨捐资兴学金额简表

年度	捐资兴学金额（万元人民币）	与上年比较（%）
1981	3 043	
1982	3 523	115.77
1983	5 063.6	143.73
1984	8 673	171.28
1985	11 000	126.83
1986	13 600	123.64
1987	13 000	95.59
合计	57 902.6	

---

① 宋梓铭：《广东省召开华侨、港澳同胞捐资办学工作座谈会》，《中国财政》1982 年第 12 期。

② 广东省地方史志编纂委员会编：《广东省志·教育志》，广州：广东人民出版社，1995 年，第 5 页。

③ 何辛：《辉煌的成就深刻的转变——广东教育改革开放成就空前》，《广东教育》1999 年第 9 期。

④ 《广东省志》编纂委员会编：《广东省志（1979—2000）　30　侨务卷、外事与港澳事务卷》，北京：方志出版社，2014 年，第 16 页；林金枝：《改革开放以来华侨华人与港澳台胞在中国大陆的捐赠》，《华侨华人历史研究》1996 年第 4 期。

⑤ 广东省地方史志编纂委员会编：《广东省志·教育志》，广州：广东人民出版社，1995 年，第 247 页。

二、汕头形势

（一）政区及统属概略

在这个阶段，广东省经历了广东省革命委员会、广东省人民政府两个时期。

1976 年 10 月，"文化大革命"结束。1977 年 12 月，广东省第五届人民代表大会第一次会议召开，选举韦国清为广东省革命委员会主任。1978 年 12 月，选举习仲勋为主任。1979 年 9 月，全国人大常委会通过《全国人民代表大会常务委员会关于省、自治区、直辖市可以在一九七九年设立人民代表大会常务委员会和将革命委员会改为人民政府的决议》。1979 年 12 月，广东省第五届人民代表大会第二次会议召开，根据该会议决议精神，将广东省革命委员会改为广东省人民政府，选举习仲勋为省长，组成第五届广东省人民政府。[1]

在这个阶段，汕头的政区统属及区划情况如下：[2]

汕头市已在 1974 年 5 月恢复为省计划单列市，属省、地双重领导；1975 年 11 月，恢复为省辖地级市；汕头地区革委会仍旧存在，它是广东省革委会的派出机构，统辖着潮安、潮阳、普宁、饶平、揭阳、陆丰、海丰、澄海、南澳、惠来、揭西 11 个县。汕头市与汕头地区互不统属。

1979 年 3 月 2 日，汕头地区革委会被新成立的"汕头地区行政公署"（文献仍多简称为"汕头地区"，本书循此例）所取代，但要到 1980 年 1 月 1 日才启用"汕头地区行政公署"公章。1979 年 8 月 1 日，国务院批准恢复县级潮州市建制（即自潮安县析出部分地域），[3] 由汕头地区管辖。至此，汕头市仍如前；汕头地区则管辖有潮安、潮阳、普宁、饶平、揭阳、陆丰、海丰、澄海、南澳、惠来、揭西 11 个县及潮州市。汕头市与汕头地区基本上互不统属。

1983 年 7 月 13 日，广东省委决定，撤销汕头地区，实行地市合并、市领导县的体制。7 月 27 日通知，"9 月 1 日起海丰、陆丰两县划归惠阳地区管辖"。12

---

① 全国人民代表大会常务委员会办公厅编印：《第五届全国人民代表大会常务委员会文件汇辑（1979 年 7 月—1980 年 8 月）》，内部资料，1980 年，第 5 页；广东省地方史志编纂委员会编：《广东省志·政权志》，广州：广东人民出版社，2003 年，第 342 – 343 页。

② 广东省地方史志编纂委员会编：《广东省志·政权志》，广州：广东人民出版社，2003 年，第 442 页；广东省地方史志编纂委员会编：《广东省志·总述》，广州：广东人民出版社，2004 年，第 380 页；广东省地方史志编纂委员会编：《广东省志·民政志》，广州：广东人民出版社，1993 年，第 8 – 12 页；广东省汕头市地方志编纂委员会编：《汕头市志》（第一册），北京：新华出版社，1999 年，第 210 – 212 页；汕头市地方志编纂委员会编：《汕头市志 1979—2000》，广州：广东人民出版社，2013 年，第 14 – 16 页；潮州市地方志编纂委员会编：《潮州市志》，广州：广东人民出版社，1995 年，第 258 页。

③ 潮州市的党政机关至 1980 年 1 月 1 日才正式挂牌。

月 22 日国务院以（83）国函字 269 号文批准，撤销汕头地区，将潮阳、揭阳、饶平、普宁、澄海、南澳、惠来、揭西 8 个县划归汕头市管辖，将海丰、陆丰两县划归惠阳地区管辖，撤销潮安县并将其行政区域并入潮州市。① 1984 年 1 月，汕头市委发出《关于调整市辖区行政区划的通知》并于当日执行，② 将汕头市区调整为安平、同平、公园、金砂、达濠和郊区 6 个市辖区。1 月 10 日，省人民政府决定，委托汕头市代管潮州市。

至此，汕头市是省直辖的一级政权机构，管辖 15 个县级单位，分别是安平、同平、金园、金砂、达濠、郊区 6 个市辖区，和潮阳、普宁、饶平、揭阳、澄海、南澳、惠来、揭西 8 个县，以及潮州市 1 个市，其管辖地域即是今潮汕三市。同时，作为省派出机构的"汕头地区"不再存在。③

1989 年 1 月 1 日，省政府批准潮州市从当日起列为省辖市，并享受市（地）一级经济管理权限，但维持县级建制不变。1990 年 1 月，潮州市被定为副地级市。1991 年 9 月，汕头市 6 个市辖区调整为龙湖、金园、升平、达濠 4 个市辖区。

至此，汕头市辖有 4 个市辖区和 8 个县，以及 1 个副地级市潮州市。

1991 年 12 月 7 日，经国务院批复，汕头、潮州、揭阳分设地级市。汕头市辖龙湖、金园、升平、达濠 4 个市辖区和潮阳、澄海、南澳 3 个县。此项工作至1992 年初完成。是谓"1991 潮汕分市"事件。

此外，汕头经济特区在此阶段成立。这是本区域的大事件，也易于和作为政区的"汕头市"混淆，兹略述其建立及调整过程如下。④

1980 年 5 月，广东省经济特区管理委员会正式成立。同年 8 月 26 日，第五届全国人大常委会第十五次会议批准并颁布《广东省经济特区条例》，明确"深圳特区由广东省经济特区管理委员会直接经营管理；珠海、汕头特区设立必要的办事机构"。自此，中国的经济特区正式以法律形式确定下来。同年 8 月 29 日，"广东省经济特区管理委员会汕头办事处"成立。

---

① 此次潮安县并入潮州市的过程为：1983 年 3 月广东省同意潮安县并入潮州市，7 月 1 日新的潮州市实际成立，12 月国务院批复广东同意潮安县并入潮州市。

② 汕头市市辖区的此次调整，上级正式批准的时间为：1984 年 7 月 2 日广东省政府批准，11 月 29 日国务院批准。

③ 值得注意的是，尽管作为政区的"汕头地区"已不存在，但此后几年里，由于习惯难改、又难以用某个字眼来较准确描述这片区域等因素，遂见绝大多数的同期材料（包括人大、政协方面的官方文字）出现"汕头地区"，但它指的多是今汕头、潮州、揭阳、汕尾市的总区域；这种情况要到了 1992 年潮汕分市完成及稍后时才逐步减少。

④ 广东省地方史志编纂委员会编：《广东省志·经济特区志》，广州：广东人民出版社，1996 年，第 1 – 20、23、27 页；汕头市地方志编纂委员会编：《汕头市志 1979—2000》，广州：广东人民出版社，2013 年，第 12 – 13、15、20、25 – 26、61 – 62、75 – 76、82、95 – 97 页；汕头经济特区年鉴编纂委员会编：《汕头经济特区年鉴·1989 创刊号（1981—1988）》，广州：广东人民出版社，1989 年，第 527 – 538 页。

1981 年 7 月 19 日，经国务院批准，在汕头市郊区龙湖村设置汕头经济特区，面积为 1.6 平方公里。同年 11 月 14 日，"汕头经济特区管理委员会"成立。

1984 年 11 月 29 日，国务院正式批准汕头经济特区的区域范围调整为 52.6 平方公里，分为 22.6 平方公里的龙湖片区（含妈屿岛）和 30 平方公里的广澳片区。

1991 年 4 月 6 日，国务院批准汕头经济特区的范围从 52.6 平方公里扩大到汕头市区共 234 平方公里，11 月 1 日起实施。

特区"扩围"工作如期进行，自此，汕头市人民政府与汕头经济特区管理委员会合并，实行两块牌子、一套班子。

（二）侨务及教育系统相关概况

随着政区的盈缩变化，汕头及下辖县、区、市之教育行政机构，侨务工作联络、管理机构等相应调整。[①]

侨务侨团方面，从 1978 年开始便逐步恢复正常的工作状态。

1978 年恢复侨务工作机构，汕头地区和汕头市分别设立侨务办公室，汕头地区各县也先后恢复侨务机构、设立侨务办公室。此期，这些侨务办公室都与外事办公室合署办公。[②]

1983 年地、市合并时，汕头地区、汕头市侨务办公室合并成新的汕头市侨务办公室，汕头地区、汕头市外事办公室合并成新的汕头市外事办公室；两个新的办公室再合二为一，初时称为"汕头市华侨事务局"，加挂外事局牌子；1984 年 2 月复改为"汕头市侨务办公室"，加挂外事办公室牌子。

1985 年 4 月起，汕头市侨务办公室、汕头市外事办公室又再分别设置，分开工作。同年 9 月，成立"汕头市人民对外友好协会"，与外事办公室合署办公；汕头市侨务办公室，则依然作为汕头市政府管理侨务工作的一个职能部门独立建制。

此外，汕头市人大常委会和汕头市政协开始设立涉侨的委员会，这也说明汕头对侨务工作的重视。

---

① 以下参见区德强主编，司芳、余思伟副主编：《广东侨联 50 年（1958—2008）》，内部资料，2009 年，"前言"第 1 - 3 页，第 198 - 207 页；政协汕头市委员会编：《汕头政协五十年 1950—2000》，内部资料，2000 年，第 72 - 124 页；广东省地方史志编纂委员会编：《广东省志·政权志》，广州：广东人民出版社，2003 年，第 118 - 119、584 - 585、606 - 608 页；《广东省志》编纂委员会编：《广东省志（1979—2000） 30 侨务卷·外事与港澳事务卷》，北京：方志出版社，2014 年，第 30、107 - 114 页；广东省汕头市地方志编纂委员会编：《汕头市志》（第一册），北京：新华出版社，1999 年，第 539 - 541、617 - 620、703 页；广东省汕头市地方志编纂委员会编：《汕头市志》（第四册），北京：新华出版社，1999 年，第 597 - 598、594 - 606、693 - 694 页；汕头市地方志编纂委员会编：《汕头市志 1979—2000》，广州：广东人民出版社，2013 年，第 1055 - 1080、1096、1101 - 1102、1578 - 1587、1593 - 1596 页；澄海县华侨志领导小组编：《澄海县华侨志（初稿）》，内部资料，1987 年，第 165 页。

② 有同期文献称为"外事侨务办公室"，实际上是侨务办公室和外事办公室合署办公。

第七届（1983 年 12 月至 1988 年 6 月）汕头市人大常委会设立华侨工作委员会，是为当届 4 个委员会之一；第八届（1988 年 6 月至 1993 年 5 月）汕头市人大常委会设立华侨外事工作委员会，是为当届 5 个委员会之一。广东于 1983 年 5 月省第六届人大常委会第一次会议决定设立华侨工作委员会，而全国人大华侨委员会，则是在 1983 年 6 月第六届全国人民代表大会第一次会议决定设立的。

政协汕头市第六届委员会（1983 年 12 月至 1988 年 6 月）设立华侨港澳同胞联络委员会，是为当届 3 个委员会之一；政协汕头市第七届委员会（1988 年 6 月至 1993 年 5 月）设立华侨港澳台同胞委员会，是为当届 13 个委员会之一。类似的工作机构，早在第二届中的 1959 年 3 月便存在了，当时设立的 7 个工作组中，其中有华侨工作组和对台工作组；第三届、第四届则没有该类机构的记载；第五届（1981 年 9 月至 1983 年 12 月）设有 2 个委员会和 9 个工作组，其中有华侨工作组和对台工作组。

汕头市侨联和汕头地区侨联，都于 1978 年相继开展实际工作。

1978 年 5 月 1 日，汕头市侨联恢复活动，这是继广州之后省内第二个恢复活动的市一级侨联；同年 12 月 26 日广东省侨联汕头地区办事处也恢复活动。不久，各县区的侨联次第恢复。1982 年 9 月汕头地区归国华侨代表大会召开，成立了汕头地区侨联，但其存在不足一年，便在翌年地、市合并时与汕头市侨联合二为一，是为新的汕头市侨联。

上述机构，无论是恢复业务或者新成立，在这个阶段都十分活跃，凝聚侨心，服务大局，参政议政，为汕头市的经济建设作出贡献，也是为这个阶段的汕头捐资兴学事业的飞跃性发展奠定基础和提供保障。略举数例如下。

落实侨务政策方面，为了更好解决历史遗留问题，汕头市侨务办公室设立有临时机构，专门处理落实华侨房屋政策和落实归侨、侨眷政策。例如汕头侨办和汕头侨联等一起，配合上级部门彻查冤假错案，1979—1987 年底查清归侨、侨眷在"文化大革命"的冤假错案 1 833 宗，全部予以平反恢复名誉，经济上该补偿的进行补偿；被遣送下乡的 313 户侨眷也批准回城入户；清理出历次政治运动中的歧视性档案、材料 4 625 份，全部按规定予以剔除清除；复查历次政治运动中的旧案件 869 宗，查实平反的 844 宗。又如落实侨房政策方面，在汕头市清退"文化大革命"期间城镇侨房上，汕头地区走在前列，汕头市更被广东列为完成较快的几座城市中的首位。此类侨房 1987 年底彻底处理完毕，共计"文化大革命"期间被机关、工厂和个人占用的城镇侨房 1 360 户、67 429 平方米，房产部门接管的出租侨房 1 293 户、30 317 平方米。其他类侨房的落实处理完成时间则与全省同步，至 1999 年宣告完成。作为侨胞众多、情况复杂的全国重点侨乡之一，汕头能够如期（若干类项乃至提前）完成工作，可说是难能可贵，当然也离不开当地人民的理解。

汕头侨联作为潮属华侨华人的"家"，在这个阶段发挥党和政府联系海外侨胞和归侨侨眷的桥梁和纽带作用，立足于为侨服务，通过宣传和落实党和政府的侨务政策，弘扬中华优秀传统文化，广泛结交海外潮籍乡亲，热情接待世界各地的访客。不少侨胞首次回乡投资、工作、从事公益活动，离不开他们的穿针引线，如中华人民共和国成立后南澳县首宗捐资兴学事例、1983年马来西亚吴汉钦捐资"深澳中学"便与汕头、南澳侨联的努力有关。而汕头侨联在注重与老一辈联系的同时，也积极做好新一代的工作，力求让新生的海外潮人身居异域、不忘原乡，承前启后、乡情不断，仅1985—1987年止的统计，便配合上级部门、汕头市侨办接待来汕参加华侨、华裔青年学生夏（冬）令营活动的泰国、美国、法国华裔青年学生11批368人，而整个过程的联系、组织、行程路线、学习安排等，多是由汕头侨联具体实施操作，包括带团到各县观光交流。《以"侨"的特色面世立业——汕头市侨联会改革开放十周年工作》的工作报告，显示出其为促进汕头侨乡的精神文明和物质文明建设做了一系列的工作，尽责尽力。此外，汕头侨联这个阶段的工作得到上级的肯定，1986年12月，全国侨联组织全国主要侨区侨务工作者，在汕头召开"五省一市侨联为经济建设服务经验交流座谈会"（见图2-1），汕头侨联的工作经验被作为典型予以宣传和介绍，向全国侨区推广，被广东的华侨专志、改革开放侨务大事记等列为大事之一，影响良好。

图2-1　1986年在汕头召开的侨联组织交流会（引自《广东侨联50年》）

　　人大、政协之涉侨委员会屡屡发挥参政议政、调查监督功能，为捐资助学保驾护航。1984 年 12 月，七届人大第二次会议通过了"关于立法保护汕头大学周围自然环境的议案"，是为该次会议通过的两件议案之一，它既对城市环境有益，同时又有助于捐资兴学、侨资学校解决难题。又如，政协第七届委员会华侨港澳台同胞委员会组织、协同教育工作组于 1987 年 3 月下乡，对达濠区的华侨中学进行详细考察，并协助解决了一些问题。

　　除了较为专职的委员会、工作组之外，尚有不少人大代表、政协委员重视关注捐资兴学以及学校发展的情况。曾任中国民主同盟汕头市第七届荣誉主任委员的李德纲，便在 1985 年 5 月广东省政协第五届三次会议和 1986 年 5 月第五次会议上，分别作了题为"侨乡要花力气抓好华侨捐资办学工作"和"华侨港澳同胞捐建的学校亟需办好"的发言，为侨胞捐资兴学以及侨办学校的可持续发展建言献策，被当成民主党派参政议政的正面例子载入广东省的志书。他又于 1986 年六七月在汕头市政协第六届四次会议上作了有关统战、教育工作的专题发言，同样强调了侨校、捐资兴学等问题，其观点及看法受到地方领导层和各有关方面的重视。

　　这个阶段因公出访、赴港澳人员人数逐年增多，这些对外交流活动促进了海内外联络，有益于捐资兴学事业。汕头的出入境手续等原由公安部门等受理，自 1985 年 9 月 1 日起，[①] 正式由汕头市外事办公室归口统一办理护照签证手续。1986 年 1 月 1 口至 1991 年 12 月 30 日，其录得因公出访护照签证 2 690 批次，10 714 人次（见表 2 - 2）。经外交部授权，汕头市外事办自 1989 年 10 月 1 日起负责颁发汕头市和汕头经济特区临时因公出国人员的护照，由省外事办统一向外国驻华使领馆处申办签证，自行派专人前往香港申办香港的签证，为有关人员出具"出国证明"和前往澳门的"出境证明"，负责办理在汕外国人员的再入境签证及签证延期、加签等工作。自 1989 年 1 月 1 日至 1991 年 12 月 30 日，汕头共发出因公护照 5 610 本（见表 2 - 3）。

---

　　① 在此之前，一般由汕头公安部门办理，《汕头华侨志（初稿）》有称"1978 年至 1986 年汕头公安部门批准出国 18 200 人"等。参见汕头华侨志编写组编：《汕头华侨志（初稿）》，内部资料，1990 年，第"3 - 26""3 - 27"页。

表 2 - 2　1986—1991 年汕头市办理因公出访护照签证统计表

年度	出国（境）签证		到达国家（个次）
	批数	人次	
1986	195	875	
1987	288	1 242	
1988	559	2 288	
1989	540	2 281	3 144
1990	504	1 819	2 741
1991	604	2 209	3 256
合计	2 690	10 714	9 141

表 2 - 3　1989—1991 年汕头市颁发因公护照等统计表

年度	颁发护照			出境证明	
	公务（本）	普通（本）	合计（本）	出国（份）	经港（份）
1989	924	1 281	2 205	1 580	191
1990	197	1 430	1 627	2 162	392
1991	120	1 658	1 778	2 899	571
合计	1 241	4 369	5 610	6 641	1 154

　　这个阶段接待工作日益频繁，返乡的侨领越来越多。如 1978 年 10 月，参加国庆 29 周年庆祝活动后来汕参观访问的泰国潮州会馆主席金崇儒和 10 县同乡会代表团一行 47 人等。此后，具有国际影响力的郑午楼、陈弼臣、李嘉诚及各海外潮属社团主要负责人等先后返乡，无不受到市、省乃至中央领导的重视。1985 年，国务院副总理万里在龙湖宾馆会见陈弼臣。1989 年，国务院副总理吴学谦和国务院侨办主任廖晖专程接见在澳门参加第五届国际潮团联谊年会后莅汕的侨团、社团首领等。这些事件既扩大了汕头的影响力，也凝聚了侨心。于是，华侨和港澳同胞回乡者接踵于道，络绎不绝。

　　外事活动前所未有的活跃，仅 1980—1990 年，被列入地方志书、较有影响力的便达到 11 宗，包括泰国、意大利、德国（民主德国和联邦德国）、美国、日本、坦桑尼亚等，或是国家政要，或是重要代表团，均有到访记录。外事活动带动了旅游之风，仅 1987 年，便接待海外客人 16.28 万人次；其中，华侨 1.24 万人次，港澳台同胞 9.19 万人次。不少回乡旅游寻根者同时也探亲访友，其中的不少华侨华人、港澳同胞均有公益善举，有的给学校捐赠了物资和设备，有的积极集资建设学校，给捐资兴学事业带来勃勃生机。

此外，这个阶段上述组织、机构作了很多关于海外华侨华人、港澳同胞厉行公益事例之整理、结集工作。汕头政协主编的《汕头政协》（自 1981 年至 1991 年共印刷 43 期），汕头政协文史委主编的《汕头文史》（自 1983 年至 1991 年共印刷 10 辑），汕头侨联领导下之汕头华侨历史学会主编的《汕头侨史论丛》（1986 年、1991 年印刷两辑）和《汕头侨史》（自 1985 年至 1990 年共印刷 7 期），外事局主办的《潮人》杂志（1986 年至 1991 年不含特刊共刊出 9 期），还有各区县政协文史组织编辑的"文史资料"集等，其中都不乏侨胞捐资兴学的宝贵材料。此外，如汕头教育局的《汕头教育》（1984 年至 1991 年共刊出 70 期）等也有零星的侨校原始记录。这些文献对捐资兴学行为的激励作用不容忽视，如某受访者表示，其族叔回乡见到了关于自己的捐学报道资料，随手带回房间，阅读后当场决定追加捐赠，后来还带动了在香港的其他亲戚一起回乡捐资公益事业、投资实业。又如不少侨眷、侨属剪报辑书、手抄报道，待亲人捐资者返乡马上告知其善举书报有载，将流芳千古。尽管潮商一向以"低调"闻名于世，潮汕传统道德并不鼓励"做善事留名"，更鄙视"大头好脸"（好出风头）。然而，文献材料的宣传效应及楷模、教化效果还是客观存在的。

这个阶段汕头教育事业获得较大的进步，概况大抵如下。[1]

1983 年地市合并之前，汕头地区总体教育状况相对不尽如人意，这是长期以来基础不牢固造成的。据 1984 年《汕头教育的现状、优势和发展浅议》一文的介绍，[2] 主要表现在两个方面：一是整体人口的文化层次比较低，据第三次全国人口普查资料（普查标准时间为 1982 年 6 月 30 日 24 时），平均每 1 000 个人口中所拥有大学、高中、初中、小学文化程度之人数，汕头地区（包括今潮汕三市和汕尾市）分别为 2.12、54.89、128.1、433.76，广东省（包括今海南省）分别为 4.76、79.17、169.05、406.18，全国分别为 5.99、66.22、177.58、353.17。对比起来可以看出汕头的数据低于广东及全国的平均水平。二是汕头市（今潮汕三市）各类学校在校学生的数量，每 10 000 个人口中，大学、中学、小

---

[1] 以下参见广东省地方史志编纂委员会编：《广东省志·教育志》，广州：广东人民出版社，1995 年，第 7 - 9、27、144 - 145、228 - 231 页；汕头市地方志编纂委员会编：《汕头市志 1979—2000》，广州：广东人民出版社，2013 年，第 1302、1306 页；汕头市教育志审委员会编：《汕头教育志》，内部资料，1989 年，第 7 - 10、24 - 30、37 - 41、113、113 - 131 页；汕头市澄海区地方志编纂委员会编：《澄海市志（1979—2003）》，北京：方志出版社，2012 年，第 683 - 685 页；澄海县地方志编纂委员会编：《澄海县志》，广州：广东人民出版社，1992 年，第 97 - 100 页；国务院人口普查办公室、国家统计局人口统计司编印：《中国 1982 年人口普查资料（电子计算机汇总）》，内部资料，1985 年，"前言"页，第 122 页；黄绍增：《汕头教育的现状、优势和发展浅议》，《汕头教育》1984 年第 1 期；黄绍增、赵坤明：《汕头市区教育的开放与改革》，《教育论丛》1987 年第 4 期。

[2] 按：该文采写的时间在 1983 年地市合并前后，原文称"汕头市"，若干当时常用语的语境难明，数据所对应者也难以厘清，因此，这里仅引用其中大抵能够辨析的两组数据，仅供参考。

学学生人数，汕头分别是 3.8 弱、315、1 240，广东分别是 7.4、380、1 300，全国分别为 11.5、470、1 400。从这组数字对比可以看出，除了在读小学生外，汕头当时的大学、中学在读生规模偏低。尽管数据来源未明，然而也可看出未曾实施"地市合并，（汕头）市领导县"前，今潮汕三市的教育文化状况确实不佳。

随着广东教育在 1984 年逐步摆脱落后的状态，汕头的状况也大有改观，尤其是 1983 年地市合并①、汕头市领导各县以后，教育事业走上健康发展的道路，初中、小学等普及教育方面得到很大的提高，高中教育则是以"高考升学率"闻名。

自有统计的 1983 年至 1989 年，汕头市考生连续 7 年获得广东高考升学率第一名。汕头地区从 1979 年末、1980 年初开始贯彻中央提出、省再三强调的"调整、改革、整顿、提高"八字方针，调整"浮肿"的教育事业。但略微不同的是，其根据自身的情况，提出"控制高中，发展初中"方针并长期执行，因此，其间高中的规模并没有十分显著的提高，这在数据上可以反映出来。以这个阶段县域没有变化而较可比对的澄海县为例，梳理其情况如表 2－4 所示：

表 2－4　1978—1987 年澄海县高中毕业、升学概况表

年度	高中毕业生（人）	录入本科、大专（人/不含代培自费）	录取人数占毕业生比例（%）	办有高中的学校（所）
1978	5 005	144	2.88	材料不详
1979	4 596	99	2.15	14
1980	2 170	80	3.69	9
1981	963	93	9.66	9
1982	1 494	129	8.63	8
1983	901	96	10.65	7
1984	614	209	34.04	7
1985	744	200	26.88	7
1986	732	195	26.64	7
1987	1 012	278	27.47	7

注：（1）"录取人数占毕业生比例"栏并不代表目前所普遍理解的"高考升学率"，但可反映情况。

（2）其中有几个年度存有参加高考的考生数据可供折算，如 1983 年考生 561 名、折高考升学率 17.11%，1984 年考生 510 名、折高考升学率 40.98% 等。

---

①　1983 年成立汕头市教育局，不久，各区县市也相应设立区县的教育局，并固定下来。在此之前，汕头经历了 1973 年之前的革命委员会"教育领导小组""教育组""政工组教育办公室"，1973—1980 年的"汕头地区教育局"，1980—1983 年的"汕头地区行署教育处"等。

汕头市连续七年"高考升学率全省第一",是教育部门努力的结果。这样的成绩轰动了海外潮人聚居点,振奋了东南亚潮人潮侨。1987 年统计成绩公布后,泰国《中原日报》等 14 家海外报纸在 8 月份陆续报道了"粤今年高考""夺得魁首的属汕头市"等消息,称为喜报,其欣慰乃至兴奋之情溢于言表。毋庸置疑,连续的高分回报,对捐资兴学者、捐资兴学行为显然起到良好的鼓舞和激励作用。

总体来说,这个阶段汕头的教育水平有很大的提升。此期全社会尚未真正普及义务教育,国家又前所未有地予以重视,尤其是 1986 年《中华人民共和国义务教育法》出台,规定"国家实行九年制义务教育。省、自治区、直辖市根据本地区的经济、文化发展状况,确定推行义务教育的步骤"。汕头市政府在 1986 年做出决定,对实现"普九"目标提出要求:市区必须在 1988 年首批实现九年义务教育,其余各区、县、市必须在 1991 年基本普及实行九年义务教育制度(后于 1996 年全市完全实现"普九"目标)。这些基层部门对教育的大为重视,是教育水平提高的主要因素,而华侨华人、港澳台同胞的捐资助学则为之作了物质资金上的重要补充,功不可没。如 1978—1987 年普通教育基建总投资 4.86 亿元,维修校舍 100 万平方米,新建校舍 260 万平方米,其中华侨、港澳同胞共捐资 1.61 亿元。

三、一路高歌的捐资兴学事业

这个阶段的华侨华人、港澳同胞捐资兴学事业,经历了一个高潮迭起的阶段,整个过程一路高歌,可约略分为三个时期:1978—1983 年,为汕头地区、汕头市分治时期,借助国门打开的机遇,一开始便渐入佳境,但各县市所获捐赠不很均衡;1983—1987 年,为汕头市领导时期,随着改革开放的深入,得益于全面统筹的因素,各县(市)百花齐放,均获大量捐赠;1987—1991 年,仍为汕头市领导时期,总体态势更趋活跃,普通教育继续发展,职业教育开始兴起并再获捐赠。

(一) 1978—1983 年:渐入佳境

如前一章所述,即使是在动荡不安的"文化大革命"时期,潮阳、普宁两县也依然存在着一些华侨华人、港澳同胞捐资兴学事例。到了改革开放前夕,汕头地区接受侨胞捐资兴学的规模,以及受助的学校数量,同样是全国范围内比较罕见的。

1978 年,潮阳县便有多所学校接受捐助。如今潮阳区谷饶镇的新坡中学,接受时任泰国潮州商会副主席的刘荣坤捐建校舍资金 200 万元,该校于 1981 年建成;今潮南区峡山街道的峡山陈禾陂小学,接受叶枝旭、叶镇荣、林炳盛等侨胞集资 32 万元捐建校舍；今潮南区成田镇的中流小学，接受泰国洪清来捐建校舍资金 20 万元；位于今潮南区成田镇的东盐小学，接受泰国陈创河、陈景昌等侨胞集资 10 万元捐建校舍。在潮阳当地修纂的地方志书记录中，还载有 1978 年接受捐资兴学 38 宗，[①] 也载有 1970—1978 年共 38 宗，[②] 更载有 1978 年包括"扩建沙陇珠垾小学、兴建成田下家学校校舍二幢及溪尾小学"在内共"兴办侨乡文教卫生福利事业 57 宗"[③]。[④] 由此可见，本时期潮阳县接受侨资捐助的学校不在少数，受捐金额在当时来说，堪称巨款。

除了捐建校舍之外，1978 年度尚有捐助教学设备的事例。如今汕头金平区的汕头市外马路第三小学，其所接受的捐赠，便是一批价值不菲的"现代化科技"电子教学设备（见图 2－2）。[⑤] 汕头市外马路第三小学一直是汕头的知名小学，校园内有林仔肩、丘逢甲等人创办的"同文学堂"旧址（见图 2－3）；1926 年 2 月 22 日至 3 月 3 日，周恩来曾在此主持东江各属行政会议。1978 年 6 月 11 日，汕头地区教育局发出"汕地教（78）12 号"文件，再一次确认其为汕头地区重点小学，大约与此同时，香港翁锦通赠送给该校一批优质电教设备，当时并没有大张旗鼓做宣传。电教设备是那个年代极为稀缺之物，并非有钱就能买到，这些设备使汕头市外马路第三小学成为广东省乃至全国闻名的"电化教育"基地。在这个阶段，由该校与汕头市教育局电教站合作制作的电教作品《野炊》得到国家教委审批核准，通过中央卫星教育电视台向全国播放；该校设计或设计制作的电教片多次获得广东省相关奖项的一等奖、优秀奖等。这些成绩的得来，相信与该校较早接触到这批电教设备有关。这个阶段，翁锦通于 1986 年又资助了该校 5 万港元，作为建设教学楼之用。

① 潮阳市地方志编纂委员会编：《潮阳县志》，广州：广东人民出版社，1997 年，第 214 页。
② 汕头市潮阳区地方志办公室、外事侨务局，汕头市潮南区地方志办公室、外事侨务局编著：《潮阳市华侨港澳台同胞志》，深圳：海天出版社，2009 年，第 89 页。
③ 中共汕头市潮阳区委党史研究室、区地方志办公室，中共汕头市潮南区委党史研究室、区地方志办公室编：《潮阳大事记》（公元前 214 年至 2003 年 1 月），汕头：汕头大学出版社，2005 年，第 172 页。
④ 一些记录出现矛盾，估计是统计口径不同或印刷错讹等因素造成，譬如有的以"宗"且每宗来款多少按"次"计、有的以"校"且每校几人参与捐资按"笔"计等，不一而足。下说明。
⑤ 郑秀勋：《汕头市外马路第三小学》，《汕头教育》1986 年第 2 期。

图 2-2　汕头市外马路第三小学电教室（学校提供）

图 2-3　汕头市外马三小校内"同文学堂"（陈晓锋摄影）

与汕头市一样，汕头地区对待华侨华人捐资兴学的善意政策已逐步明显化，这从校名的演变可见一斑。如，1938 年创校，旨在吸收、训练海外华侨青年、进步青年投身抗日战争的革命名校——"南侨中学"，历史上是抗日和革命的重地。20 世纪 50 年代更名、"文革"中大受破坏。1978 年末，汕头地区及揭西县革委会批准复名"南侨中学"，遂成为继 1978 年 4 月国务院批准复办广州华侨学生补习学校、1978 年 10 月复办暨南大学（广州）之后，于"文革"之后较早亮出"华侨"旗号的学校之一。由于南侨中学具有深厚的东南亚华侨华人背景，因此复校消息传到海外后，令身处异域的华侨华人欢欣鼓舞，被认为是中国政府释放了"恢复重侨"的信号。①

1978 年 12 月 18 日至 22 日，十一届三中全会在北京召开。广东省则于大会召开的翌日即 19 日出台了《关于受理华侨、外籍人、港澳同胞捐赠物资和捐资兴办公益事业的试行规定》（粤革发〔1978〕179 号），这是"文革"后，广东省首份专门针对侨资兴办公益事业之完备法规文件，这是向十一届三中全会召开、向改革开放新时期的献礼。

当时汕头的文献记录中，多称此份规定为"上级的指示"，如"1978 年底，根据上级的指示，准许侨乡集体单位接受华侨（包括外籍华人）、港澳同胞捐资兴办公益事业，但需由受赠单位办理接受捐赠手续，经县以上侨务部门审核，报省侨务办公室和省政府批准"。②

粤革发〔1978〕179 号规定出台后，作为著名侨区，汕头地区、汕头市均迅速贯彻、落实。最先的措施是复办华侨学校，恢复"侨校"校名，接收归侨、侨眷学生。这是能够强调恢复"海外关系"，较易于在海内外传播的新闻点。

1979 年 7 月 4 日，汕头华侨中学正式复办。该校于 1967 年、1969 年先后更名为汕头市延安中学、汕头市第十中学，至此正式复名（1979 年 12 月 1 日启用"汕头华侨中学"新印章③），由于早已取消"省辖"制度，复办时校名并没有冠首"广东"二字。此时它的首要任务是接受侨生，汕市革发〔1979〕57 号《关于复办〈汕头市华侨中学〉的批复》便明确要求该校成立复办筹备小组，"立即开展工作"，以确保在 1979 年的秋季开始招生，"招生对象主要是归国华侨学生和侨眷生，其次才是适当招收国内学生"。翌年，该校增设中国语言文化班，专门面对侨生；1984 年 9 月，在这个班的基础上成立独立建制的"汕头市中国语言文化学校"，两套班子、两所学校同地办公，"语言学校"专门面对华侨学生。1989 年两校合一，实行同一套班子、双挂牌的管理模式。其间的 1986 年 7 月，广东省教育厅批准恢复校名"广东汕头华侨中学"。目前为高级中学。

---

① 揭西县南侨中学旧址保护小组整理：《南侨中学简史》，载南侨中学编印：《南侨中学创办四十五周年特刊》，内部资料，1983 年；揭西县志办公室编：《揭西县志》，广州：广东人民出版社，1994 年，第 525－526 页。

② 汕头华侨志编写组编：《汕头华侨志（初稿）》，内部资料，1990 年，第"3－45"页。

③ 参见汕头市革委会之"汕市革发四 141 号""汕市革发〔1979〕57 号"文件、汕头市教育局 1979 年 11 月 26 日《关于启用"汕头华侨中学"校印的通知》。

大约在汕头华侨中学复办的同时，汕头地区各县市于"文革"前设立的县办华侨中学，也相继复校、恢复"华侨"校名。[1]

普宁县华侨中学，于 1978 年由香港、泰国回乡观光团和归侨、侨眷校友共同提议成立"复校筹备委员会"并开展工作，至 1980 年夏正式恢复校名。香港庄世平等人奔走组织，遂筹得中国香港同胞、泰国侨胞为主要的境外侨资，迅速扩建、兴建新校舍，该校主要面对归侨侨眷生和华侨学生。

澄海县华侨中学，于 1979 年 9 月宣布复办、复名，并先借用澄海中学的校舍教室上课。当时，因侨中原址被工厂占用，澄海县委遂划拨了 30 亩地以及 17.5 万元补偿款作为恢复学校的建设费用，不久又获得泰国谢子昂的 10 万元捐助，于 1980 年建成 18 间校舍，回迁并招收学生。

饶平县华侨中学也于 1981 年 12 月正式恢复原名。翌年，中国香港汤秉达和泰国潘守仁等人带头捐资，并倡议集资扩建校舍，不久陆续建成 3 座新的教学楼。

在各县的侨中复校潮中，潮阳县却是例外。潮阳籍侨胞捐资兴学一直持续不断，"文革"后建了县级华侨中学，同时还新建了不少冠名"华侨"的学校，但都不再溯源此前的所有侨中。

复校，涉及原校舍校址的恢复使用。1978 年国务院批转教育部通知，"解决校舍严重不足的困难，已是当务之急"，提出六条解决意见，其中的核心内容是"任何单位占用学校的土地、房屋、家具、设备、车辆等，原则上都应无条件地退还给学校，不得以任何借口拖延抵制"。如占用单位已把原有校舍改建为其他用途，必须负责重建校舍给予学校使用；已作价购买的也应退还学校、原价款由使用单位归还；占用学校的家具、设备、车辆等物资应退还实物，如占用期间已丢失、损坏、报废的，负责折价偿还。上述所有工作，应至 1979 年 8 月底完成（特殊情况再研究）。1980 年国务院再批转教育部通知，主要涉及高等院校，同时提到中小学校舍"如不抓紧认真解决，将会影响明年招生，这对安定团结不利"。[2]

这些有别于前、突出"华侨"的举措，无疑是一个风向标，它们无不向海外华侨华人及港澳同胞们释放出善意，对华侨华人、港澳同胞的捐资兴学热情产生正面的推动作用。

此外，改革开放的新气象迅速传播海外，不少华侨华人、港澳同胞纷纷回乡

---

[1] 汕头市教育志编审委员会编：《汕头教育志》，内部资料，1989 年，第 25 页。

[2] 《国务院批转教育部关于退还被占用校舍进展情况的报告的通知》（1978 年 8 月 31 日）、《国务院批转教育部关于退还被占用校舍的请示报告的通知》（1980 年 9 月 13 日），载杨放主编：《教育法规全书》，海口：南海出版公司，1990 年，第 141 – 143 页。

探亲观光。于国门初开的 1979 年回乡的，较多的潮阳县便录得 14.14 万人回乡，其中观光、旅游等成团组织计 88 个，参团人数共 2 296 人；较少的澄海县也有 14 826 人回乡，其中观光、旅游等成团组织计 39 个，参团人数共 1 014 人。

同时，汕头市、汕头地区紧抓侨务政策的落实与贯彻，一开始便显得大刀阔斧，直截了当，如在确认"侨改户"政策上，1979 年的一份内部通知直接提出"凡过去已改变了成份的侨户，无论以什么名义戴上地富帽子的，一律摘掉地富帽子，按其原来改变后的成份对待"等，这让久未回乡者感受到了暖意。

在这样的时局大形势下，捐资兴学行为日趋增多。1979 年，汕头地区多个县均有侨胞捐资兴学的记叙。

今潮州市的湘桥区、潮安区境的，1979 年便有绵德小学、郭陇小学、辜厝小学、东三小学、昆三小学、诗阳小学、前溪联中、上庄小学、仙河侨中 9 所中小学接受侨资捐赠，得以新建或修建学校，统计总金额近 129 万元。这些侨资来自新加坡、泰国和中国香港等国家和地区。[①] 其中，香港庄静庵独资 53.50 万元捐建绵德小学，占了上述总金额的四成多，而这同时是庄氏在民国末、新中国成立初两次捐创并几乎全资负责学校运营之后的又一次恢复"绵德小学"，或说是又一次"新建"绵德小学。庄氏半个世纪不改初衷，只要时局允许，便第一时间赶回家乡捐助该校，并坚持复名"绵德"，其矢志不渝的执着精神确实可钦可敬。

澄海县的东湖小学，也是"文革"后许朝镇、郑俊英等较早在澄海捐资兴学的学校。[②] 1979 年，泰国许朝镇、郑俊英率先捐款港元各"10 万元以上"，并与村集体一起倡议，呼吁海外乡亲捐资兴建新校舍。不久，助捐者达到 103 人，从碑刻中以港元为货币单位以及当时社会经济状态来看（其中仅一人款项注明是人民币），可以判断出这些捐资者大体上都是海外华侨、归侨、侨眷。如果从许朝镇身为泰国澄海同乡会理事长的身份，以及该村人士多侨居泰国等来推测，则捐资者更多的是来自泰国。东湖小学的前身可追溯至民国时期、抗战结束后的国民学校。此次资金较为充裕，主事者遂于 1980 年选址重建新校舍，至 1981 年 4 月落成举行竣工庆典活动，同时更名为"东湖华侨学校"（今名为"汕头市澄海东湖华侨小学"）。

这所学校在这个阶段还有过两次较大规模的建设：一次在 1985 年竣工，计得捐建者共 17 人，捐资款 38 万元，除了郑俊英、许朝镇分别再捐 12 万元、5 万元外，其他尚有捐资 3.5 万元者 4 人、1.75 万元者 2 人、1 万元者 2 人等，均以

---

① 潮州市教育局编：《潮州市教育志》，内部资料，1990 年，第 268 – 270 页。
② 汕头市澄海区地方志编纂委员会编：《澄海市志（1979—2003）》，北京：方志出版社，2012 年，第 858 页；此外，还参考了部分碑记。

港元计算。另一次在 1991 年竣工，碑刻将资金来源分为以港元为单位的"海外资金"以及以人民币为单位的"海内资金"两大类，前者计 47 人捐港元 56 万多，后者计人民币 41 人 7.4 万，其中最多的是新加坡蔡锡河捐助港元 20 万。从碑刻的内容看，其中绝大部分资金同样是来自侨胞的捐助。1991 年的又一次捐建，则已经有较具规模的本地资金投入了，是为海内外同心协力，捐资兴学。

除了中小学外，也有幼儿园接受捐助的。1979 年，今揭阳市榕城区的滘墘幼儿园便接受了香港许典明捐赠的 0.15 万港元，用于添置儿童玩具。[1]

1979 年 9 月，国务院要求贯彻"只做不宣传"的原则，即对投资人、汇款人、捐赠人保密，不得透露其姓名和有关情况。如果个别要求留名纪念的，可以在国内编册留念。[2]

尽管汕头地区、汕头市均严格执行"只做不宣传"的通知，当地媒体没有多少报道，但从捐资兴学的数据看，宣传与否，似乎都对华侨华人、港澳同胞捐资热情影响不大。或者说，国门初开时刻，"不宣传"的规定丝毫也没有影响老一辈华侨华人阻隔多年后的浓厚思乡、迫切回馈故土的感情。如今潮州市湘桥区、潮安区境的，1980 年有 13 所中小学、幼儿园接受了 17 宗海外组织、个人的捐资兴学事例，或为新建，或为修建、扩建，尽管金额不是很大，但捐资人数不见得比 1979 年少，影响亦远大于前。

1980 年至 1983 年，汕头地区捐资兴学事例均大为增加。总体看来，捐资兴学的收益面更广，投入的资金更具规模，各方面呈现出勃发之态势。

1980 年，今汕头市濠江区录得改革开放后首宗具规模的捐资兴学事例。当年，真正在老家生活时间仅数载的张恭良，[3] 时隔 60 年之后回到濠江葛洲村，开启了将毕生积蓄倾囊回报故土的晚年生涯。张氏的诸多公益事业中，便包括多宗捐建学校、幼儿园事例。而自此开始，濠江葛洲张恭良、张恭荣兄弟在各地捐资陆续增加至 9 700 多万元。逝世后则由其子侄传承，持续捐赠，于今不绝。张恭良是继李嘉诚、庄世平之后第二批获"汕头荣誉市民"称号者；张恭荣与李嘉

---

① 榕城镇地方志编纂办公室编：《揭阳县榕城镇志》，内部资料，1990 年，第 593 页。

② 广东省侨务办公室编印：《侨务工作手册》(1)，内部资料，1979 年，第 118 – 119 页。

③ 张恭良 (1907—1995)，1907 年生于葛洲村，医生，出生不久便随父母往泰国，11 岁至 14 岁回乡读书，15 岁求学香港，获香港大学医学院学士学位，抗战时期曾率医疗队赴前线参加抗日救亡工作。晚年返乡，将终身积蓄倾囊投入公益事业，累计 3 700 余万元，其中在濠江的捐资兴学事业有葛洲学校、达濠中心幼儿园（第二期工程）及设立教学基金等。张恭荣 (1924—2005)，张恭良之弟，当时亦非富商，截至 2004 年 12 月，张恭荣向社会捐赠了 6 000 多万元，作为汕头市所选送的两个代表之一，与潮籍侨胞李嘉诚、林百欣、郑通亮一起入选首届"百名中华慈善人物"。参见《爱心中国——中国最具影响力的百位慈善人物评选活动公示》《中华慈善总会与人民政协报举办百名中华慈善人物颁奖晚会》，分别载《人民政协报·慈善周刊》2004 年 12 月 22 日、2005 年 4 月 5 日。

诚、林百欣、郑通亮一起，名列中国现代慈善事业辉煌成就的 100 位典型代表之一，① 其晚年多次强调自己将"在内落土，孥团正会每年回乡来拜，仔孙正知根在底块，三代之后的我无便管了……"②（大意为"归葬故土，子孙才会每年回乡祭拜，他们才知血脉所在，三代之后的我就没法管教了……"）2005 年，张于香港逝世后如愿归葬濠江葛洲村。张家子孙（张恭良子女敬德、敬安、敬玲、敬珑、敬瑜、敬钰；张恭荣子女敬石、敬山、敬川、敬峰等）也一直投资大陆、畅行公益，本地多处"捐资芳名录"之类的碑刻均以上述几人联名出现。濠江葛洲张氏家族虽非巨富，但在各地捐资捐物总额数以亿计。濠江葛洲社区在 2011 年被国务院侨办评为首批全国 5 个"侨爱新村"之一，与葛洲张氏的长期捐赠密不可分。

葛洲村的学校可追溯至 1950 年的"葛洲小学"，历经风雨，至 1980 年张恭良返乡时，该学校课室不足、教学设施缺乏。当时 700 多名学生只能分散在 6 处祠堂以"半日制"形式上课，学生需从家里自带桌椅就读，更有部分适龄儿童无法上学。目睹此景，张恭良随即出资 100 多万，并带动弟弟张恭良、儿子张安德等助建，又有族人张恭灿出资，于 1981 年末建成两层的新教学楼；1982 年继续配置了完整的教学设备设施，结束了学生分散上学的窘境。该校规模也在全区排名首位，是截至 1981 年广东省内屈指可数的数个大额捐资小学项目之一。张恭良又捐设了教育基金及 60 万港元兴建工业大楼，并将此产业租金收入作为学校经费和奖教奖学、教师补助之用——起初每位教师每月补助 25 元；后增加至50 元（均为当时"民办教师"薪酬的约三分之二）。20 世纪 80 年代初，葛洲地处偏僻小村，这笔补助在当时是不菲的资金，对学校招引和留住优秀师资有着极其重要的作用。此种置业助校的形式，尽管传统固有、清末民初更普遍存在，但在改革开放初期来说还是比较新颖的，真正实行的并不多见。此后，张家还屡次捐资升级学校，在 80 年代中期捐资款便达 668 万元，其间还有其他侨资投入，令学校更臻完善。该校曾数度易名，称"葛洲小学""良德学校""葛洲学校"等，今名"汕头市濠江区葛洲学校"（见图 2-4），为九年一贯制学校。③

① 该次评选由中国政协及下属杂志和中华慈善总会主办、评核，由各省、市慈善机构报送，是首次全国性公益慈善评选，当选者包括海内外人士，这第一届也是迄今最被广泛认可的现当代中国慈善人物之评选。

② 此句根据与张家、与晚年张恭荣接触很深的濠江区侨联秘书长杨继奋，以及曾采访张家后人的广东电视台记者陈怡荣之转述。

③ 《广东省志》编纂委员会编：《广东省志（1979—2000）32 人物卷》，北京：方志出版社，2014年，第 296 页；广东省地方史志编纂委员会编：《广东省志·教育志》，广州：广东人民出版社，1995 年，第 247-248 页；汕头市地方志编纂委员会编：《汕头市志 1979—2000》，广州：广东人民出版社，2013年，第 1564-1565 页；汕头市濠江区地方志编纂委员会编：《汕头市濠江区志》，广州：广东人民出版社，2013 年，第 527、597-598 页。

图 2-4 濠江区葛洲学校教学楼（黄松书摄影）

1980 年，潮阳县依然有大量的华侨回乡捐资兴学。按地方志书的记录，较具规模的便有泰国郑汉兴、郑文松、郑应清、郑明元等捐资助建井都神山小学，泰国吴源泉、吴溪松等 14 人和中国香港吴炳顺等捐资助建沙陇永安小学，泰国庄木明等捐资兴建两英鹤联华侨学校，泰国侨胞集资助建沙陇溪西学校，泰国侨资集资助建峡山陇美小学，泰国陈耿城和中国香港陈清松、陈锦溪、陈炳金等 69 人捐资兴建铜盂老溪西小学，旅外侨胞捐资兴建沙陇草埔小学、扩建峡山陈禾陂学校等。①

---

① 《潮阳市志》编纂委员会编：《潮阳市志（1979—2003）》，广州：广东人民出版社，2012 年，第 973 - 982 页；汕头市潮阳区地方志办公室、外事侨务局，汕头市潮南区地方志办公室、外事侨务局编著：《潮阳市华侨港澳台同胞志》，深圳：海天出版社，2009 年，第 30 - 31 页；潮阳市地方志编纂委员会编：《潮阳县志》，广州：广东人民出版社，1997 年，第 844 - 845 页；此外，还参考了部分碑记。

　　除了传统的捐建学校教学楼等之外，还有明确设立单独奖学、助学金的。如香港刘百川于1980年开始在仙城深溪老家的学校设立奖学、助学金，自1980—1994年共发放26万元，如果将碑帖上的"赞助深溪教育事业中小学经费"（包含专门的"中考奖学金"及对学生的年度资助资奖）理解为此项奖学补助，则自1991—2010年刘氏累计捐出逾100万元。仙城深溪今属汕头市潮南区，该处侨胞捐建的学校众多，刘百川是20世纪50年代才往香港，事业有成后，便开始在家乡兴办的各类公益事业中捐资，项目繁多，包括建桥、修路、办水利，资助建设仙城、深溪的侨联大厦，参与修复景点和福利院、殡仪馆等。其中属于捐资兴学的，便有1983年助建深溪华侨学校、1993年助建深溪中学。2001年落成的刘梦龄学校（今名为"汕头市潮南区仙城镇深溪小学"，见图2-5），他便捐助资金1 600万元[①]，后又增捐至1 720万元[②]，学校占地面积29 000平方米，建筑面积16 000平方米，可容纳学生3 000多名。1980年这次捐资设立奖学金之善举，是刘百川较早在家乡投入的公益事业，也是潮阳县较早单设奖学金的事例之一。

图2-5　潮南区仙城镇深溪小学（黄松书摄影）

　　1980年国家和地方出台、改革了很多政策，与本书主题相关、较为重要的：一个是中央财政支付总体上改革为"划分收支，分级包干"，教育部门应时而变，4月颁发《关于实行新财政体制后教育经费安排问题的建议》等。按广东省

---

　　①　此处1 600万元，系按2001年的碑记。
　　②　1 720万元数字来自潮南区仙城镇人民政府报告：《汕头市潮南区仙城镇申报广东省教育强镇自评报告》，2015年3月。

的指示，汕头市、汕头地区分别于本年和翌年开始实施教育上的"分级包干"。[①]另一个是 12 月颁发的《关于普及小学教育若干问题的决定》（中发〔1980〕84号），要求较发达的地方应在 1985 年前普及小学教育，其他地区一般要在 1990年基本普及，并提出"两条腿走路，多种方式办学"，必须"用两三年或稍长一些时间，做到'校校无危房，班班有教室，学生人人有课桌凳'"（简称"一无两有"），[②]"一无两有"是 1978 年中央规定"要抓紧解决中小学校舍不足问题，危房、旧房要迅速维修"的进一步具体化。[③]

这些规定使得各地对教育建设、建校办校资金的渴求更为强烈。就汕头而言，当年教育基础十分薄弱，尤其是"汕头学校教育校舍严重不足"，整个社会可用于教育的资金十分有限，汕头遂于《关于普及小学教育若干问题的决定》出台不久，结合实际情况提出筹措资金建设校舍的措施，可总结为："各级财政拨款解决一点，乡镇集体集资解决一点，华侨、港澳台同胞、集体、群众捐资解决一点，勤工俭学支持解决一点。"[④]

在这个措施中，华侨华人、港澳台同胞的资金，是设想中汕头教育资金的重要弥补来源。从实践看，在本时期里，汕头侨资的捐助教育金额之多更超出设想，是其他如"乡镇集体集资解决一点"等所远远不及的。

当然，施行这个措施首先得贯彻落实上级侨务政策以凝聚侨心，这是无比重要的当务之急。汕头地区、汕头市在此期都提出抓住重点的问题，为重要侨领"落实侨房"，在一些涉及侨务工作的会议记录上，多个地方存在着类似"各镇（村、乡）先解决处理若干户有影响力的重点户的房屋"等内容，华侨资源丰富的潮阳县走得更早、步伐跨得更大，由此也得到更好的回报。

---

① 1980—1985 年实行的教育投资体制，改变了原来中央"大包大揽"、由财政和教育部门下达教育事业经费支出指标的投资管理办法，规定中央只控制预算的基数，不管预算上限，而给予地方自主权：各省、市、自治区所需要的教育经费，以及教育发展规划和年度计划所需经费等，由各级人民政府自主安排并组织实施。"教育包干制"让地方可以自主制订教育发展计划，以"支"定"收"，增加了办学积极性等，是教育财政改革的一项大突破。但在地方财政有限而上级教育发展任务繁重的情况下，有的地方官员难免超出实际地预报"成绩"或多个项目上马等，最终造成资金上的紧张。过了这个发展阶段，在此基础上与时俱进，于 1985 年形成基础教育仍属地方，中央财政有限补贴，以政府为主体，社会、企业和个人等多渠道筹措教育经费的措施和方法等，此后不断完善。

② 倪振良：《为实现"一无两有"而努力——全国中小学校舍维修工作经验交流会侧记》，《人民教育》1982 年第 8 期。

③ 广东省地方史志编纂委员会编：《广东省志·教育志》，广州：广东人民出版社，1995 年，第 112 页。

④ 汕头市地方志编纂委员会编：《汕头市志 1979—2000》，广州：广东人民出版社，2013 年，第1327 页。

1981 年，泰国郑午楼①家族捐建谷饶东仙小学教学楼、厕所等，折合人民币逾 140 万元。郑氏家族在谷饶原有两座"四点金"房屋，在土地改革时期被没收，后一直为集体使用，1980 年 12 月落实侨务政策，予以归还。② 1981 年，郑氏受中国人民对外友好协会的邀请访华，专程返回东仙故乡探亲祭祖。郑午楼为泰国著名侨领，在海内外均有大量的公益投入，饶宗颐赞曰："最为其邦（指泰国）人士所崇敬者，无如潮阳郑午楼。"季羡林视之为传奇式的"大企业家、大教育家"。华人研究学者段立生则直接称其是"当今泰华社（指泰国华人社会）第一人"。③

与此类似的是，另一泰国侨领陈弼臣家族，④ 也在此期间得到落实政策，收回被占用的祖屋，随后不久便捐资 850 万元兴建峡山学校。20 世纪 70 年代末，陈弼臣之子陈有汉⑤曾回乡观光、了解情况。落实政策后，陈弼臣遂于 1983 年率家族成员等 23 人回乡祭祖，并为捐建的峡山学校奠基。1985 年，再邀请数百海外友人、商伴，一同出席该校落成剪彩仪式，其中不少潮籍乡亲还是首次返乡。这些，都对华侨华人增强乡谊，及时了解国内侨务政策和侨乡的崭新面貌产生了良好而广泛的影响。

这些著名侨领不仅亲身，而且发动亲友捐资兴学，同时带来的宣传及模范效应颇大。1981 年，郑午楼回乡兴办公益事业时，其商界好友、侨领郑创基便也助捐（郑创基此前曾响应郑午楼捐资 1 000 万铢助力创建泰国华侨崇圣大学），并开启了回馈家乡之路，于 1982 年捐资 25 万元建设陇田家乡的溪西学校礼堂。此后，郑创基持续多年捐资助建医院、道路、饮水、校园等工程，仅捐资兴学的

---

① 郑午楼（1915—2007），生于泰国，泰名乌廷·郑差派汶，祖籍今潮南陇田，为著名侨领郑子彬长子。郑在海内外均力行公益：在祖国，1945 年募集大米入潮汕救济，1991 年率团赈灾华东地区水灾等；在家乡，则捐资助建沙陇东仙华侨学校并兴建该校"子彬楼""霭霞楼"、捐建沙陇东仙小学，以及其他多项公益事业，累计改革开放后在家乡捐资 1 300 多万元，获授"汕头市荣誉市民"称号。历兼泰国中华总商会永远名誉会长、泰国公益基金会等职，获泰皇颁授最高级的尊拉宗诰大绶勋章等。

② 汕头市潮阳区地方志办公室、外事侨务局，汕头市潮南区地方志办公室、外事侨务局编著：《潮阳市华侨港澳台同胞志》，深圳：海天出版社，2009 年，第 30 页。

③ 郑膺年编：《郑午楼言论集》，曼谷，1989 年，（饶宗颐序）第 6 页；段立生著：《郑午楼传》，广州：中山大学出版社，1994 年，（季羡林代序）第 1、3 页，（段立生引言）第 1 页。

④ 陈弼臣（1910—1988），生于泰国，泰名臣·梭蓬帕匿。祖籍今潮南峡山。5 岁时曾回乡就学，17 岁返暹罗谋生，为著名银行家、企业家。在海内外长期力行公益事业。历兼泰国社会福利基金会荣誉主席、泰国中华总商会永远名誉会长等职，获泰皇御赐一等皇冠大绶勋章、一等白象大绶勋章等。

⑤ 陈有汉（1934—2018），1934 年生于泰国，泰名差蒂·梭蓬帕匿，为侨领陈弼臣之次子。少年时曾回乡就学。陈有汉一直热心海内外公益事业，自陈弼臣逝后，陈氏家族在家乡的公益事业，仅捐资兴学的就有两千万元以上，多是以其与陈有庆（陈有汉胞兄）等领衔实施（也有单独留名的如捐给潮汕星河奖基金会者），获授"汕头市荣誉市民"称号。历兼泰国中华总商会永远荣誉主席、泰国政府外交部经济事务顾问等职，获泰皇御赐一等白象大绶勋章、一等皇冠大绶勋章等。

金额便有 200 万元以上。

地方政府对于涉及知名侨领的情况十分重视，每次有影响力的华侨华人、港澳同胞返乡探亲，汕头均高规格接待，广东乃至国家领导人对此也颇为关注。如时任国务院副总理万里，便于 1985 年 1 月在汕头市龙湖宾馆接见了陈弼臣，并高度评价其爱国爱乡之美德。这些对向外传达国家侨务政策，展示中国改革开放新气象显然大有裨益。

实际上，侨领的影响力不仅在海外，其回乡捐资（尽管所捐金额未必是最大的）所产生的关注度及带来的宣传效应也不是普通人所能及的。广东省政协 1985 年的专题调研报告，便以陈弼臣反馈家乡为例，赞赏了潮阳的侨务工作，总结出"认真落实侨务政策，是做好华侨、港澳同胞捐资兴学工作的关键"。调查报告认为：做外先做内，争人先争心，当陈弼臣得知家乡为他的家族平反错案并归还他的祖屋，且由乡政府拨款修缮一新的消息之后，非常感动，不仅捐资修建了较具规模的峡山学校，还携眷回乡拜祖，并为加强中泰两国人民之间的友好往来发挥积极的作用。而截至 1989 年，陈弼臣捐建的峡山学校受到极大的关注，全国人大常委会、国务院侨办、共青团中央、江苏、浙江、上海、福建和广东侨务、侨联以及海外旅行团等一共约有 200 个单位均到校取经、调研、参观。[1]

1981 年，香港马介璋捐资 120 万元助建位于潮阳县成田的家二小学教学楼，添置教学设备和图书以及设立奖教奖学金，这是当年潮阳县最具规模的港资兴学记叙。这所学校后来屡有调整、扩建，也多有侨资捐赠。而马介璋在家乡的公益捐助甚多，仅计算捐资兴学方面的便有 1 000 多万元，较具规模的，除了家二小学，又于 1989 年与香港周亮星、郑金源、马宝基、马松深、庄德茂、刘利权、陈福成、陈彦灿等合资兴建潮阳县儿童福利会幼儿园，1996 年与其父亲马明耀合资捐助家美幼儿园，2000 年捐资兴建成田镇马介璋中学（即今民办学校汕头市潮阳区图南学校之潮南校区，见图 2-6），并在 1994 年捐款潮汕星河奖基金会 20 万元[2]等。此外，马介璋的父亲马明耀曾捐资铺筑乡间村道、兴修家美乡水利、助建大峰医院等，善款不在少数。马明耀侨居港澳，晚年回乡休养，至今仍有乡人回忆"老人热心肠"，当时汕头、潮阳的相关领导、工作人员多有探望，并热情帮助照顾老人，解决了不少实际"小事"。华侨华人于晚年回乡休养，在本时期并不罕见。

---

① 广东省政协教育组、华侨组，广东省侨办联合调查组：《关于华侨、港澳同胞在汕头地区捐资办学情况的调查报告》（实地调查时间 1958 年 3 月 18 日至 29 日），内部资料，1985 年 5 月 8 日；张泉林主编：《当代中国华侨教育》，广州：广东高等教育出版社，1988 年，第 304 页。

② 此项金额，有些晚出材料有不同表述，这里依据潮汕星河奖基金会工作报告。参见《潮汕星河奖基金会第一届理事会第三次会议的工作报告》，1993 年 2 月 3 日。

图 2-6　汕头市潮阳区图南学校（黄松书摄影）

除了中小学之外，还有华侨华人、港澳同胞捐建幼儿园。1981 年，澳门辛伦彦于家乡汕头市郊区下蓬公社的鸥上乡处捐资兴建了一所幼儿园，此后不断捐资完善校园，至 20 世纪 80 年代中期捐资额累计一二十万元，其最后一次，捐资 8 万元修建新园，1986 年 5 月落成后赠予基层政府。按地方志书的说法，这是中华人民共和国成立后汕头郊区第一所由华侨独资捐建的幼儿园。① 考察现在金平、龙湖两区的情况，应是今汕头中心城区最早的海外侨胞独资捐建幼儿园。该园今名"汕头市龙湖区鸥汀街道鸥上幼儿园"（见图 2-7）。

图 2-7　汕头市龙湖区鸥汀街道鸥上幼儿园（黄松书摄影）

---

① 按：位于鸥汀街道鸥上三角埔 26 号处有一"汕头市龙湖区鸥汀街道鸥上幼儿园"，按龙湖区志则说是 1986 年 5 月捐 6 万元动工，9 月竣工。参见《汕头市龙湖区志》编纂委员会编：《汕头市龙湖区志：1979—2003》，广州：花城出版社，2013 年，第 61 页。

华侨华人、港澳同胞捐资幼儿园的事例相对较少，从广东、福建的地方志书的材料来看，也大体如此。其原因可能与捐资者、记录者的意愿不无关系——普遍规模较小、金额零碎，因此没留下记录，但更与大时代环境下对学前教育的认识不足、政府缺乏引导有关。

1979 年 1 月，八省托幼工作座谈会召开；同年 7 月，全国托幼工作会议召开，将幼教上升到"国家和民族前途的根本大计"之后，全国各地才加以重视。汕头地区在 1980 年、1981 年两年增加近 78% 的幼儿园，总数量终于过千，但在园学生数则仅增加 1%，几可忽略；汕头市原本情况较好，但只增加了 13 所，于 1982 年刚好过百、达到 101 所，在园学生增量较为正常。还有另一种情况，如揭西县，1979 年有 51 个幼儿园、61 个班、2 129 名学生、80 名教师保育员；1981 年有 108 个幼儿园、121 个班、3 734 名学生、76 名教师保育员，两相比较，园、班的数量均成倍增长，学生数也大幅增加，但教师保育员的人数反而少了 4 人。从数据我们可以看到，质量是否提升暂时不管，但各地重视幼儿园建设是十分明显的，此后，幼儿园的捐赠记录才有所增多。①

1982 年，泰国李光隆捐资 100 万元在潮阳县成田简朴学校兴建的秀川礼堂竣工，这是李氏为纪念其先祖"李秀川"而命名的，像这样以教学楼名、礼堂名、教研室名等纪念已逝先祖亲人或者赠予在世伴侣等的，在今潮汕三市十分普遍。李光隆这座秀川礼堂，则是改革开放后较早落成的冠名礼堂之一。李氏 1936 年出生，1956 年才南渡泰国。据《潮汕名人采访录》资料，李氏属于凭信誉白手起家者，早在 20 世纪 60 年代初便曾托运米面等食品回乡接济，1979 年回家后第一件事便是到母校潮阳一中探望师友，后取"饮水思源"之意捐建思源图书馆，② 是为极其念恩念旧之人。李光隆在海内外均行公益，仅在家乡的公益捐赠，截至 2008 年已超过 2 000 万元，其中属于捐资兴学的主要包括其母校简朴学校（今分出简朴小学、简朴中学，秀川礼堂坐落于汕头市潮南区成田镇简朴小学，今简朴小学见图 2-8）、沙陇砺青中学，潮阳一中的秀川礼堂、淑琴图书馆、思源图书馆、教学大楼、综合大楼、离退休教师基金、奖教奖学基金，以及潮阳儿童福利会幼儿园等。③

---

① 广东省地方史志编纂委员会编：《广东省志·教育志》，广州：广东人民出版社，1995 年，第 134 页；揭西县志办公室编：《揭西县志》，广州：广东人民出版社，1994 年，第 497 页；汕头市教育志审委员会编：《汕头教育志》，内部资料，1989 年，第 53、55、57 页

② 周昭京：《后期俊秀，泰华巨商李光隆》，载周昭京著：《潮汕名人采访录》，北京：知识出版社，1991 年。

③ 金额"超过 2 000 万元"系依据《潮阳市华侨港澳台同胞志》。参见汕头市潮阳区地方志办公室、外事侨务局，汕头市潮南区地方志办公室、外事侨务局编著：《潮阳市华侨港澳台同胞志》，深圳：海天出版社，2009 年，第 253 页；汕头市外事侨务局供稿、中新社通稿：《当代粤东华侨经济成就图片展：李光隆》，广东省新闻网，http://www.gd.chinanews.com/2013-11-07/2/282168.shtml，2013 年 11 月 7 日；此外，还参考了部分碑记。

图 2-8　潮南区成田镇简朴小学（黄松书摄影）

1983 年 9 月，泰国陈世贤及其夫人陈郑伊梨倡议并筹捐得 380 万元创建潮阳华侨中学，其中陈氏捐资 158 万元，建成以其已故母亲名字命名的颜淑英礼堂等；后又于 1999 年再捐资 200 万元，将颜淑英礼堂扩建为教学综合楼颜淑英楼，于 2002 年落成立碑。这所学校，与其他县的绝大多数冠以县名的华侨中学不同，也跟原有几所潮阳华侨中学并没有渊源。该校今名"汕头市潮阳区华侨初级中学"。此外，曾称"潮汕是我的祖籍家乡，能为父老乡亲做些善事，我感到欣慰"[①] 的陈世贤，在今潮汕三市的捐资兴学事例还有汕头市潮阳区伊梨幼儿园（见图 2-9）、潮安县第三小学[②]，以及汕头市的儿童福利会第一、第二幼儿园等。[③] 他还在汕头市外马路第三小学捐资 50 万元助建游泳训练馆（见图 2-10），该泳池于 1995 年建成（建设资金共 300 万元），该校获得"全国群众体育先进单位"与这些体育设施的配套有关。

---

① 蔡垂实：《一片丹心在故园——记中华民族文化促进会副会长陈世贤》，载中国人民政治协商会议潮阳市委员会、《潮阳文史》编辑委员会编：《潮阳文史》（第 11 辑），内部资料，1994 年。

② 《潮阳市志》编纂委员会编：《潮阳市志（1979—2003）》，广州：广东人民出版社，2012 年，第 13、1039-1040 页。

③ 按：潮侨对小额捐赠一般不是很在意，尤其是潮阳、普宁一带人士，这种现象并不罕见（若干连"芳名录"碑记都没留名）。如这一例，陈世贤曾在 1986 年 4 月参观汕头市儿童福利会第一、第二幼儿园并赠予人民币 7 万元，但除了《汕头市志》的"民主党派·人民团体·妇女联合会"不起眼处记录之外，几乎再没有文史材料提及，而据了解，这是因为在三四十年前汕头妇联对外交往工作相对极少才将之列入的，其实是具有一定的偶然性。

图2-9　汕头市潮阳区伊梨幼儿园（黄松书摄影）

图2-10　汕头市外马路第三小学游泳训练馆（学校提供）

华林乡小学的建设，则是"众人拾柴火焰高"的典型例子。华林乡学校创校于1952年，但30年来都分散在祠堂办学。1983年，中国香港张元碧、谢振经、谢俊松和泰国张昆耀、黄克鸣、谢德裕等①集资助建位于潮阳华林乡的学校两层教学楼1幢，平房式教学楼2幢，建筑面积2 200多平方米。1983年得县、村拨付土地，筹建和侨资赞助落成新校，固定校址，此后侨胞回乡过节时偶有零星"利是"式慰问金等；2002年，泰国黄克鸣独资捐建了600平方米的黄品三礼堂，并完善若干配套设施；2005年广东省老区建设促进会（主要由离退休老干部、老同志和支持老区建设的企业等组成）、2009年潮南区教育局先后援建了两幢2层教学楼，建筑面积共1 400平方米；2012年7月，泰国谢振城（110万

----

① 此处按碑记。

元）、谢崇通（50万元）、黄鸿财家族（50万元）、谢松清（45万元）等16人及组织捐资364万元，以及来自中国香港的捐资共计400多万元升级校舍，翌年落成建筑面积2 000多平方米的四层综合教学楼1幢，以及新的学校大门。该校今名汕头市潮南区陇田镇华林小学（见图2-11）。

图2-11 汕头市潮南区陇田镇华林小学（黄松书摄影）

1983年还有比较重要的捐资兴学值得一提——南澳县得到首笔公开、清晰的侨资捐资兴学。

当年，原本为"戴帽子"学校的南澳县深澳小学，其戴帽的初中部拆出，独立建制，是为南澳县深澳中学。建校资金主要是各级政府拨付和华侨捐资，其中，祖籍南澳的马来西亚华人吴汉钦捐资6 500元助建，成为该县自新中国成立以来有记载的首宗侨资兴学事例。它意味着，汕头地区、汕头市从此县县有了华侨华人捐资兴学的记录。同时，这一例发生于1984年南澳岛"打开岛门"（原作为边防岛管理，上岛需要边防通行证）之前，因此也可说是改革开放向纵深发展的时代见证。

改革开放前夕的1978年10月，南澳便接受到泰国金崇儒、吴承波、文碧吟赠送的木质板盾一个、矛枪架及钢质矛枪6支，仍与军事有关。改革开放之后的1981年11月6日，南澳县归国华侨联合会正式成立；1982年3月，南澳县人民政府设立挂靠在县政府办公室的"南澳县人民政府侨务科"，自此侨务工作逐步开展，也接受到泰国林孝先赠给县侨联的5 000元、中国香港陈国典赠南澳县政府翻新丰田工具车2部等。但其"打开岛门"的标志，则是1984年8月24日经广东省人民政府批准：国内人员上南澳岛（不含南澎岛）不需凭县（社）的证明，华侨和港澳台同胞可凭回乡证上岛。未"打开岛门"之前，华侨华人、港澳台同胞回乡探亲十分困难，需要办理的手续十分烦琐，不少人千里跋涉抵达澄海、饶平，望见南澳山却进不了南澳岛，只能隔海神伤。1983 年的这次捐资兴学，是此前数次公益事业的延续。①

侨胞的捐资兴学，与侨务、侨联等机构的落实政策和牵针引线等工作密不可分，尚有一些组织也在其中发挥作用。如与海外侨胞有着商业往来的汕头市工商联，自 1980—1987 年先后接待华侨华人、港澳台同胞到访、观光、考察的社团组织共 23 个，知名侨领、工商界人士及亲属共 1 115 人（包括专人赴广州交易会接待潮籍代表）。在此期间，先后接受了一批公益项目，其中捐建家乡校舍的便有人民币 50 万元。②

对于捐资兴学行为的表彰，汕头是国内开展得比较早的地方。1981 年 11 月，汕头地区专署在普宁召开华侨、港澳同胞捐资办学表彰大会。会上强调，必须认真管好用好华侨的捐款，尊重华侨的意愿，维护捐资兴学的热情。而举办这次表彰大会的法规依据，来自于前述 1981 年 8 月《关于华侨、港澳同胞捐资办学若干问题的通知》中的规定："捐资办学贡献大的，可视情况，分别由市、县人民政府或省人民政府以适当方式给予表彰。"不过，当时真正贯彻此项通知的地方很少。至少，如以地区（地级市）一级召开公开表彰会议的来论，汕头即使不是最早的，也是较早者之一。③

1983 年 12 月实行"地市合并、市领导县"体制后，领导着今潮汕三市的汕头市委市政府在潮阳县召开华侨、港澳同胞捐资兴学表彰会议。这是汕头市政府举办的首次表彰大会（如果把 1981 年汕头地区的那次算上，则是汕头第二次表彰大会），在国内也算是比较早的。汕头市委书记和市长作了讲话，更加凸显了领导班子对此项工作的高度重视。

汕头举办的这两次大会，都为 1984 年 12 月出台的《广东省华侨、港澳同胞捐办公益事业支援家乡建设优待办法》，提供了表彰工作、形式等方面的实践

---

① 南澳县地方志编纂委员会编：《南澳县志》，北京：中华书局，2000 年，第 502 页；南澳县地方志编纂委员会编：《南澳县志（1979—2000）》，广州：广东人民出版社，2011 年，第 843 页；汕头市地方志编纂委员会编：《汕头市志 1979—2000》，广州：广东人民出版社，2013 年，第 15 页。

② 广东省汕头市地方志编纂委员会编：《汕头市志》（第一册），北京：新华出版社，1999 年，第 828 页。

③ 陈锦添：《捐资办学育才，携手合作兴国——关于广州市华侨、港澳同胞捐资办学情况调查》，《广州教育》1990 年第 5 期；汕头市教育志编审委员会编：《汕头教育志》，内部资料，1989 年，第 266 - 267 页。

经验。

此外，1983 年 10 月，地市合并后的汕头市委市政府决定，"用三年时间在市区建设 500 套'三三制'住房"（即个人、教育部门、国家各出三分之一），解决教职工住房问题。当时汕头的教师住房困难问题极为严峻①，这个全国首创政策的推出，对免除教职工后顾之忧进而提高教育质量颇有作用，受到上级的支持和表彰，是为民心工程。如同期报道称，"汕头六中的一位饱经十年浩劫的老教师，一家三代五口，原来住在狭小的危房里"，当领到分房证件时，"他噙着泪花说：我在教育界干了 34 年，我感触最深的有两件事：一是十一届三中全会消除了我政治上的'台风'，第二件是现在又帮我消除了自然上的'台风'，从此再也不用受这'两个台风'的威胁了"。而在不久之后，因教育事业迅速发展而导致师资奇缺时，"三三制"则更显现出它在留住人才方面的功用。

表 2 - 5　1980—1983 年今汕头市市域中小学校及侨捐概况表

年度	小学			中学			同期接受侨捐的校数（所）
	学校（所）	在校学生（人）	专任教师（人）	学校（所）	在校学生（人）	专任教师（人）	
1980	847	375 704	13 222	68	106 917	5 726	5
1981	853	373 192	13 822	71	93 839	5 538	14
1982	852	373 071	13 534	71	89 651	5 261	5
1983	855	371 197	13 589	68	91 830	5 093	9

注："同期接受侨捐的校数"仅指较具规模者；同一学校多次多人捐助仍按 1 所计。

（二）1983—1987 年：百花齐放

地市合并、市领导县的体制改革，一方面有利于避免各县各自为政，布局分散等弊端；另一方面，则强化了中心城市的建设和相对先进的示范作用，能够更好协调各办事部门，为诸县各方面的扩大发展提供了条件。

新的汕头市政府成立后，领导层对教育事业十分重视。如合并不久后，汕头市委常委扩大会议"果断决定加强汕头教育事业发展的八项规定，要求汕头教育事业从数量上、质量上、结构上开创新局面，迎头赶上全省的先进水平"。而在

① 当时的统计数据，在 1981 年教育部门举办的学校中：城镇教工 12 044 人，带家眷者 9 362 户，其中缺房户 6 397 户、拥挤户 2 385 户（人均不足 4 平方米者称"拥挤户"）；乡镇的教工 26 366 人，带家眷者 13 312 户，其中缺房户 4 722 户、拥挤户 2 597 户。汕头市教育志编审委员会编：《汕头教育志》，内部资料，1989 年，第 321 页。

捐资兴学上，时任市委书记林兴胜每到海外考察时总要拜访少时同窗好友，解释侨务政策，劝其回乡捐款，如香港林树基等乡亲便集资 200 万元兴建了揭西金坑中学。① 据笔者采访，林兴胜一直热衷于文教事业，每逢佳节家庭聚会时，便常与儿孙比赛背诵古诗词、名人名句以及有关红色革命的篇章等，而作为潮汕星河奖基金会创会会长、实际筹办主办人，林兴胜迄今仍对教育事业念念于怀，每谈及潮汕三市青少年相关问题，其关心、专注之神态，溢于言表。

汕头市委市政府于 1983 年 12 月专门召开捐资兴学表彰会议后不久，各县区也先后举办了一些类似活动。其中，以澄海县的反应最为迅速，而由于此前捐资兴学的"单项"成绩的数量、影响、金额均比较小，因此其举办的是"表彰公益和支援家乡"的表彰会。

1984 年 1 月 11 日至 14 日，澄海县委县政府召开澄海县爱国华侨、港澳同胞兴办公益事业支援家乡建设表彰大会。这次表彰，主要包括捐资兴学（建校）、基础工程（水改）、投资实业（办厂）三大类，但捐资兴学被放在第一类。包括县 4 套班子，基层镇长，侨务、侨联领导以及侨属，三类受捐代表等共 69 人出席会议；其中"建校"代表达到 21 人，占三类代表总数的约 44%；受表彰人数、事例也最多。可见捐资兴学在澄海县的收益面及受重视程度之一斑。

这次会议，意味着澄海县大力加强海内外联系、重视招商引资（包括兴办公益事业）的开始。在此之前，澄海县主要是恢复侨务部门、夯实基础工作、落实侨务政策等，与海外的联系更多是接待回乡观光者，在该县的"大事记"中，从寥寥几则侨务信息中也可见一斑。

1984 年，除了上述 1 月份召开表彰大会之外，2 月份还在市"突出重点"的强调下以及市有关部门的指导配合下，组成专门小组至市区调查"陈黉利家族"在"土改"时期房产情况，此后县领导应邀赴泰国交流，侨务官员率团到广州、深圳及其他珠三角侨区学习。相关部门随汕头上级率县潮剧团访香港义演等，都是主动走出去、开阔眼界的举措。1983 年，澄海县与海外交流之频繁度远超此前数年总和。而在本年末，该县终于宣布其下辖所有镇级单位②（11 个区和 2 个区级镇）全部配齐专职或兼职侨务干部，更有利于开展侨务工作。

良好的交流，换来的是良好的结果。1984 年，澄海县便至少有六七所中小学开始接受捐资兴学或落成校舍。这是该县自改革开放以来，接受华侨华人、港

---

① 刘锦庭、才炳锐：《深情的理解——汕头市委书记林兴胜关心教育二三事》，《汕头教育》1989 年第 1 期。

② 澄海县在 1984 年 1 月至 1986 年 11 月设置有 11 个区和 2 个区级镇，是为 13 区镇，相当于现在行政单位"镇"；再往下尚有更低等第又较易于混淆的 1 个乡级"镇"和 30 个管理"区"等。

澳同胞捐资兴学规模最大的一年。

这些捐助学校中，位于莲上南徽村的新修扩建学校，延续了澄海县最早侨资学校"有德学校"的"学脉"；而本年开始进入复办后实质性吸引侨资阶段的澄海华侨学校，迄今仍是该县影响较大的侨资捐建学校。我们以这两校为例，概述如下。

有德学校是目前较能得到确认的澄海最早侨校，乃至有不少文章认为它是"潮汕地区最早的侨校"。该校由印尼李武平创办于1904年，称"侑德学堂"；初时为私塾，李氏族人多有增益，不久办成新学，是为"有德小学"；民国时期侨胞李培江等数次扩建，一度增办高级预科学习班；抗日战争时期，李平、李泽葵等以该校为基地开展抗日救亡工作，先后发展了50多位党员；1939年2月，中共潮汕中心县委秘密会议在此召开；解放战争时期，数十名校友参加游击队；新中国成立初期，被调整为公办"南徽小学"。不久陷入财政困难，当时局有所缓和时，印尼李世环、李世昌、李世闻等于1956年集资扩建并改善教学条件；以后历经政治运动，在1980年时已破败不堪。返乡的印尼李泽拱①、李泽川马上带头赠款并发动李氏族人捐资，于1984年落成新校舍。

1984年这次建校的捐赠资金全部以港元为单位，基本上都是侨资，总计36人及7个商号捐资近47万港元。个人捐资者全部为李姓，相信商号也是李氏宗亲经营的。为首的李泽拱捐资22.5万元，李泽川捐资3万元，李琼英捐资2.5万元，建成后正式更名为"有德学校"。1997年，以李泽拱为首（人民币100万元）的17人捐资累计人民币117万元、港币12万元兴建图书馆，冠名"照南堂"。此后侨资助建多有增益，李泽拱累计增捐至254万元，印尼李琼英等亦踊跃捐赠，遂成为较具规模的地方名校。该校曾获授"广东省特色学校"、澄海区首批一级学校、区"双优学校"等称号。校区中的革命遗址也被公布为澄海区文物保护单位。

该校是今汕头市域罕见的，既有大量侨资持续捐赠，又有革命文物单位的学校，也可以说是罕有的既凝聚"乡愁"优秀传统，又融入"红色"革命基因的学校（见图2-12至图2-14）。今名"汕头市澄海有德小学"。②

---

① 李泽拱（1920—1997），即李照南。出生于澄海南徽，青年时期参加"澄海县青年抗敌同志会"投身抗日救亡运动，后赴印尼经商。在海内外均力行公益，如家乡的有，20世纪60年代曾返乡赠送肥料和车辆支援建设，改革开放后则有1000多万元的公益捐赠，其中独资的捐资兴学有澄海县华侨的礼堂、艺术馆，苏湾中学、莲上初级中学的教学楼，带头集资的则有有德学校等。获广东"突出贡献外来投资者"、澄海"澄海市荣誉市民"称号。历兼香港汕头商会永远名誉会长、广州潮人联谊会名誉会长等。

② 汕头市澄海区地方志编纂委员会编：《澄海市志（1979—2003）》，北京：方志出版社，2012年，第140、848、851－852页；澄海县地方志编纂委员会编：《澄海县志》，广州：广东人民出版社，1992年，第862页；李宏新主编：《潮汕史稿》，汕头：汕头大学出版社，2016年，第998、1002页；此外，还参考了部分学校及宗祠碑记。

图 2 – 12　汕头市澄海有德小学图书馆（黄松书摄影）

图 2 – 13　汕头市澄海有德小学教学楼（黄松书摄影）

图 2 – 14　汕头市澄海有德小学内革命遗址（黄松书摄影）

　　1984 年，泰国许朝镇带头捐资 30 万港元，又发动泰国澄海同乡会捐资 30 万港元各捐建澄海华侨中学一幢教学楼，[①] 翌年秋季落成。作为澄海冠名"华侨"的龙头中学，该校部分学生一直只能寄读他校。在校舍建设上，该校除了 1979年复办时获得的 10 万港元资助外，基本只靠政府划拨和学费、勤工俭学支撑，

―――――――――

①　此处捐资金额依据汕头澄海华侨中学校史展示馆的材料。

有限的资金显然不足以让其进行升级，直至泰国许朝镇等捐资后才稍为宽松，但与其他著名侨区的侨校相比，即使有了两座新教学楼，其规模仍显不足。

同样是在 1984 年，泰国谢易初①遗嘱捐资助学澄海华侨中学，翌年 7 月 20 日，该县接待谢易初之子、侨领谢国民，并与早就有意捐赠的李泽拱一起共商建设华侨中学事项。10 月 8 日，又接待了谢易初的 4 位女儿，深入介绍谢易初对家乡之贡献，联络乡谊情感。此后，澄海县在省、市政府的支持下加大力度广泛发动海外乡亲集资建设，终于开始对华侨中学进行更大规模的建设。1987 年 5 月 1 日，新校竣工举行落成典礼，剪彩的项目包括谢家赠建的易初科学馆、美术馆（见图 2 - 15），印度尼西亚李泽拱赠建的李泽拱艺术馆、世成礼堂（见图 2 - 16）（纪念其父、1960 年回国的归侨李世成），泰国许朝镇赠建的教学楼，泰国澄海同乡会赠建的教学楼，香港互助社成员（包括其他香港同胞）赠建的运动场等。据 1979—1987 年的统计，该校已接受华侨华人、港澳同胞的捐资总额折合人民币 605 万元，其中谢易初 300 万港元、李泽拱 75 万港元②。此后，澄海华侨中学又接受数次捐赠、扩建，较大规模的，有谢家累计捐赠达 501 万元，李泽拱累计捐赠达 208 万元，此外，尚有其他侨资捐赠。该校为汕头名校，迄今海内外影响力仍颇大，不少华侨学生来此就读，如蚁美厚除了曾捐赠资金外，还专门送其"在国内的唯一男孙"③ 在此校就读。

---

① 谢易初（1896—1983），原名谢进强，澄海外砂蓬中（今属汕头龙湖区）人。27 岁至泰国谋生，1950 年 3 月回国受到周恩来的接见，随后在澄海培育"澄南水稻""白沙狮头鹅"获得成功，受到国务院表扬。1967 年返泰国。1979 年，谢易初开创、其子谢国民接班的正大卜蜂集团成为最早来华投资的外资集团。在国内，谢氏曾捐助医院住院楼，捐资兴学方面，则主要有澄海县华侨中学之"易初科学馆"及捐设 50 万港元教奖学基金。历任全国侨联和广东省侨联委员，省政协委员等。参见广东省地方史志编纂委员会编：《广东省志·华侨志》，广州：广东人民出版社，1996 年，第 508 - 509 页；广东省汕头市地方志编纂委员会编：《汕头市志》（第四册），北京：新华出版社，1999 年，第 845 页。

② 此处金额据 1987 年的碑记。

③ 李泽沾：《华侨齐心办侨中》，载汕头市澄海县政协学习和文史委员会编：《澄海文史资料》（第21 辑），内部资料，1988 年。

图 2 - 15　澄海华侨中学易初美术馆（黄松书摄影）

图 2 - 16　澄海华侨中学世成礼堂（黄松书摄影）

　　饶平县的华侨华人、港澳同胞捐资兴学事业，也是在实行"地市合并，市领导县"之后才取得长足的进展。

　　1984 年 2 月 20 日，为配合、贯彻上级政策，饶平县政府颁发《关于鼓励华侨、港澳同胞来我县投资及"三来一补"的优待试行办法》，8 月 8 日颁发《关于进一步搞好对外开放的暂行规定》，标志着该县在最高层面重视侨资，全面加快对外开放的开始。包括侨资捐资兴学在内的整个公益事业方面，迅速取得了成绩。

按两种《饶平县志》所列 126 项 399 宗兴办公益事业事例中，1983 年末之前，仅有 1982 年的公益捐赠 1 项。另查阅同期文史材料，1982 年尚有泰国饶平同乡会的捐资捐物记录。① 这说明此前该县罕有具规模的公益捐赠，更未见具规模的捐资兴学事例。而侨务记录上，也透露出此时海内外联系上不是很密切。1983 年下半年至 1984 年，则有了大量的各类公益捐赠的记录，其中捐资兴学，便包括香港饶平同乡会捐建的饶平县华侨中学一幢教学楼，以及泰国欧史里、中国香港欧木顺合资在饶平海山捐建海山振智学校等。②

除了南澳县比较特殊之外，地市合并后的 1984 年，汕头市区及各区县具规模的捐资兴学记叙都普遍增多，受惠面更为广阔，如今潮州市湘桥区、潮安区境，该年度的捐资助学总额达到 187.6 万元，为空前的纪录。

在该年度，还出现了"巨额"的匿名捐资事例。揭西县龙潭籍华侨"刘"在 1984 年捐资 67 万元建设井田小学，掀起该镇引进侨资建校的热潮；不久，"刘"又捐资 327.5 万元建设揭西河婆中学的教学楼、实验楼、礼堂和图书馆；同时，龙潭中学等也接受到"刘"的资助。此后，截至 1987 年，这位"刘"在几年时间里的捐资兴学金额已经累计达到近 570 万元。③ 后来才知道"刘"为印尼籍刘新策，上述河婆中学的捐资为其引荐好友彭瑞安、彭冯和英所捐，加上学校校门费用达 374 万元，遂成彭瑞安科学楼、彭瑞安教学楼、彭冯和英图书馆、彭瑞安大礼堂及新校门五大工程。而刘新策本人在家乡的公益捐赠，按两种《揭西县志》所载，2003 年之前，其捐资金额估计达到 500 万元或以上，④ 受助的学

---

① 1982 年 2 月，泰国饶平同乡会理事长潘守仁率探亲观光团回乡，在饶平二中设立奖学基金，又与泰国吴文韦合捐彩色电视机及汽车给饶平二中和"华侨中学"。参见张道济：《吴文韦传略》，载政协饶平县文史委员会编：《饶平文史》（第 8 辑），内部资料，1991 年（本年"再版"本）；张道济、余晓明：《潘守仁传略》，载政协饶平县文史委员会编：《饶平文史》（第 8 辑），内部资料，1991 年（本年"再版"本）。

② 饶平县地方志编纂委员会编：《饶平县志》，广州：广东人民出版社，1994 年，第 74－82、988 页；饶平县地方志编纂委员会编：《饶平县志（1979—2005）》，广州：广东人民出版社，2011 年，第 11－31 页、972－982 页；林拱钟：《欧史里及梁冰传略》，郑肫仁、郑迺子：《爱国爱乡情义浓——记港胞郑光德》，载政协饶平县文史委员会编：《饶平文史》（第 8 辑），内部资料，1991 年（本年"再版"本）。

③ 汕头市教育志编审委员会编：《汕头教育志》，内部资料，1989 年，第 266 页；汕头华侨志编写组编：《汕头华侨志（初稿）》，内部资料，1990 年，第"3－48"页。

④ 按各材料，"龙潭华侨刘老""不留名华侨"等确认为刘新策后，估计是刘氏为人低调，我们至今未见更详细的同期采访、报道，不过，估 500 万元应属不过分。材料如下（所有材料的下限在 2003 年，多是编写于 20 世纪 80 年代末）：A. 1985 年初刘新策捐 100 多万元建龙田小学；B. 捐 200 多万元建龙潭中学礼堂校门、井田小学、北溪小学；C. 1985 年独资 64 万元捐龙潭中学教学楼、1986 年独资 1 万元捐北溪中学，1988 年"刘新策、刘醒之夫人"合资 96 万元捐龙潭中学礼堂和校门；D. 刘新策（截至 2003 年）380 万元捐井田路、井田小学、龙潭中学、条河大桥、县侨联；E. "刘新策等 2 人"合 210 万元捐龙潭中学、关山至龙跃水泥路；F. 如正文所列。

校至少包括龙井小学、龙潭中学和北溪中学等。①

1984 年，汕头市宣布各县市基本实现了普及小学五年义务教育。②

"普五"要求，来自于中央 1980 年《关于普及小学教育若干问题的决定》中的规定："80 年代，全国应基本实现普及小学教育""经济比较发达、教育基础较好的地区，应在 1985 年前普及小学教育"。广东全省于 1985 年如期完成任务，汕头则是提早了一年。完成任务之后，该年 8 月，汕头市教育局决定在汕头市区全面进行六年制小学教育。同时，1983 年末，地市合并后汕头市委提出的"汕头市区于 1988 年普及初中"继续坚定推行。这是贯彻上述《关于普及小学教育若干问题的决定》"进而普及初中教育"的要求，且向前再迈进了一步。

这些成绩的取得，都与华侨华人踊跃捐资兴学大有关系。而 1984 年 12 月 9 日出台的《广东省华侨、港澳同胞捐办公益事业支援家乡建设优待办法》，是在境内公益事业大增的情况下，经过多方调查、研究而颁布的法规文件，它对捐资兴学的进一步规范化发展大有裨益。

1985 年，汕头市的捐资兴学事业更呈现"百花齐放"式的发展。如揭阳县便录得改革开放后最好的捐资兴学成绩，该县自 1979 年至 1985 年 7 年间，海外华侨华人捐资兴建学校等款项共计 1 715.19 万元。其中，最大的增量发生在 1984—1985 年，仅在 1985 年便录得修建学校 59 宗、接受侨资捐助的总金额为 442.71 万元，一年便占前七年总额的 26%。③

同时，捐资兴学逐步同相对偏僻之处扩散，向纵深发展。

1985 年，香港陈伟南开启了其在家乡的捐资兴学事业。他的第一个项目是沙二小学（此项仅 1985 年的捐资额便达 55 万元④），又于 1987 年赠建了沙二幼儿园，再于 1992—1993 年捐资兴建一所完全中学——宝山中学（同期文献载两年内总投入逾 1 000 万港元⑤），遂完成了其在沙溪故里从幼儿园、小学、初级中学、高级中学"一条龙"的办学夙愿。多年来，陈氏不仅仅捐学于祖籍地，还持续不断地投入海内外公益事业，尤其对祖国潮汕故乡的文化、教育支持颇大。据媒体的同期报道，自 1985—1993 年 9 年时间里，陈伟南先后在"家乡"⑥捐赠

---

① 汕头市教育志编审委员会编：《汕头教育志》，内部资料，1989 年，第 266 页；揭西县志办公室编：《揭西县志》，广州：广东人民出版社，1994 年，第 518、520、625 页；揭西县地方志编纂委员会编：《揭西县志（1979—2003）》，广州：广东人民出版社，2005 年，第 831、844 页。

② 汕头市教育志编审委员会编：《汕头教育志》，内部资料，1989 年，第 27、122－123 页。

③ 揭阳县地方志编纂委员会编：《揭阳县志》，广州：广东人民出版社，1993 年，第 555－556 页。

④ 潮州市地方志编纂委员会编：《潮州市志》，广州：广东人民出版社，1995 年，第 88 页。

⑤ 罗林明：《成功之道在至诚——记香港爱国实业家陈伟南》，载广东省政协文史资料委员会、汕头市政协文史资料委员会编：《广东文史资料》（第 76 辑），广州：广东人民出版社，1994 年。

⑥ 按该篇报道看，这里的"家乡"应不仅指潮汕三市，而且也指中国大陆。

各种建设项目 44 项，共计人民币 1 513 万、港元 549 万；① 按汕头市政协的介绍，陈氏截至 2000 年在中国大陆的捐资款已超过 8 000 万元。② 其中，代表着"汕潮揭一体""大潮汕"意义的本土两个最为著名的组织——潮汕历史文化研究中心（专门研究潮汕文化的学术机构）、潮汕星河奖基金会（专门奖励、资助潮汕籍学生、各领域优秀人才等的公益组织），从一开始的倡议、筹办，陈氏便积极捐资响应，并长期在海内外为之鼓与呼。同阶段能做到如此者，大概也仅其一人而已。

汕头市郊区在本年度也有一宗匿名捐资助学事例。湖头乡"一位不留姓名的华侨"，1985 年捐资 300 万元扩建岐山中学。与上述揭西刘新策起初仍存"刘"姓不同，这一次，捐资者连姓氏也未曾留下，后来才知是新加坡陈岳泉。与刘新策一样，陈岳泉在这次捐资后，到 20 世纪 90 年代又有多次公益捐赠。据地方志书所载，陈氏所捐资的至少包括两次扩建汕头市岐山中学校舍和修建湖头小学新校舍，以及助建新办的湖头观书幼儿园、湖头乡教育基金等。综合各方面了解，陈岳泉在汕头家乡的捐资兴学估计有 600 万元以上——其中 1989 年落成的岐山中学碑刻是"陈岳泉、许绍琴伉俪"联名、1997 年落成的汕头市湖头小学（见图 2 - 17）碑刻是"陈岳泉、许绍琴、林素芳伉俪"联名（见图 2 - 18），我们是以一人计的。不计汕头大学，这应是现汕头市金平区境内的较大额捐资兴学事例之一了。③

图 2 - 17　汕头市湖头小学（黄松书摄影）

---

① 罗晓、林英仪：《情牵梦萦，心系中华》，《汕头日报》，1993 年 8 月 27 日。
② 政协汕头市委员会编：《汕头政协五十年 1950—2000》，内部资料，2000 年，第 90 页。
③ 汕头市金平区地方志编纂委员会编：《汕头市金平区志》，北京：方志出版社，2013 年，第 935 页；汕头市教育志编审委员会编：《汕头教育志》，内部资料，1989 年，第 266 页；此外，还参考了部分碑记。

图 2 – 18　汕头市湖头小学芳名碑亭（黄松书摄影）

　　潮阳县则延续着一贯以来的良好态势，到 1985 年仍有多宗大额捐赠。1985 年，泰国庄振任、庄任荣、庄汉卿、庄锡鸿合资 510 万元捐建峡山镇上东浦村的上东浦学校。[①] 泰国王大立在 1982 年（1985 年全面落成）、1992 年、1995 年、1999 年、2001 年先后 5 次改建、扩建潮阳古帅学校，总捐资大约为 400 万元。其间兴建有以其父亲冠名的王广得礼堂，该校于 1995 年冠以"王大立"名，今为汕头市潮阳区文光王大立学校。[②] 1984—1985 年，泰国林怀初捐资 200 万元，林惠声、林玉波、林锦勇和林和宋 4 人各捐资 30 万元，林梅海、方荣和各捐资 10 万元，合计 340 万元助建位于司马浦镇仙港的学校，后 1988 年林怀初又捐资 8.95 万元助建学校礼堂等。图 2 – 19 为潮阳区文光王大立学校校志刻碑。

---

　　① 此项金额依据《潮阳市华侨港澳台同胞志》。参见汕头市潮阳区地方志办公室、外事侨务局，汕头市潮南区地方志办公室、外事侨务局编著：《潮阳市华侨港澳台同胞志》，深圳：海天出版社，2009 年，第 92 页。

　　② 此处按碑记。

图 2 - 19　汕头市潮阳区文光王大立学校校志刻碑（黄松书摄影）

此外，汕头市潮阳区棉北平北小学于 1985 年接受东南亚侨胞的建校集资款 84 万元，以菲律宾陈荣金为首的侨胞出资 32 万元助建学校礼堂，是为较早的具规模的菲律宾华人捐资兴学事例。陈氏 1980 年便在侨务部门的撮合下合办了深圳光明畜牧合营有限公司，这应是改革开放后较早进入中国大陆投资的菲律宾华人。1975 年 6 月菲律宾与中国建交，在菲律宾将军市升起第一面五星红旗的具有影响力的人物便是陈荣金。他倡创的菲律宾菲华潮汕联乡会 1976 年成立后一直致力于发展中菲友谊，并在 1989 年前后促成汕头市、将军市高层互访。[1] 陈氏于 1989 年 10 月应邀到北京参加国庆四十周年活动，受到国家领导人的接见，是较具影响力的菲律宾侨领。

在广东省政协、省侨办对汕头的联合调研中，据 1980—1985 年春的不完全统计，调研报告的时间起止表述为"五年多来"，称：华侨华人、港澳同胞捐资兴办的各种福利事业，总金额达到人民币 23 000 余万元，其中兴建学校的有 7 000 万元（不包括李嘉诚捐建汕头大学的数字）；新建扩建中小学 500 多所，其中潮阳、普宁两县各 140 多所，潮州、揭阳、揭西也各有四五十所。

该报告并没有针对幼儿园，但这几年助捐、捐赠幼儿园并不罕见。在 1985 年度，饶平县便有一所较具影响力的幼儿园落成招生，是为当时的饶平县如钦幼儿园。该园为泰国余丽华遵照已故兄长余子亮的遗愿所建，其将落实政策而归还的余家"四点金"祖屋拆建为 3 座，三层楼的一座作为幼儿园，二层楼的一座作

---

[1]　余汉成、林金亮：《天下潮人一家亲：记菲律宾菲华潮汕联乡会及其创办人陈荣金》，《国际潮讯》1993 年第 3 期。

为纪念堂，冠先祖名字"如钦幼儿园"和"如钦公纪念厅"，另有儿童乐园一座。幼儿园于 1985 年 4 月落成，主要招收侨眷、归侨子女。

遗愿捐赠幼儿园的余子亮为泰国侨领，其在海内外均长期力行公益，对国内的捐资兴学也持续不断，民国时期他便创建饶平黄冈女子初级中学、兴办黄冈南华小学；中华人民共和国成立后长年资助饶平县华侨中学。但"文革"时内外音讯断绝，海天辽阔，余氏只能望洋兴叹。1974 年临终时再次寄语亲人，一定要代表他踏上故土，"一定要回乡办幼儿福利事业"。此缘由经当时美国记者、中国国际电台记者的采访报道而传播至海外，产生了不小的宣传效应，遂有不少探亲的海外华侨华人闻讯参观。后根据余氏的意愿，该园交由饶平县侨联管理，今名"饶平县侨联幼儿园"。[①]

澄海县在 1985 年成功举办了元宵灯会、中秋"月是故乡明"海外乡亲联欢活动，这既是该县前所未有的盛会，也是继 1984 年 10 月汕头市举办"潮汕民间艺术欣赏节"（汕头首次大型文艺联欢）后在今潮汕三市举行的又一次具规模文艺活动，媒体称之为"盛况空前"。这些活动，都旨在加强海内外联系以促进地方经济发展。澄海的这两个活动，带来一些投资经济、公益事业的投入意向，为澄海各方面日趋向好的发展势头带来更多的机会，这也包括捐资兴学事业。如 1985 年竣工的侨资捐助学校便有端蒙学校、汕头市澄海城西树强小学等。

汕头市澄海城西树强小学为澄海较早以捐资人名字命名的学校。该校原称"城西学校"，系由新中国成立初期数所学校合并而成，已显破旧，远不适应时代的需求。1985 年春，泰国邹树强独资修缮学校，兴建新的教学楼，至同年 11 月 12 日举行竣工典礼，同时获准变更校名为"澄海县城西树强学校"。邹树强被县志列为 1986 年之前的"兴办家乡各项文教福利事业捐款"100 万元以上者。[②] 该校今名"汕头市澄海城西树强小学"。

随着捐资兴学事业的全面铺开，难免会带来各方都不愿意看到的事件发生，有些来自于基层的好心办坏事，有些则是文化背景有所差异等造成的误会。仅有少数地方，出现了一些违法乱纪的行为。

---

① 张泉林主编：《当代中国华侨教育》，广州：广东高等教育出版社，1988 年，第 307－308 页；饶平县归国华侨联合会编：《饶平华侨史志》，内部资料，1999 年，第 83 页；饶平县地方志编纂委员会编：《饶平县志（1979—2005）》，广州：广东人民出版社，2011 年，第 624、977 页；陈雪峰：《余子亮：潮汕华侨的杰出代表》，《汕头都市报》，2015 年 4 月 1 日。

② 澄海县地方志编纂委员会编：《澄海县志》，广州：广东人民出版社，1992 年，第 171 页。

广东省政协、省侨办 1985 年 5 月在《华侨、港澳同胞在汕头地区①捐资兴学情况的调查报告》中指出，汕头地区在取得良好的侨资兴学成绩的同时，个别地方出现违法现象，造成不良影响，并举了汕头市下辖的潮州和普宁 3 个案例："潮州旅泰乡亲捐资兴建池湖华侨学校过程中，由于设计施工中任意增加基建项目，捐资人很有意见，一度中断汇款，使工程停工数月，后经做细致的解释说服工作，才使建校工作顺利完成。普宁县南径区龙门乡不久前发生非法挪用泰国华侨修建学校的捐款去经营录像放映被逮捕法办的事。普宁白沙陇乡支部书记秦岳松不听劝阻，强占侨校操场建私房，引起海外捐款人极大不满，上告到国务院，现虽已勒令把私房拆除，并撤去支部书记职务，但已造成很坏的政治影响。"

事件性质比较严重的，才会"上达天听"、省府批转并深入调查。无论如何，这至少说明地方方面的问题解决渠道并不畅通。不过，这个调研报告也为快速发展的捐资兴学事业敲响了警钟，当时汕头市政府积极反应，并开展全市范围内的相关事件大调查，向上保证三令五申加强自我监督，遂未见再有较大影响的类似事件出现。翌年 7 月 1 日，汕头市政府批转市侨务办公室、建设银行《关于加强华侨、港澳同胞捐办公益事业资金管理的报告》，以确保捐赠资金专款专用，提高投资效益，并将此项上升到"维护国家声誉"的高度。

此外，随着地市合并后，汕头市学校学位的增多和教育事业的迅速发展，汕头市师资不足的问题日益凸现，1985 年的一份调查报告便指出汕头市的华侨捐助的学校，"学校建设人才和师资力量极其缺乏"，而如果不提高侨校的教学质量，从长远来看会对海外捐资热情产生负面作用。报告并提出，除了韩山师范学院之外，汕头大学必须面向本土，与"汕头市的'四化'②建设很好地结合起来"，汕头大学应该更加积极、主动培养服务本地的人才，"汕头经济特区非常缺乏专业人才，汕头大学的学科安排，应同这种需要紧密结合起来"。不少同期材料也透露出师资不足情况之严重，《汕头教育》杂志自 1984 年创刊号至 1986 年中的 16 期，便有至少 5 篇文论直接提出这个问题。汕头教育学院召开的"1985 年度学术年会"，主题之一便是壮大教育队伍，"使教育科研工作尽快赶上形势发展的需要"，其中之"尽快赶上"，透露出教育力量不适应形势的窘境。时任广东省副省长的王屏山莅会讲话，充分肯定了地市合并以来，整个汕头在汕

---

① 这里的"汕头地区"指当年的汕头市，即今潮汕三市，同期材料中，即使是严肃会议记录、通知文件等也多有混称，大约直到 20 世纪 90 年代末的材料，"汕头市""汕头地区"才有所分辨，而迄今仍有一些文史材料混为一谈。

② "四个现代化"自 1954 年提出，指工业、农业、交通运输业和国防现代化；1964 年末开始指的是工业、农业、国防、科学技术现代化，大约自 20 世纪 90 年代初期的文献便逐渐不再有此提法，而为"富强、民主、文明""三步走""小康"等所取代。

头市委带领下取得的优秀成绩，并提出了三个意见，首先一点便言及"提高教学质量""要培养一支高质量的教师队伍"，应加大教师业余辅导、函授进修的培养力度等。①

汕头市政府、教育部门对此的态度是积极的，积极采取各种措施，努力建设、壮大教师队伍。1985 年中开始全面调整各县市中小学教师工资，给每个在职者增加 6 项补贴，② 并向外地求聘人才；9 月份各县、市集会庆祝首届教师节，③ 弘扬教师之光荣；10 月份发出《关于认真贯彻〈中共中央关于教育体制改革的决定〉，加大力度发展我市教育事业的意见》等。这些举措，都为了突出教师地位、营造良好尊师重教氛围，吸引学生就读师范学校、加入教师队伍。同年，广东省高度肯定汕头市率先推出的"三三制"教师住房政策，教育厅专门在汕头市召开教师住房工作会议向全省推广经验，并承诺当年度拨出 450 万元、以后每年增至 1 000 万元教师住房补助款，予以支持。

此外，汕头市对教师的培训、进修工作也快马加鞭提速进行。当时本地 7 所师范类学校④，1985 年毕业生 1 353 名，1986 年毕业生 1 375 名，显然不足以解决问题，只能在原有基础上集中名师做好过渡性的师资培训工作。一番行动之后，1985 年汕头市区和郊区，以及下辖 9 县市全部开办有中师函授班（四年制），合计 10 454 人在学，为史无前例之举。汕头市教育学院⑤则在扩大招生之余，1986 年再增设全日制、自费制等师专班，其他的，则整理 1983—1987 汕头市（1983 年末之前为"汕头地区"，列之以便比较）教师概况表为例（见表2－6）。

为了调动教师们的培训积极性，规定离职培训的，除工资照发外还给予补助，经培训取得新学历的承认学历待遇。资金较充裕的华侨捐资侨校，还给予毕业者奖励。当然，当时较为严格，未能如期毕业的并不罕见。1987 年 12 月广东

---

① 汕头市教育学会秘书处：《汕头市教育学会举行一九八五年学术年会，王屏山副省长到会接见全体代表并讲话》，《汕头教育》1985 年第 3 期。

② 补贴若发满额则为 33 元，相当于 1982 年中小学民办教师的月均工资。

③ 1985 年 1 月第六届全国人民代表大会常务委员会第九次会议同意国务院关于建立教师节的议案。汕头市的教师节办得颇为隆重，各县都对教师有所表彰，如澄海县，提前制定《关于积极筹办庆祝首届教师节案》并筹备活动，于澄城大众影剧院举办表彰会，授荣 30 名教师"优秀园丁"称号并给予奖金奖励，又颁给 25 年以上教龄的教师荣誉证书等。

④ 1985 年汕头市师范类教育"六中一专"概况为（顿号之前后数据分别为当学年在读生、毕业生人数）：汕头幼师 379 人、95 人，潮州师范 482 人、169 人，潮阳师范 465 人、217 人，揭阳师范 579 人、191 人，普宁师范 606 人、187 人，饶平师范 445 人、150 人，韩山师范 1 355 人、344 人。

⑤ 该校原为规模较小、分散办学的"进修学校"，1982 年 10 月省批准设为"汕头地区教育学院"，1983 年地市合并后改设为"汕头市教育学院"，正式搭设领导班子及教职机构，开始了长足的发展。

省正式实行中小学、幼儿园考核证书制度，[1] 后则更为规范化。

按当时"下海"思潮已在广东泛起，扩散至全国，汕头市更是"人心思商"，专业教师于课余时间从事个体经营的不在少数，汕头市区更有在街头摆摊卖鞋的知名中学之班主任。汕头施行的上述政策，在教师的工资、待遇、社会地位等都不是很高的情况下，多少能留住和吸引到一些人才，从而提高教学水平。

表 2 - 6　1983—1987 年汕头市（地区）师范学历教师培训概况表

（单位：人）

年度	业余进修（中师四年制）			脱产培训（中师二年制）			中师函授（四年制）			师专函授（三年制）		本科函授毕业	业余进修师专毕业	脱产大专培训毕业生	
	招生	毕业	在学	招生	毕业	在学	招生	毕业	在学	招生	毕业			师专	本科
1983	135			442	197	442	2 454								
1984	350			523	323	668	2 249	3 357				192			26
1985	331		1 530	291	79	823	1 116	1 212	10 454	3 220	2 870	110			22
1986	100	849	645	345	467	625	2 506	3 344	8 029			20		193	25
1987		135		250			2 560				1 134	100	592	331	18

有内部材料显示，由于教育基础薄弱、重视教育的氛围不浓，不少在外就读"开了眼界"的大学生并不愿意回乡工作，汕头方面吸引文教人才回乡困难重重。而在引进国内人才极其困难的情况下，再没有什么好办法的汕头领导层，甚至认真讨论"通过海外乡亲"招纳海外办校、教职人才分配给各类学校，但是囿于各种因素，未能真正实施。

尽管如此，由于华侨华人捐资的学校普遍更吸引海内外的注视，而办好侨校，除了教育上的贡献，还对吸引侨资投入地方建设有所影响，更具有团结海内外侨胞、扩大爱国统一战线方面的特殊意义。因此，一般情况下，给予侨资捐助学校以特殊照顾，是汕头当时的普遍情况，在师资问题上也是如此。

1986 年，随着广东社会各方面的顺畅发展，广东省对教育有了更高层次的要求。当年 9 月，广东省第六届人大常委会第 22 次会议通过《广东省普及九年制义务教育实施办法》，要求全省于 1992 年分地区、分步骤基本普及九年义务教

---

① 《广东省志》编纂委员会编：《广东省志（1979—2000）　18　教育卷》，北京：方志出版社，2014 年，第 20 页。

育。① 同年，为了加快学校基本建设，改进和充实教学仪器设备开支，广东省政府提出用"几个一点"（政府投资一点、群众集资一点、华侨和港澳同胞捐资一点、勤工俭学支出一点等）筹措资金，进一步改善教学手段的要求。② 这一个提法，与汕头市 1981 年便提出的筹建校舍"几个一点"（"各级财政拨款解决一点，乡镇集体集资解决一点，华侨、港澳台同胞、集体、群众捐资解决一点，勤工俭学支持解决一点"③）是相类似的，而在省要求教学设备、配套设施更加完善的最新任务下，汕头市新创学校也更为侧重这方面的建设。

1986 年 10 月，汕头市达濠区成立了一所华侨中学（今名为"汕头濠江区达濠华侨中学"，见图 2 - 20、图 2 - 21），这是今濠江区唯一冠名"华侨"的中学，也是当地规模较大的一次性捐资兴学事例。该校由区财政拨款人民币 125 万元平整山地 70 亩为校址，旅港达濠华侨中学建校委员会专门运筹，香港同胞集资捐款 732 万港元创建，1986 年 2 月营构，10 月落成，总建筑面积 17 216 平方米，教学、实验、办公、礼堂、学生食堂、宿舍楼，以及图书馆、运动场、植物园、实验室及配套仪器、器材等一应俱全。这些设施，体现了对广东省"完善配套"最新精神的贯彻。

这次集资的海外发起人为香港庄辉炎，当年他偶然获悉家乡筹建中学，马上主动在香港成立旅港达濠华侨中学建校委员会，并广泛发动乡亲捐资。最终，包括 37 名个人和 2 家公司玉成其事，总额达 732 万港元。为首的捐资人分别为：蔡章阁 120 万元，庄辉炎、张恭良、徐发泉各 100 万元，叶庆忠、陈为典、沈学淑群、林开来各 30 万元，陈木添、吴成炜各 20 万元，余下的为 10 万元及以下者。迄今上述主要捐资人均嵌名学校各教学办公楼之外墙。1988 年，筹委会另集资（31 人计 140 万港元）兴建了总面积 3 300 平方米的达濠华侨中学工业大厦作为校产物业，每年固定以租金收入帮补办学经费。

---

① 《广东省志》编纂委员会编：《广东省志（1979—2000）18 教育卷》，北京：方志出版社，2014 年，第 19 页。
② 广东省地方史志编纂委员会编：《广东省志·教育志》，广州：广东人民出版社，1995 年，第 113 页。
③ 汕头市地方志编纂委员会编：《汕头市志 1979—2000》，广州：广东人民出版社，2013 年，第 1327 页。

图 2 - 20　汕头濠江区达濠华侨中学（黄松书摄影）

图 2 - 21　汕头濠江区达濠华侨中学教学楼（黄松书摄影）

达濠区自 1983 年地市合并、成为汕头市下辖建制区以后，仅两三年时间便新创办了 2 所全日制中学，8 所中学、中专业余学校。然而，其一开始便面临着与整个汕头市一样的师资贫乏问题，而且该区公办教师编制少、教育经费拨款基数低（比同等情况的区基数低），当年相对偏僻，吸引师资人才更难。尽管区财政每年拿出 10 余万元投资于师资培训，但改变不了青黄不接、师资奇缺的问题。因此，在 1987 年初时，全区公办教师仅占教师总数的 38%，民办、代课教师占教师总数的 62%。各中学情况也大同小异，代课教师占教师总数的 33%。新建的华侨中学在海内外影响甚大，但教师短缺的情况较为严重，引起了教育界、侨界等的重视。

汕头市政协教育组等经过实地调研后，在 1987 年 3 月出具调研报告《达濠区教育事业稳步发展，师资问题亟待解决》，其标题便透露出达濠区的窘境——两年多时间里建 8 所新校，却仅仅被视为“稳步”发展，这显然与教学质量普遍不高有关。该报告更以华侨中学为例子，指出：高一和初中三个年级共 20 个班级近 1 200 名学生，却仅有 71 名教职员工，其中还包括 10 名代课、民办教师；在为数不多的教师中，除了本科毕业 3 人（其中一人为行政领导）、大专毕业 20 人之外，其余多是中师及高中毕业生；“几所中学缺乏教师均在三分之一以上”，而华侨中学的问题最为严重。汕头政协提出了问题，并协助达濠区政府向市领导部门争取编制名额和财政拨款，争取协调聘用市区离退休老师任课等，这所侨校的师资问题才得以有所缓解。1987 年的另一份报告称：“我们在针对这个问题，又在市区的退休教师中说服动员了几位富有教学经验的教师到达濠侨中应聘任教，为这个学校做了一件好事，捐资人很是满意。”报告指出，由于侨胞捐建的学校大多建在农村，交通不便、生活条件差，城市的教师都不愿到农村任教是一大原因。①

应该说，像这类实实在在地为侨校解决问题的工作，在当时是比较普遍的。汕头市政协也做出了很大的努力。政协的关注和监督引起相关部门的关注，作用还是很明显的。

1986 年，澄海有至少 4 所学校接受侨胞捐助。其中，位于溪南的南社学校于 1986 年 12 月落成，共计得 16 人捐款 27.65 万港元，为首的李瑞源、陈德壮、陈德钟、陈德宛、李嘉丰、林修玉、林士谦各捐资 9 万元、7 万元、4 万元、3 万元、2 万元、1 万元、1 万元。② 该校大约于 1988 年并入报国学校，又随着澄海内部镇区名、地域的调整而几经变更法定校名，今名“汕头市澄海报国小学”。

1986 年度，潮阳县接受到来自法国的捐助，这是迄今较为少见的。法国郑辉出生于柬埔寨，20 世纪 50 年代初一度回祖籍潮阳西胪的小学读书，1977 年在柬埔寨战乱中移居法国。80 年代初郑辉便在汕头投资兴办企业，1986 年捐资 300 万元助建西胪镇的郑辉学校③（今名为“汕头市潮阳区西胪内夆小学”，见图 2 - 22、图 2 - 23），在 2014 年之前还曾捐资 200 万元增建内夆小学，④ 2018 年末又捐资兴建一座两层教学楼，目前主体已完成，但配套设施尚未完善，据现场了解，已投入侨资大约 38 万元。⑤ 郑辉曾任欧洲华侨联合会主席，他倡组法国华裔

① 政协汕头市委员会：《发挥侨乡优势，大力发展海外联谊工作》，《汕头政协》1987 年第 3 期。

② 此处按碑记。

③ 《潮阳市志》编纂委员会编：《潮阳市志（1979—2003）》，广州：广东人民出版社，2012 年，第 975 页。

④ 此处依据汕头市潮阳区西胪镇人民政府报告：《汕头市潮阳区西胪镇申报广东省教育强镇自评报告》，2014 年 9 月。

⑤ 此项为 2019 年 5 月了解的情况。

互助会并连任第四届会长，被授予"巴黎荣誉市民"称号，多年来一直在欧洲推广、弘扬中华优秀传统文化，并组织法国华裔青年夏令营回国观光学习等，被誉为"中法友好使者"，受到中、法两国领导人的接见，多届国庆均受邀回北京观礼，香港回归、澳门回归庆典等重大会议也有参与。郑辉在国内的公益活动，从奥运"水立方"设施到文体庆典、从大兴安岭森林大火到华东水灾、从中国残疾人福利事业到两江特大洪灾、从云南地震到防治"非典"等多不胜数。[①] 捐资兴学方面，除了家乡外，已知在云南金平、麻栗捐资100万元创建两座希望小学，以及在北京、广东有过不少助学捐赠。

图 2 – 22　汕头市潮阳区西胪内輋小学新校舍（黄松书摄影）

图 2 – 23　汕头市潮阳区西胪内輋小学（黄松书摄影）

---

① 陈世英、陈景明：《胸怀爱国志心系家乡情——记旅法侨领郑辉》，《汕头日报》，2005 年 12 月 20 日。

1986 年末，汕头市又举办了一次"华侨、港澳同胞捐资办学表彰大会"，会议要求各地必须一鼓作气，继续积极筹资办学，力争在 1991 年前普及九年义务教育。这次会议的地点选择在澄海县，这是由于该县在地市合并后的两三年里，捐资兴学事业发展较快、捐资者众多的缘故。这次会议上公布了 1983 年 12 月至 1986 年 9 月间，捐资办学达人民币 1 万元以上的 925 位华侨、港澳同胞名单，并予以表彰。① 此外，自 1984 年以来捐资兴学事业越来越顺畅的揭阳县，也于 1986 年 11 月 28 日召开"揭阳县群众集资和华侨、港澳同胞捐资办学表彰大会"，这是该县第一次以县的名义举办这样的活动。②

而本时期的捐资者人数众多，遍布汕头市各区县，据 1983 年至 1986 年底的捐资统计数据，在汕头市捐资兴学 1 万元以上者有 954 人，1 万元以下者则在 1 万人以上，由此可见捐资兴学的广泛性和普遍性。同时，一些以千、百元计的小额捐资，被侨胞以本地亲戚（主要是家族长辈）姓名捐献的现象并不罕见，如功德碑文上的本地居民捐款，便有若干是来自侨资，这些自然难以被统计在内。

（三）1987—1991 年：更趋活跃

地市合并以来，汕头市及各县的社会面貌焕然一新，各方面都取得快速的发展，尤其是汕头经济特区之良好态势更令人乐观。本时期，捐资兴学事业更趋活跃，并更好地与招商引资、发展经济结合起来。

1987 年初便有大动作，捐资兴学以及教育事业的发展也是喜讯连连。

1987 年 2 月 9—12 日，筹备已久的首届"汕头迎春联欢节"在汕头市海滨体育场召开。该次活动由汕头市政府和汕头经济特区管委会联合举办，主办方邀请到泰国、美国、菲律宾和中国香港、澳门等 8 个国家和地区的嘉宾计 306 人，连同市直各部门，各县、市、市辖区自行邀请和闻讯而来的，共有 12 个国家和地区的海内外嘉宾 1 000 多人参加。国务委员谷牧、国务院侨办主任廖晖、特区办主任何椿霖、广东省政协主席吴南生、省人大常委会副主任蚁美厚等均出席了

---

① 《当代中国华侨教育》又称："据有关部门统计，1978—1986 年底，华侨、港澳同胞捐资小学的金额达 11.8 亿元，受益学校达到 4 000 多所，其中广东省占了 7 亿多元，受益学校 3 000 多所。仅广东省 12 个重点侨乡县（市）和 7 所大学（即汕头大学、嘉应大学、中山大学、五邑大学、中山大学孙文学院、海南学校、韶关大学），就接受了人民币 2.743 9 亿元，港元 5.599 4 亿元，新建、扩建、修建中小学 2 183 所，建校面积 1 847 780 平方米。这期间，汕头各县市华侨、港澳同胞在故乡办学的捐款，共计人民币 1.431 亿元（不含汕头大学），等于同期教育部门拨给的基建经费的 8 倍。"按：粗估此期的建校舍费用（不含汕头大学），仅省下拨"一无两有"的专款 2 000 多万元加地方财政拨款又有四五千万元，两项合计便不低于 6 000 万元，这与该文所称的"1.431 亿元""等于同期教育部门拨给的基建经费的 8 倍"有比较大的出入。由于语境暂难辨析，录此仅供参考。参见张泉林主编：《当代中国华侨教育》，广州：广东高等教育出版社，1988 年，第 158 – 159 页；汕头市教育志编审委员会编：《汕头教育志》，内部资料，1989 年，第 321、327 页。

② 贺益明主编：《揭阳县志（1986—1991 续编）》，广州：广东经济出版社，2005 年，第 4 页。

活动。新华社，中新社，《南方日报》，广东人民广播电台，泰国《星暹日报》、《新中原报》、香港《文汇报》，亚洲电视台，《澳门日报》等30多家新闻单位参加活动并发稿267篇，摄制电影、电视纪录片5部。据不完全统计，其间外贸商品成交额达2 737万美元，全市洽谈签约项目40多个，其中，侨胞和港澳同胞共捐资1 000多万港元。①

2月28日，汕头侨联奖励基金会首次颁发奖教奖学金。本年所颁发的是"1986年度奖教奖学金"，向全市21名优秀归侨教师和归侨、侨眷、港澳同胞子女中的19名优秀大学生和高中生颁发奖金及奖状。翌年又再度颁发"1987年度奖教奖学金"，两年合计发出奖教奖学金12 300元，受奖励师生共计73人。汕头侨联的这个奖励，尽管金额不大，但影响却不小。此外，全市各级侨联自1987年开始先后成立了11个奖教奖学基金会和福利基金会。②

5月，被当时教育界官员视为"大考"的"一无两有"，终于基本实现并按标准审核过关。③这是一项长期的工程，华侨华人、港澳同胞持续多年的捐资办学、促进校舍建设，为这次汕头市的达标作出了重大的贡献。

如前所述，"校校无危房，班班有课室，学生人人有课桌凳"是1978年文件涉及、1980年末正式提出来的目标。为了早日实现这个目标，广东省在1981年规定各县（市）制订出校舍建设计划，按照不同情况提出不同要求，有步骤地分期分批完成修建校舍、改善办学条件的工作，并决定每年拨出3 200万元作为实现"一无两有"的补助款（后改为分批分期拨款加以支持，金额有所增加），分批进行验收。④

汕头市各县市的"一无两有"工作，自1984年便开始接受广东省的验收，到了1987年5月全部验收完毕，宣布汕头各县（市）基本实现"一无两有"。广东全省，则是1987年末有97个县（市、区）通过验收，占全省106个县（市、区）的大部分；1988年4月，广东宣布另外9个县（市、区）也正在实施中，全省"一无两有"任务基本完成，不过，由于各种因素（包括台风频发等），山区仍存有400多万平方米的旧校舍和200万平方米的危房校舍，大约至

---

① 《汕头市龙湖区志》编纂委员会编：《汕头市龙湖区志：1979—2003》，广州：花城出版社，2013年，第63、398–399页；汕头市地方志编纂委员会编：《汕头市志1979—2000》，广州：广东人民出版社，2013年，第1354页。

② 汕头华侨志编写组：《汕头华侨志（初稿）》，内部资料，1990年，第"3–76"页；广东省汕头市地方志编纂委员会编：《汕头市志》（第一册），北京：新华出版社，1999年，第226页。

③ 汕头市地方志编纂委员会编：《汕头市志1979—2000》，广州：广东人民出版社，2013年，第1327页。

④ 广东省地方史志编纂委员会编：《广东省志·教育志》，广州：广东人民出版社，1995年，第6、24、27、30、112–113页。

20 世纪 90 年代初才完成危房改造。①

根据验收标准，校舍建设被评为特级的有 38 个县（市、区），被评为一级的有 56 个县（市、区），均由省政府颁发了奖状、奖金。② 汕头的潮阳、潮安、澄海及市辖金砂、郊区、达濠共计 6 县区被评为特级单位，其他如揭阳、饶平、南澳、惠来、揭西县和安平、同平、公园区以及潮州市 9 个县区市，则被评为一级单位。

实现"一无两有"，改善办学条件的资金来源都是集资。以全省论，从 1978 年至 1987 年，广东共投资 40.32 亿元，其中用于校舍建设的投资为 38.04 亿元，用于兴建教工住房的投资 6.59 亿元，用于图书、仪器设备、电教器材和课桌凳的投资 2.29 亿元；省下拨专款占投资总数的 6.49%，基建投资占 7.2%，地方财政拨款占 27.25%，乡镇筹资占 17.48%，单位捐资占 2.74%，个人捐赠占 6.02%，群众献工献料折款占 5.7%，勤工俭学开支占 2.88%，其他占 9.58%，华侨华人、港澳同胞捐款占 14.66%。

汕头市（指 1987 年的汕头市区域，即今潮汕三市）自 1978 年至 1987 年校舍（不含大中专）建设集资的总投入是 48 619.84 多万元，其中省下拨专款 2 882.05 万元，教育基本建设投资 3 567.21 万元（其中教育经费 2 240.57 万元、基建费 1 326.64 万元），地方财政拨款 5 018.81 万元，乡镇筹资 13 184.63 万元，单位捐资 684.30 万元，个人捐赠 2 175.88 万元，群众献工献料折款 1 128.87 万元，勤工俭学开支 514.01 万元，其他 3 407.40 万元，华侨华人、港澳同胞捐款 16 056.67 万元。梳理如表 2 - 7 所示。③

表 2 - 7　汕头市（今潮汕三市地域）1978—1987 年校舍建设集资概况表

项目		金额（万元）	各项目占比（%）
省下拨"一无两有"专款		2 882.05	5.93
教育基本建设投资	教育经费	2 240.57	4.61
	基建费	1 326.64	2.73
地方财政拨款		5 018.81	10.32
乡镇筹资		13 184.63	27.12

---

① 《广东省志》编纂委员会编：《广东省志（1979—2000）　18　教育卷》，北京：方志出版社，2014 年，第 76 页；陆敏、张培忠：《广东山区学校积极改造危房》，《瞭望》1990 年第 51 期。

② 广东省地方史志编纂委员会编：《广东省志·教育志》，广州：广东人民出版社，1995 年，第 112 页。

③ 汕头市地方志编纂委员会编：《汕头市志 1979—2000》，广州：广东人民出版社，2013 年，第 1311 页；综合表。

（续上表）

项目	金额（万元）	各项目占比（%）
单位捐资	684.30	1.41
个人捐赠	2 175.88	4.48
群众献工献料折款	1 128.87	2.32
勤工俭学开支	514.01	1.06
其他	3 407.40	7.01
华侨华人、港澳同胞捐款	16 056.67	33.02
合计	48 619.83	100.00

从表 2-7 可以看出，汕头市的华侨华人、港澳同胞捐款金额，占校舍建设集资总额的 33.02%。可以理解为，这 10 年中的全部校舍建设资金总额，有 33.02% 的投入是来自于华侨华人、港澳同胞的捐款，这在各项资金中占了最大比例。

"校舍建设"是当时财务核算名目之一，其包括了诸多用途，上述华侨华人、港澳同胞捐款的 16 056.67 万元校舍建设中，用于购置设备、图书的约 420.66 万元，用于新建、修建、扩建校舍的约 15 636.01 万元。新建及扩建学校有 900 多所，建筑面积 88.1 614 万平方米，其中，完全由侨胞独资兴建的学校有 343 所（占同期中小学总校数 3 515 所的 9.78%）。[①] 在当时，社会上流行有这样的说法：到潮汕各地，哪里的房子最新最漂亮，哪里就是学校。

华侨华人、港澳同胞捐资兴学的资金最主要的便是花费在"校舍建设"上，尽管还有其他如奖学金之类，不过相对来说都不是很多，各地皆然。按《汕头教育志》所载，自 1978 年至 1987 年，侨资还捐设有 100 多处奖学、教学基金，共计人民币 131 万和港币 184.36 万。[②] 这相对于过亿的校舍建设资金，当然不是很显眼。

---

① 还有自改革开放前后至 1987 年底的两组志书数据，录此参考。其一，《汕头市志》称：1979—1987 年全市普通教育系统（不包括大、中专基建）总投资 4.112 88 亿元，维修校舍 94 万平方米，新建校舍 211 万平方米，其中华侨华人、港澳同胞捐资 1.381 67 亿元人民币（不含汕头大学），兴建校舍总面积 71.309 4 万平方米。这是不包括 1978 年的 9 年数据。其二，《广东省志·华侨志》称：1978—1987 年底，汕头地区（市）接受捐赠的学校有 997 所，总面积约 104.00 万平方米，又有托儿所、幼儿园 118 所，总面积约 5.48 万平方米。两项合计得 1 115 所，面积约 109.48 万平方米。这一组数据可能是既包括汕头大学，也包括了 1983 年之前的海丰、陆丰县。参见广东省汕头市地方志编纂委员会编：《汕头市志》（第一册），北京：新华出版社，1999 年，第 228 页；广东省地方史志编纂委员会编：《广东省志·华侨志》，广州：广东人民出版社，1996 年，第 265 页。

② 汕头市教育志编审委员会编：《汕头教育志》，内部资料，1989 年，第 265 页。

汕头市 1987 年辖有 6 个市辖区和 9 个县市，它们在 1978 年至 1987 年各自的校舍建设资金很不平衡，这是由于有的县市校舍状况基础较差，要做到"一无两有"必定加大投入，反之则相对轻松；同时，它们接受到的华侨华人、港澳同胞捐款也不尽相同，这与华侨资源丰富程度以及侨务政策落实程度等有关。其概况如表 2－8 所示：

表 2－8　汕头市（今潮汕三市地域）1978—1987 年各县市区校舍建设集资概况表

	总集资（万元）	其中侨资捐赠（万元）	侨资占比（%）
潮阳县	10 598.57	3 330.14	31.42
普宁县	6 464.41	3 416.29	52.85
市辖区	5 981.69	905.14	15.13
揭阳县	5 428.79	1 671.14	30.78
潮州市	4 768.25	1 762.10	36.95
澄海县	4 646.68	2 098.93	45.17
惠来县	3 742.80	479.89	12.82
揭西县	3 437.34	1 970.64	57.33
饶平县	3 264.78	421.75	12.92
南澳县	286.53	0.65	0.23
合计	48 619.84	16 056.67	33.02

5 月通过审核，在省内较先基本实现"一无两有"，而且有 6 个县区被评为最高等级，这些可说是对汕头教育事业的一个肯定。同时，从上表的诸多数据，我们能直观地看出来，华侨华人、港澳同胞捐资兴学的贡献不可谓不大。

汕头市对侨胞捐建的学校十分重视，尤其是校舍质量，汕头政协对此予以经常性的关注，除了主动监督之外，只要群众、侨胞有所反映立即深入检查。如 1987 年 10 月，汕头市政协领导和部分委员组成视察组，视察检查郊区侨胞捐建的、建筑质量有重大问题的岐山小学、报本小学之基建情况，对这两所学校的基建工作提出严肃的批评，并提出加强对侨助学校基建质量的管理和监督的意见，汕头市领导肯定了视察组的做法和所提的意见，立即采取措施予以处理。[①] 这些，对侨校校舍建设质量以及捐资兴学事业的继续发展都是一种保障。

___

①　广东省汕头市地方志编纂委员会编：《汕头市志》（第一册），北京：新华出版社，1999 年，第 631 页。

1987 年，还有一所位于澄海冠山乡、溯源久远的学校接受侨资捐助。该校前身为大约明隆庆元年（1572 年）兴建的冠山书院，历经清末的小学堂、民国时期的"冠山高级小学""冠山初级小学""冠华乡第一中心国民学校"；新中国成立初期的"上华区第一小学""第一区华仙小学""第一区冠山学校""冠山学校"；"文革"初期停课复课学生迁合、1969 年成为附设初中的"戴帽子"小学。改革开放后称"上华区中心小学"，至 1996 年定名"澄华中心小学"。该校有过两次较成规模的侨资兴学事例，也体现出澄海地域"集腋成裘"式的集资特点。1987 年的 1 次，集资折合人民币 142 万元，捐资者达 429 名，有海外的泰国 110 人、新加坡 95 人，以及境外的中国香港 44 人和 1 个集体，其他为大陆捐资者 175 人和 4 个集体；1991 年，泰国郑松耀捐资 51.82 万元建设佳德教学楼。该校早在 1996 年便获审定为汕头市一级学校，[1] 今名为"汕头市澄海澄华中心小学"。[2]

1988 年，汕头教育又传喜讯，12 月 12 日，南澳县、同平区、安平区、公园区、金砂区和汕头经济特区，经验收达到"基本普及初中教育"水平。[3] 这是 1984 年汕头市普及小学五年义务教育之后取得的另一项成绩。其中，南澳县能顺利"普初"，人口不多、适龄学生相对较少是主要因素之一；而汕头经济特区（并不是市辖区），则是在常住人口较少的基础上，更多的得益于经济充裕、发展迅猛，这也是汕头经济特区首次在教育领域"崭露头角"。

1988 年，汕头经济特区已经声名远播，海内外客商云集，在 52.6 平方公里的区域里，仅官方有所登记接待的到访、到游外国人、华侨便有 2 万人左右（1987 年约 2 万人、1988 年约 1.7 万人），还主要集中在龙湖片区，而其常住人口在本年末录得空前规模的 27 106 人。在 1985 年之前，汕头经济特区的教育事业基本依托于汕头市区，1986 年才正式有了从汕头市郊区移交过来的 7 所小学和 1 所中学，算是有了自己的学校。直至 1988 年 8 月 22 日，汕头经济特区才召开第一次全区性的教育会议，提出"教师收入略高于机关干部，并逐年提高教育经费""欢迎企业、华侨、港澳同胞捐资办学"的口号。汕头经济特区一直作为窗

---

① 1993 年广东先于全国进行等级学校评估，汕头市作为正式实施后的第一批城市在 1994 年送评，1996 年澄海的学校得到首次审定，当年 188 所小学中有 2 所获评"广东省一级学校"，4 所获评"汕头市一级学校"。

② 汕头市澄海区地方志编纂委员会编：《澄海市志（1979—2003）》，北京：方志出版社，2012 年，第 679 页；澄海县地方志编纂委员会编：《澄海县志》，广州：广东人民出版社，1992 年，第 677 – 679 页；澄海县教育志编辑组编：《澄海县教育志（1564—1985）》，内部资料，1988 年，第 76 页；《广东省志》编纂委员会编：《广东省志（1979—2000） 18 教育卷》，北京：方志出版社，2014 年，第 126 – 127 页；此外，还参考了部分碑记。

③ 汕头市教育志编审委员会编：《汕头教育志》，内部资料，1989 年，第 30 页。

口，直接或间接为今潮汕三市的捐资助学事业带来机会，至该年度，终于落成了一所具规模的"自己的侨校"。①

1988 年 9 月 3 日，香港林百欣②、林余宝珠捐资兴建的林百欣中学举行开学典礼，是为汕头经济特区首宗大规模的华侨华人捐资兴学事例。该校于 1987 年 10 月举行奠基仪式；该年 8 月教学楼、礼堂、学生宿舍、运动场及各实验室等竣工使用，同月召开的特区"教育会议"决定将珠池中学、龙湖小学并入林百欣中学，原珠池中学作为林百欣中学分校，原龙湖小学作为村办幼儿园；该年 9 月 1 日招生，遂成为拥有小学、初中、高中的学校；1989 年又完成了文体馆、游泳池和教工宿舍建设。与其他的侨校不同，该校聘请国家教委大督学为荣誉顾问，一开始便呈现师资良好的态势。至 1991 年，拥有高级教师 8 名，大学本科程度的教师占比 88%，是汕头市师资力量比较雄厚的中学之一。作为汕头经济特区的一面旗帜，该校获奖无数，不久便成为汕头市重点中小学、广东省一级中学。今名"汕头经济特区林百欣中学"，为高级中学。

除了龙湖片区外，汕头经济特区广澳片区也着手兴建东湖学校，至 1989 年建成，总投资 330 万元。其中有海外侨胞林兆发、林兆庆、李黄惜捐资 50.272 万元兴建的综合楼、林来荣捐赠 50 万港元兴建的东湖小学礼堂。该校今名"汕头市濠江区东湖学校"，为九年一贯制学校。③

汕头经济特区还在 1988 年 7 月成立汕头经济特区教育基金会，特区企业积极响应，当时便筹得区内企业负责人杨民杰首笔捐资人民币 5 万元、陈锡谦港币 10 万元等。以政府名义设立基金会，汕头经济特区算是较早者之一，1989 年 1

---

① 汕头经济特区年鉴编纂委员会编：《汕头经济特区年鉴·1989 创刊号（1981—1988）》，广州：广东人民出版社，1989 年，第 319 - 322、346、375 页；《汕头市龙湖区志》编纂委员会编：《汕头市龙湖区志：1979—2003》，广州：花城出版社，2013 年，第 109、707、709、714、719 - 721 页。

② 林百欣（1914—2005），祖籍潮阳棉城。其父林献芝是民国汕头著名商人、银行家，1939 年随父命赴香港，几经奋斗遂成富商。林氏在海内外均力行公益，仅以祖国论，每有较严重自然灾害必带头捐资，截至 2004 年 12 月共计为社会捐献 12.21 亿元，于多个省市均有捐款，其中为北京、上海等地捐献了 271 829 676 元人民币，捐助汕头慈善事业 307 453 195 元，在汕头捐资兴学项目包括汕头林百欣中学及附小、潮阳林百欣中学、汕头林百欣科技中专、潮阳林余宝珠学校 4 项计 115 731 352 元，又潮汕星河奖基金会、汕头市教育基金会、潮阳市教育基金会以及数个学校奖的教奖学金基金会等。获授汕头、潮阳、广州、厦门、昆山等城市"荣誉市民"称号，获评"首届百名中华慈善人物"，1993 年被国务院港澳办公室及新华社香港分社聘请为香港事务顾问，1996 年任香港特别行政区第一届政府推选委员会委员等。（此处捐资金额数据参见《爱心中国——中国最具影响力的百位慈善人物评选活动公示》，《人民政协报·慈善周刊》，2004 年 12 月 22 日）

③ 以上汕头经济特区内容参见汕头经济特区年鉴编纂委员会编：《汕头经济特区年鉴·1989 创刊号（1981—1988）》，广州：广东人民出版社，1989 年，第 319 - 322、346、375 页；《汕头市龙湖区志》编纂委员会编：《汕头市龙湖区志：1979—2003》，广州：花城出版社，2013 年，第 109、707、709、714、719 - 721 页；汕头市地方志编纂委员会编：《汕头市志 1979—2000》，广州：广东人民出版社，2013 年，第 1330、1440 页；此外，还参考了部分碑记。

月、3 月，广州市、广东教育基金会才先后宣布成立。

1988 年度还有一个欧美侨资设立的教育基金会颁发奖金，即是加拿大洪贤友捐设的友华教育基金。洪氏首期拨出 10 万港元，奖励 1988 年度全市高考尖子生 50 名，中考尖子生 100 名，于 1988 年 8 月 20 日颁奖。[①] 来自欧美的捐资兴学事例较少，这个基金会的运作，是捐资来源继续深入并逐步扩大的反映。

在揭阳县，1988 年度出现了颇具规模的捐助中专技校事例，香港郑翼之独资捐建揭阳捷和职业技术学校，这也是揭阳县当时最大金额的独资建校事例。据几种县志及文史材料的记载，该校前身为 1971 年创建的红旗中学，1984 年更名"揭阳县职业技术高级中学"。由于渐已不适应发展需要，郑翼之于 1987 年独资400 万元兴建校舍、捐款 90 万元购置教学仪器设备易址重建新校，又再捐资 145万元兴建学生宿舍、食堂和实习工厂等。1988 年 3 月 2 日落成之后，可容 1 100多名学生，设机械电子、钟表、会计、英语等专业。郑翼之捐建这所职业技校，是较早的侨资捐赠职业技术学校者。该校今名"揭阳捷和职业技术学校"，为国家级重点中等职业学校。又，至 20 世纪 90 年代末，郑翼之捐资家乡公益人民币1 800 多万元。[②]

饶平县 1988 年度也有一所具有一定规模的职业技术学校开始建设，系由泰国张贡天（1910—1993）捐资 189 万元创建的。4 月 1 日奠基，翌年 1 月工程完成，占地近 28 亩，建筑面积约 6 600 平方米。张氏再捐 21.5 万元，加上省、市、县各级政府拨出的 5 万元开办费，及县直单位捐助的 5 万元，购置了电教设备，完善配套，于 1989 年招生。1991 年，张氏再捐 102 万元建设综合楼，扩大招生。该校今名"饶平县贡天职业技术学校"，为国家级重点中等职业学校。又，张贡天晚年自称最大的心愿是兴办家乡公益，遂将积蓄尽数付出，捐资达到 813 万元，其中属于捐资兴学的，除了上述之外，还包括大埕镇贡天学校、饶平县鸿程中学、饶平县华侨中学等。[③]

普宁县职业技术学校则在 1988 年度开始进入实质筹建阶段，泰国张锦程1987 年回普宁便有意捐资兴学，此年开始择地筹划，1989 年 10 月确定地点并设立筹委会，翌年开工，1992 年落成招生，在这个过程中，张氏捐资达 1 020 万

---

① 汕头市教育志编审委员会：《汕头教育志》，内部资料，1989 年，第 29 页。

② 贺益明主编：《揭阳县志（1986—1991 续编）》，广州：广东经济出版社，2005 年，第 6、309 页；刘青山：《揭阳海外移民简述》，《岭南文史》1999 年第 4 期。

③ 饶平县地方志编纂委员会编：《饶平县志》，广州：广东人民出版社，1994 年，第 825 页；饶平县地方志编纂委员会编：《饶平县志（1979—2005）》，广州：广东人民出版社，2011 年，第 947、1065 页；黄志英、许继发：《张贡田传略》，载政协饶平县文史委员会编：《饶平文史》（第 8 辑），内部资料，1991年（本年"再版"本）。

元。该校的毕业生同样大受欢迎，部分毕业生，还会被送到张锦程麾下的泰国顺和成集团公司继续深造，并被安排就业。该校今名"广东省普宁职业技术学校"，2000 年获授"国家重点中等职业技术学校"。①

1985 年汕头市委发出的《关于认真贯彻〈中共中央关于教育体制改革的决定〉》中提出任务，至 1990 年末职业高中（含技校、中专）与普通高中的比例要达到 1：1。那个时代三资企业②、三资工厂发展迅速，需要大量的中专技术人才，侨资捐助职业技术学校，有助此类学校的发展，改变了以前捐资助学只在普通学校的局面。

正如张贡天所称，其返乡后看到家乡发展日新月异，遂"深感'四化'建设，还需要有技术有知识的劳动力"而创建职中。而情况正如张氏所预见的一样，该校在开办的两年里，不仅毕业生不愁就业，而且在就读期间便全部被企业预定，如 1991 年汕头、饶平的两家大工厂、公司预定录用 21 名学生后，"其他一批企业也纷纷向该校订用人才"，③ 其影响远非饶平一县，而是当时的整个汕头市。

1988 年还出现日资捐助幼儿园的事例，这是今潮汕三市中比较罕见的。1988 年，日本郑汝达捐资助建潮阳峡山南里幼儿园。郑汝达于民国时期留学日本，抗战后被聘任为接受日本投降翻译官，后为中华民国驻日参赞，任满侨居日本。他一直热心祖籍国和家乡公益事业，1986 年通过中国人民银行将 74 万元赠送给潮阳县政府，要求用于兴办文教项目。郑氏的捐款，除了南里幼儿园外，还助建潮阳体育馆、潮阳区南里学校教学楼等。

1988 年 11 月，汕头市委市政府在揭阳县召开了教育费附加征收工作会议暨华侨华人、港澳同胞捐资办学表彰会，会议总结了 1986 年 11 月至 1988 年 10 月接受的捐助，报告称，两年时间内，全市总计接受华侨华人、港澳同胞捐资兴学的金额突破 1 亿元。④

在改革开放十周年之际，汕头市各界喜庆十年来的巨大变化，而华侨华人、港澳同胞的捐资兴学，显然对整个汕头社会发展来说也是大事。1988 年末，汕头市委市政府组织评选出"潮汕十年改革 20 件大事"，有关教育领域的最终入选了 3 件，分别为"汕头大学的创办（截至 1988 年，李嘉诚捐建的资金达 3.5 亿

---

① 揭阳市志编纂委员会编：《揭阳市志：1992—2004》，北京：方志出版社，2013 年，第 966、988 页；普宁市地方志编纂委员会编：《普宁县志》，广州：广东人民出版社，1995 年，第 788 页；普宁市地方志办公室编：《普宁市志（1989—2004）》，广州：广东人民出版社，2011 年，第 560 页。

② 三资企业，指境外资本独资、境内外合资、境内外合作的企业，下不另注。

③ 邓海东、张映都：《饶平贡天职校开办两年成效大》，《汕头教育》1992 年第 1 期。

④ 汕头市教育志编审委员会编：《汕头教育志》，内部资料，1989 年，第 30 页。

港元）""1983 年至 1988 年汕头考生高考入围率连续六年居全省首位"，以及"十年来潮阳侨胞捐资建校共 6 200 多万元"。这三件大事，都与华侨华人、港澳同胞捐资兴学有关。

　　潮阳的公益事业向来发达，就在入选"大事"的本年，又有一宗较大规模的捐资兴学事例。1988 年，香港郑翼雄捐资 1 028 万元兴建位于金浦的郑云章学校，其中 128 万元为奖教奖学金。① 又有香港郑氏宗亲会的数万元捐款以及国内乡人的数十万元捐赠。学校所冠名的"郑云章"为郑翼雄之胞弟，毕业于广州中山大学，后在家乡倡导兴学。该校翌年竣工落成，占地 16 360 平方米，建筑面积 1 018 平方米，有教学楼 2 幢及办公楼、宿舍楼各一幢和礼堂一座，其中教学楼冠名"郑翼雄"。② 郑翼雄这种以兄弟之名冠校名的做法是比较罕见的。此外，郑翼雄还连续十年捐资以帮助贫困家庭的学生读书，范围覆盖本乡和本镇。该校今名"汕头市潮阳区金浦寨外郑云章学校"（见图 2 - 24），是一所小学。

图 2 - 24　汕头市潮阳区金浦寨外郑云章学校（黄松书摄影）

---

　　① 此处金额据《潮阳市志（1979—2003）》。《潮阳市志》编纂委员会编：《潮阳市志（1979—2003）》，广州：广东人民出版社，2012 年，第 1000 页。

　　② 此处依据碑记及采访。

郑翼雄的捐赠，缘起于香港籍汕头市政协委员（1983—1998 年连任三届）、港九潮州公会永远名誉会长周亮星的引荐和促成。除了郑翼雄事外，周氏还往返于中国香港及泰国 20 多次，促成陈弼臣家族的返乡等。周氏热心反哺家乡，曾称"孥囝无来看一看，都唔记得乡里了"（大意：海外的孩子们不回来看一看，故乡就会被忘记掉的），遂于晚年组织了 20 多个"港澳地区潮汕访问团"返乡观光，并不顾高龄，连续三年担任团长带领"香港青少年夏令营"走遍潮汕各地，充当向导。港澳籍政协委员牵针引线、促成侨胞回乡投资建设、从事公益事业、加强海内外联络等，其事迹颇为感人。

1988 年，周亮星带头捐款，集资 200 余万元助建汕头市潮阳区儿童福利会幼儿园。这次捐助，除了周氏外，还有陈彦灿、郑金源、林炳宣等。该园建筑面积 3 100 多平方米，占地面积 1 750 平方米，拥有幼儿舞蹈、美术、游戏、教学等专用活动场地和设备，开设 12 个班级，能容纳 500 多名幼儿。这也是本时期潮阳县数个规模较大、环境良好的幼儿园之一。

1989 年开始，汕头市各级政府加大对教育的投入，社会各界踊跃集资捐资兴办学校，华侨、港澳台同胞也积极捐资办学，促进汕头市普教校舍建设，直至本时期末的 1991 年，扫盲、普及九年义务教育的任务有条不紊地进行。①

1989 年，香港林炳宣（林炳煊）回到阔别 40 多年的故里，见其父林梅庄在民国时期创办、执教的振华学堂已成废墟。惆怅之下，遂与其夫人林许爱清女士于 1989 年起先后捐资 710 万元建设新校，翌年全部竣工后，建筑面积达 3 122 平方米，可容纳千余学生上课。林氏在学校附近购置商铺 9 间，以租金收益作为奖教奖学金及资助学校常年经费。该校初名"棉城林梅庄学校"，追认"棉城镇第六中学"为前身，今名"汕头市潮阳区棉北林梅庄纪念小学"（见图 2 - 25）。据称，一直以延续先父兴学育才为理想的林炳宣，此前并非大富豪，其自奉甚节俭，但捐资投入文教事业却十分大方，他在香港创办有林梅庄纪念慈善基金会，从事捐资兴学等公益活动，就其对潮阳的历次捐赠，累计已逾 1 000 万元。近年其女儿以林梅庄纪念慈善基金会的名义在甘肃捐资助建 10 余所中小学校，并提供助学金。林家捐资助学理念，薪火相传。②

---

① 汕头市地方志编纂委员会编：《汕头市志 1979—2000》，广州：广东人民出版社，2013 年，第 1327 页。

② 汕头市潮阳区地方志办公室、外事侨务局，汕头市潮南区地方志办公室、外事侨务局编著：《潮阳市华侨港澳台同胞志》，深圳：海天出版社，2009 年，第 156、266 页；此外，还参考了部分碑记。

图 2 - 25　汕头市潮阳区棉北林梅庄纪念小学（黄松书摄影）

1989 年 2 月 17 日，汕头市第八届人大常委会第三次会议审议通过《汕头市授予国外专家及友好人士以"汕头市荣誉市民"称号的暂行规定》，同年末开始授荣。至这个阶段结束，共两批 8 人获得荣誉称号，全部都是潮籍海外人士，分别为：1989 年 12 月李嘉诚、庄世平；1991 年 1 月林百欣、林余宝珠、庄静庵、张恭良、郑翼之、林世铿。按当时的主要事迹简介，截至授荣仪式之时，除了庄世平积极引进侨资、参与汕头大学等学校建设之外，还有其他捐助如李嘉诚之于汕头大学，林百欣夫妇之于汕头林百欣中学、潮阳林百欣中学，庄静庵之于潮州绵德小学、绵德中学，张恭良之于葛洲学校、达濠华侨中学，郑翼之之于揭阳玉浦翼之中学、捷和工业中学等。① 而林世铿后来也捐建资助了饶平、潮阳、揭阳、揭西、惠来等地至少 13 所中小学，如 2005 年他捐助海门慈云新德学校（今名为"汕头市潮阳区海门第三学校"）500 万元。当然上述人士尚有多种公益捐赠，但捐资兴学无疑占很大的比重。

一些区县也及时做出类似的授荣活动。1989 年 2 月 19 日，汕头市郊区人民政府做出《关于颁发热心郊区公益事业和经济建设的海外同胞、外国友人荣誉证书的决定》，授予荣誉证的华侨、港澳台同胞有 47 人，外国友人 2 人。

这个阶段各地侨胞捐资兴学仍然持续不断，每年均至少有 100 个左右的大小项目落成，仅创建、助建后按捐资者意愿冠名纪念的学校，便有多个事例，其中以潮阳县占大多数。列举如下：

1989 年，中国香港廖烈文与泰国廖汉宣捐资 520 万元兴建司马浦宝晖中学。

---

① 汕头市地方志编纂委员会编：《汕头市志 1979—2000》，广州：广东人民出版社，2013 年，第1686 页。

新校占地面积 34 300 平方米，建筑面积 6 850 平方米；廖烈文、廖汉宣起初便是以各自亲人"廖宝珊""廖景晖"之名义捐赠的，各取一字冠名，该校今名"汕头市潮南区司马浦宝晖中学"（见图 2 - 26），为初级中学。1991 年，泰国陈兴勤、陈亨廷兄弟数人等先后捐资 1 035 万元，兴建贵屿丙申中学并购置相关配套设备，新校占地面积 40 000 平方米，建筑面积 15 860 平方米，冠名的"丙申"即陈丙申，为陈氏兄弟之父亲，该校今名为"汕头市潮阳区贵屿华美小学"（见图 2 - 27）。1990—1992 年，香港林桂材先后捐资 550 万元兴建林木河纪念学校（最初是林桂材于 1990 年捐资 400 万元、政府投入 80 万元），该校占地面积 20 000平方米，建筑面积 6 500 平方米，冠名的"林木河"是林桂材父亲的大名。20 多年来，林桂材几乎每年都和女儿到学校开展奖教奖学活动，并时有文具等财物捐赠，其实际捐助该校的资金，早在 2000 年便超过 600 万元。该校今名为"汕头市潮阳区棉城林木河纪念学校"（见图 2 - 28），为初级中学。

图 2 - 26　汕头市潮南区司马浦宝晖中学（黄松书摄影）

图 2 - 27　汕头市潮阳区贵屿华美小学（黄松书摄影）

图 2-28　汕头市潮阳区棉城林木河纪念学校（黄松书摄影）

1991 年，汕头市委市政府在揭西县又召开了一次表彰会议，也是作为包含今潮汕三市的汕头市所召开的最后一次这样的表彰会议。

依据会议资料，这次会议名为"华侨、港澳同胞捐资兴学和群众办学表彰会议"，已经与此前的几次大会不同，它不仅表彰华侨华人、港澳同胞，也表彰"群众办学"——可理解为内地捐资者与内地资金。而后者的所占比重越来越大，逐步成为侨胞之外另一支重要的捐资兴学力量，可见经过十余年的改革开放，整个汕头的社会经济面貌、文化精神状态均日新月异，发展迅猛。

实际上，当时捐资的普通群众不在少数，1989 年的一篇报道便透露出，时任市委书记林兴胜，曾带头拿出半年工资（每月 200 多元）捐给其家乡揭西县山区的一所学校。单位的集资也开始增多，1987 年至 1989 年，惠来县供销综合贸易公司便从利润中捐出 153.9 万元资助惠来县"墩南小学"及县幼儿园的校舍建设。[①]

据《潮汕华侨、华人捐资兴学的调查研究》介绍，从 1979 年至 1990 年底的 12 年间，汕头市（今潮汕三市）普通教育系统的校舍建设总投资为约 8.3 亿元人民币，其中各级政府拨款约 2 亿元，华侨、华人捐资约 3 亿元，广大群众、集体集资、捐资约 3.3 亿元。其中 12 年来华侨华人、港澳同胞捐资建校总额约占同期校舍建设总投资逾三分之一，[②] 这个比例，与我们折算的上一时期比例

---

① 刘锦庭、才炳锐：《深情的理解——汕头市委书记林兴胜关心教育二三事》；惠来县供销综合贸易公司：《捐资助学，为发展惠来教育事业作贡献》，《汕头教育》1989 年第 1 期。

② 肖效钦、甘观仕、阎志刚：《潮汕华侨、华人捐资兴学的调查研究》，《汕头大学学报》1991 年第 3 期。

33.02%，是大体相同的。

　　1991 年 2 月 25 日，潮汕星河奖基金会理事会成立，[①] 当晚举行第一次"潮汕星河奖"颁奖仪式。该奖旨在奖掖、资助在品德、学业、科技、文艺、体育有成就、有潜力的今潮汕三市 7—20 周岁的青少年，由此设立上述 5 个基本奖项，每年评奖一次。若干年度还举办青少年书法、作文等比赛并予以奖励。基金会运作认真，评奖的公正性和权威性获广泛认可，被誉为"潮汕青少年诺贝尔奖"。因此，后来又受到若干捐资人委托，合作增加了专门奖项，如"国瑞科技奖""辉勇师表奖""中青宝助学金"等。它是涵括今潮汕三市的重要捐资兴学力量。

　　潮汕星河奖基金会的善款来源主要是海内外筹集。在这个阶段，主要的大额捐赠均来自华侨华人、港澳同胞或侨属。1991 年第一届理事会成立时捐资情况为：林百欣港币 230 万元，陈鸿琛港币 200 万元，叶庆忠、林世铿、林显利、林旭明、陈锡谦、陈世贤、谢国民、谢慧如各人民币 100 万元，马松深、庄静庵、陈伟南、陈芳尧、郑士彦、姚美良、肖玉科、黄泽明、彭电武各人民币 50 万元，李科生、郑士楷各人民币 20 万元，刘利权、沈柱宗各人民币 10 万元。另有化名"执勤"者捐赠人民币、债券合计 10 000 元，杨和清港币 6 000 元，林希绚农业债券 500 元，马仁端、蔡雪华各人民币 400 元、100 元。除了李科生之外，超过 1 万元人民币的捐资全部来自海外捐资者（见图 2-29）。可以说，在当时的情况下，海外捐助资金是该基金会资金的最主要来源，而它也成为华侨华人、港澳台同胞捐资助学的另一个有效途径。

---

　　① 按，据该基金会内部出版资料及与 2018 年 4 月仍运行的国内公益慈善组织比较，情况如下：该基金会为时任广东省政协主席吴南生倡议、时任汕头市委书记林兴胜倡导创办（林又任多届会长或理事长），起初的理事会成员由四套班子及相关部委、直属局的主要领导等组成。基金会于 1989 年四五月间酝酿并开始前期工作；1990 年获得首笔捐资 200 万元，7 月 27 日成立"潮汕星河奖筹委会"，11 月成立临时评审委员会及评审小组，接受送评；1991 年 2 月 25 日下午成立理事会、当晚颁奖（获奖者 244 人），是为事实上的"第一届潮汕星河奖"颁奖；1991 年 3 月 14 日向民政部门注册登记，全称为"广东省潮汕星河奖基金会"，是为潮汕第一家、广东省第 11 家、国内第 147 家正式注册登记的基金会。

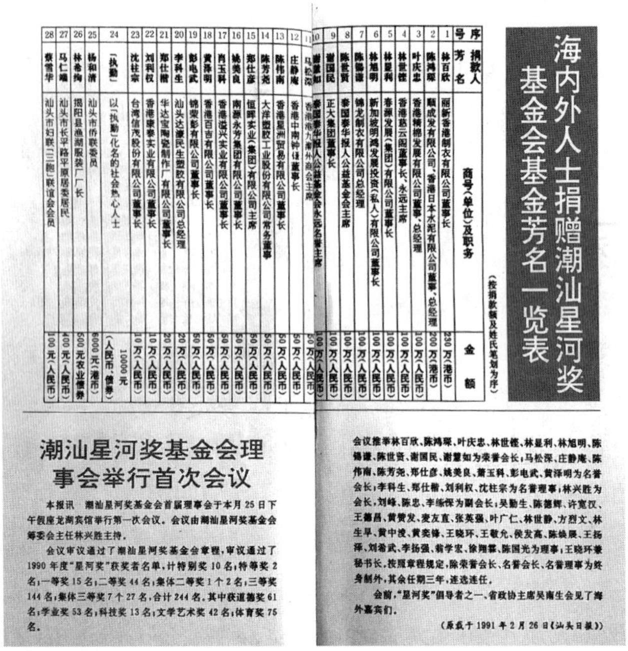

海内外人士捐赠潮汕星河奖基金会基金芳名一览表

（按捐款额及姓氏笔划为序）

序号	捐款人芳名	商号（单位）及职务	金额
1	林百欣	丽新香港制衣有限公司董事长	230万（港币）
2	陈鸿琛	顺成发有限公司、香港日本水泥有限公司董事、总经理	200万（港币）
3	叶庆忠	香港精棉发展有限公司董事、总经理	100万（人民币）
4	林世铨	香港慈云阁董事长、永远主席	100万（人民币）
5	林星利	春源发展（集团）有限公司董事长	100万（人民币）
6	林旭明	新加坡明鸿发展投资（私人）有限公司董事长	100万（人民币）
7	陈锡谦	锦龙制衣有限公司总经理	100万（人民币）
8	陈世贤	泰国泰华报人公益基金会主席	100万（人民币）
9	谢国民	正大集团董事长	100万（人民币）
10	谢慧如	泰国泰华报人公益基金会永远名誉主席	100万（人民币）
11	马松深	香港潮州商会主席	50万（人民币）
12	庄静庵	香港中南钟表董事长	50万（人民币）
13	陈伟南	香港星洲贸易有限公司董事长	50万（人民币）
14	陈芳尧	大洋塑胶工业股份有限公司常务董事	50万（人民币）
15	郑仕彦	恒晖实业（集团）有限公司主席	50万（人民币）
16	姚美良	南源永芳集团有限公司董事长	50万（人民币）
17	肖玉科	香港溢兴实业有限公司董事长	50万（人民币）
18	黄泽明	香港百吉有限公司董事长	50万（人民币）
19	彭电武	锦荣彭有限公司董事长	50万（人民币）
20	李科生	汕头达濠民生塑胶有限公司总经理	20万（人民币）
21	郑仕楷	华达宝陶瓷制作厂有限公司董事长	20万（人民币）
22	刘利权	香港康泰实业有限公司董事长	10万（人民币）
23	沈柱宗	台湾信茂股份有限公司董事长	10万（人民币）
24	「执勤」	以「执勤」化名的社会热心人士	10000元（人民币、债券）
25	杨和清	汕头市侨联委员	6000元（港币）
26	林希绚	揭阳县渔湖服装厂厂长	500元农业债券
27	马仁端	汕头市长平路平原居委居民	400元（人民币）
28	蔡雪华	汕头市妇联「三胞」联谊会会员	100元（人民币）

潮汕星河奖基金会理事会举行首次会议

本报讯　潮汕星河奖基金会首届理事会于本月25日下午假座龙湖宾馆举行第一次会议。会议由潮汕星河奖基金会筹委会主任林兴胜主持。

会议审议通过了潮汕星河奖基金会章程，审议通过了1990年度“星河奖”获奖者名单，计特别奖10名；特等奖2名；一等奖15名；二等奖44名；集体二等奖1个2名；三等奖144名；集体三等奖7个27名，合计244名。其中获道德奖61名；学业奖53名；科技奖13名；文学艺术奖42名；体育奖75名。

会议推举林百欣、陈鸿琛、叶庆忠、林世铨、林星利、林旭明、陈锡谦、陈世贤、谢国民、谢慧如为荣誉会长；马松深、庄静庵、陈伟南、陈芳尧、郑仕彦、姚美良、萧玉科、彭电武、黄泽明为名誉会长；李科生、郑仕楷、刘利权、沈柱宗为名誉理事；林兴胜为会长，刘峰、陈忠、李练深为副会长；吴勤生、陈德辉、许宽汉、王德昌、黄赞发、麦友直、张英强、叶广仁、林世静、方烈文、林生早、黄中浚、黄奕锋、王晓环、王敏允、侯发高、陈焕展、王扬泽、刘希武、李扬强、翁学宏、徐翔霖、陈国光为理事；王晓环兼秘书长。按照章程规定，除荣誉会长、名誉会长、名誉理事为终身制外，其余任期三年，连选连任。

会前，“星河奖”倡导者之一、省政协主席吴南生会见了海外嘉宾们。

（原载于1991年2月26日《汕头日报》）

图2－29　潮汕星河奖书影（内部资料）

经过本时期的发展，到了这个阶段末，汕头市普通教育的学位和校舍建设等硬件已经不再紧缺，大体上只需升级“软件”配置，往更好、更强、更适合时代发展方面努力。当然，尽管情况已经大为好转了，但学校建设永无止境。而随着整个社会经济的迅猛发展，此时技术人才显得更为急需。汕头政协的一份调研启事便称：“根据我市的实际情况，我市的教育结构在近几年，普通高中大体应稳定在现有规模上，而要着力发展职业高中，培养适应汕头经济发展需求的有一技之长的初、中级人才。”并建议在侨胞捐资兴学的过程中，积极引导侨资向职业教育投入。①

正如时任广东教育厅厅长许任之称，党的十一届三中全会以来，随着改革开放的实施、国民经济的发展，广东的普通教育不但壮大了物质基础，而且促进了事业的发展和质量的提高，广东全省“教育设施和设备得到逐步的充实和完善。十年完成了几十年乃至上百年的艰巨任务”②。而这其中，华侨华人、港澳台同胞的贡献功莫大焉。

① 汕头市政协教育体育委员会：《关于“三胞”捐资办学情况的调查和启示》，《汕头政协》1991年第4期。

② 许任之：《改革是广东教育发展的原动力》，《人民教育》1992年12期。

附：汕头大学简介

1981 年 8 月，汕头大学（见图 2 - 30）经国务院批准成立。它是教育部、广东省、李嘉诚基金会三方共建的高等院校，也是全球唯一的一所由私人基金会——李嘉诚基金会持续资助的公立大学。汕头大学的创办为中国大学教育体制的改革开放开了先河，是中国高等教育的"试验田"，被誉为影响到中国广东的一百个事件之一。[①] 该校影响效应巨大，国家领导人如邓小平对此予以关心，江泽民、胡锦涛等都曾经到该校考察，而几乎所有述及当代华侨华人、港澳同胞之稍具分量专著"大书"，皆会不同程度提到汕头大学及李嘉诚。

图 2 - 30　汕头大学校门（黄松书摄影）

改革开放之初，汕头地区、汕头市有 3 所高等院校，但没有一所综合性大学。[②] 1978 年 9 月至 10 月[③]，泰国潮侨随团到北京，受到邓小平、廖承志等接见时，便曾提出能否在故乡办一所大学。廖承志说："潮汕至今没有一所正规大学，

---

① 殷国明、汤奇云编著：《影响中国的 100 个广东第一》，广州：广东教育出版社，2009 年，第 75 - 76 页。

② 汕头市教育志编审委员会编：《汕头教育志》，内部资料，1989 年，第 216 - 217 页。

③ 按《邓小平年谱》，此段时间内，邓小平曾于 9 月 29 日晚出席国务院侨办欢迎参加国庆的华侨华人、港澳同胞之招待会，10 月 3 日曾会见泰国新闻代表团。冷溶、汪作玲主编：《邓小平年谱：1975—1997》，北京：中央文献出版社，2007 年，第 391、393 页。

你们就带头来办这事吧。"① 1979 年，在庄世平等人的牵针引线下香港李嘉诚捐资建校，并承诺先行垫资作为前期启动费用。1980 年 12 月，李嘉诚到汕头考察校址，回港后以汕大筹备基金户名义存放 3 000 万港元于香港南洋商业银行。②新华社 4 月 14 日电《港澳同胞海外华侨捐资创办汕头大学，筹备工作已经开始》称，"多年来，汕头地区人民和海外华侨、港澳同胞渴望能在这里建立一所大学。为此，广东省人民政府决定兴办汕头大学"。同时，列出由吴南生担任主任委员，杨康华、蚁美厚、罗明、庄世平、李超、林川、罗晋琛为副主任委员的筹备委员会领导成员名单。③

此后，汕头大学的发展颇为顺畅，据汕头大学官方网站，梳理如下：

1981 年 8 月 26 日，国务院批准成立汕头大学；1983 年，开始招收本科学生；同年，教育部批准汕头医专改办为汕头大学医学院。1984 年 1 月 1 日，汕头大学举行奠基典礼。1986 年 6 月 20 日，邓小平在北京会见李嘉诚时指出"全国应调一些比较好的教员到那里去，把这所大学办好。希望通过这件事能够进一步提高中国的办事效率"④；1987 年 2 月 10 日，成立校董会；1990 年 2 月 8 日，举行落成典礼；1991 年，被列为第一批本科招生录取院校；1993 年，首次成为硕士学位授权单位；1998 年，首次成为博士学位授权单位；2001 年，设置"基础医学"博士后科研流动站；2006 年 6 月，顺利通过"十五""211 工程"建设项目整体验收；2012 年，教育部、李嘉诚基金会、广东省政府签署协议三方共建汕头大学；2015 年 4 月 9 日，教育部批准汕头大学与以色列理工学院合作筹备设立广东以色列理工学院；2016 年 12 月 5 日，广东以色列理工学院获教育部批准正式设立。

在成长过程中，汕头大学取得一系列成就，近年来的如 2015 年，首次进入泰晤士高等教育世界大学排名（Times Higher Education World University Rankings），列 601—800 位（广东三所进入该排行榜的高校之一），入榜泰晤士高等教育"2016 金砖国家和新兴经济体大学排名"（The Times Higher Education BRICS & Emerging Economies Rankings 2016），列第 160 位（在中国大陆 39 所上榜高校中列第 33 位）；2016 年，被 QS 世界大学星级评定为四星级大学，其中，

---

① 这里关于廖承志的情节，按《广东省志·华侨志》称"香港知名人士李嘉诚响应国务院侨务办公室主任廖承志的倡议"。广东省地方史志编纂委员会编：《广东省志·华侨志》，广州：广东人民出版社，1996 年，第 353 页。

② 陈仲豪：《汕头大学前期筹备工作纪实（1978 年 10 月—1981 年 5 月）》，载中国人民政治协商会议汕头市委员会文史与学习委员会编：《汕头文史》（第 17 辑），2002 年。

③ 参见《人民日报》，1981 年 4 月 15 日。

④ 冷溶、汪作玲主编：《邓小平年谱：1975—1997》，北京：中央文献出版社，2007 年，第 1124 页。

教学水平、就业能力、校园设施、包容力四个单项评定为五星（最高级）；2017年4月，首次入榜"2017年世界年轻大学排行榜"，列第151—200位，是中国大陆入榜的两所高校之一（另一所为苏州大学）。① 汕头大学不俗的发展成绩，由此可窥一斑。

汕头大学的创建和健康成长，李嘉诚作出了巨大的贡献。按汕头大学官网介绍，截至2018年，李嘉诚及李嘉诚基金会对汕头大学的捐资便逾100亿港元。最新的兴学情况是，由李嘉诚基金会奖励支持2019级至2022级这四个年级本科生在校修读完成本科所有课程，"并以每年一亿元人民币为资助上限"。另一个是"精神"方面的，自2002年至2018年，李嘉诚在每届学生的毕业典礼上，连续17年的17篇精彩致辞，给予了年轻人精神鼓励和智慧启示，使毕业生"建立自我、追求无我"，努力成为"有志、有识、有恒、有为"的人。

2018年6月29日，李嘉诚正式宣布自己从即日起辞去汕头大学校董会名誉主席的职务，将"在心爱的大地上推动教育改革的使命"交给儿子李泽楷和李嘉诚基金会同仁去接力。他深情地回忆起38年前，自己在汕头西郊这片荒芜土地上创办起汕头大学，他坚信只有推动教育改革，初心的许诺才能实践。诚然，李嘉诚创办汕头大学、致力教育改革事业的足迹，几乎与改革开放40年汕头的发展历程并肩齐行。②

---

① 《汕大校史》，汕头大学官方网站，https//www. stu. edu. cn/index. php？option＝com_ content&view＝article&id＝46&Itemid＝50&lang＝zh，2019 年 8 月 28 日。

② 王漫琪、赵映光：《90 岁李嘉诚出席汕大毕业礼致辞：为了明天，去思考去感动去行动》，《羊城晚报》，2018 年 6 月 30 日。

第三阶段　1991 潮汕分市至 2018 年

1992 年 1 月 17 日—2 月 21 日，邓小平怀着对党和人民伟大事业的深切期待，赴武昌、深圳、珠海和上海视察，① 其间发表了一系列意义深远的谈话②，习近平总书记评价："邓小平同志的南方谈话，从理论上深刻回答了长期困扰和束缚人们思想的许多重大问题，推动改革开放和社会主义现代化建设进入新阶段。"③

在此前后，1991 年 12 月 7 日汕头市分设为汕头、潮州、揭阳三个地级市，翌年 4 月 1 日、5 月 1 日，新的潮州市委市政府、揭阳市委市政府分别挂牌，意味着分治工作全面理顺，潮汕三市正式各自施政。

从那时起至现在④，是新中国成立后，华侨华人、港澳台同胞在汕头捐资兴学的第三个阶段。这个阶段夯实与精进同在，总体呈现持续发展态势，前期快速前进，后期稳步上行。这个阶段的政策引导指导作用较历史上任何时期都更为显著，资金流向也更趋合理。

一、时代背景

这个阶段，我国以世界上少有的速度持续快速发展。2010 年国内生产总值超过日本，成为世界第二大经济体，"100 年甚至 1 000 年之后，当未来的史学家回溯过去，中国改革开放 40 年的惊人成就将被认为是人类历史上最重要的经济转型之一"⑤。同时，人民生活水平、国家综合国力均大幅提升，全球影响力迅速增强。2012 年党的十八大以来，面对世界经济复苏乏力、局部冲突和动荡频

---

① 冷溶、汪作玲主编：《邓小平年谱：1975—1997》，北京：中央文献出版社，2007 年，第 1341 – 1345 页。

② 即 1992 年邓小平南方谈话。

③ 《习近平在纪念邓小平同志诞辰 110 周年座谈会上的讲话》（2014 年 8 月 20 日），《人民日报》，2014 年 8 月 21 日。

④ 本书主体内容仅述至 2018 年。

⑤ 《中国改革开放，对世界进步发展至关重要》，《人民日报》，2018 年 11 月 22 日。

发、全球性问题加剧的外部环境，面对我国经济发展进入新常态等一系列深刻变化，我国经济仍然保持着高速增长，在世界主要国家中名列前茅，国内生产总值稳居世界第二，对世界经济增长贡献率超过 30% ；人民生活不断改善，贫困发生率从 10.2% 下降到 4% 以下。2017 年，"中国特色社会主义进入新时代，意味着近代以来久经磨难的中华民族迎来了从站起来、富起来到强起来的伟大飞跃，迎来了实现中华民族伟大复兴的光明前景……意味着中国特色社会主义道路、理论、制度、文化不断发展，拓展了发展中国家走向现代化的途径，给世界上那些既希望加快发展又希望保持自身独立性的国家和民族提供了全新选择，为解决人类问题贡献了中国智慧和中国方案"①。

目前，决胜"全面建成小康社会，夺取新时代中国特色社会主义伟大胜利"即将实现，"广泛团结联系海外侨胞和归侨侨眷，共同致力于中华民族伟大复兴"②，"凝聚侨心侨力，同圆共享中国梦"为新时代侨务工作的主题。③ 而在波澜壮阔的改革开放进程中，作为中国共产党和中国的一条重要战线，侨务工作始终与国家事业发展大局、与时代发展的脉搏同频共振，并适时调整工作重心，有步骤地向前推进。

1992 年邓小平南方谈话和党的十四大召开后，国务院于 1993 年 2 月召开侨务工作会议，进一步明确了侨务工作为加快改革开放和现代化建设服务这一中心思想。江泽民在会议上指出："坚持党的基本路线，加快改革开放，集中精力把经济建设搞上去。这是新时期全党全国人民的主要任务，也是侨务工作的主要任务。"④

围绕这一侨务工作的主要任务，党和国家除修订了改革开放初期颁行的《中华人民共和国中外合资经营企业法》（1992 年）、《中华人民共和国外资企业法》（1986 年）、《中华人民共和国中外合作经营企业法》等引资法律外，还继《国务院关于鼓励华侨和香港澳门同胞投资的规定》（1990 年）之后出台了《中华人民共和国台湾同胞投资保护法》（1994 年），明确规定了华侨和港澳台同胞享受比一般外商更优惠的投资条件，外籍华人与华侨享受同等待遇。同时，愈加重视

① 习近平：《决胜全面建成小康社会，夺取新时代中国特色社会主义伟大胜利——在中国共产党第十九次全国代表大会上的报告》，北京：人民出版社，2017 年，第 50 页。
② 习近平：《决胜全面建成小康社会，夺取新时代中国特色社会主义伟大胜利——在中国共产党第十九次全国代表大会上的报告》，北京：人民出版社，2017 年，第 50 页。
③ 杨洁篪：《当好贴心人，成为实干家，凝聚侨心侨力，同圆共享中国梦——深入学习贯彻习近平总书记关于侨务工作的重要指示》，《求是》2017 年第 10 期。
④ 江泽民：《侨务工作要为改革开放和现代化建设事业作出更大贡献》，载中共中央统一战线工作部、中共中央文献研究室编：《新时期统一战线文献选编（续编）》，北京：中共中央党校出版社，1997 年。

吸引海外人才尤其是华侨华人优秀人才回国参与社会建设，制定了《关于鼓励海外高层次留学人才回国工作的意见》（2000 年）、《关于鼓励海外留学人员以多种形式为国服务的若干意见》（2001 年）、《关于为外国籍高层次人才和投资者提供入境及居留便利规定的通知》（2002 年）等政策法规。广东省除根据自身情况完善关于经济特区若干"三资企业"优惠政策外，还出台了如《广东省侨属企业管理规定》（1992 年）等重要法规文件，鼓励归侨侨眷引进侨资和先进技术设备兴办企业，利用港澳台亲属赠资兴办的私营企业，则参照该规定执行。①

在归侨的权益保护等方面，1993 年 7 月，国务院制定了《中华人民共和国归侨侨眷权益保护法实施办法》（2004 年 6 月修订），2000 年全国人大修订了1990 年 9 月通过的《中华人民共和国归侨侨眷权益保护法》，中央政府各有关部门和各级地方政府出台了涉及侨房拆迁补偿安置，归侨子女教育，归侨侨眷职工医疗保险，早期归侨退休、归侨侨眷出境探望子女、出境定居的归侨侨眷各待遇等的一系列法规。广东方面则制定发布了《广东省归侨侨眷权益保护实施办法》（1992 年通过，2002 年新办法颁布，同时废止 1992 年通过的办法）、《广东省拆迁城镇华侨房屋规定》（1995 年通过，2004 年修订）、《关于土改农会拍卖侨房赔偿款购汇等问题的通知》（2002 年）、《关于华侨、港澳台同胞遗体（骸骨、骨灰）入粤安葬管理有关规定的通知》（2001 年，同时废止 1993 年施行的《关于华侨、港澳台同胞遗体、骸骨要求入粤安葬实行安葬证管理的通知》）等。

2005 年 2 月召开的全国侨务工作会议第一次明确提出了侨务工作的指导思想：以邓小平理论和"三个代表"重要思想为指导，坚持以人为本、为侨服务的宗旨，坚持以国内侨务工作为基础、以国外侨务工作为主导，坚持为国家大局服务和为侨服务的统一，与时俱进、开拓创新，努力在海外发展一支宏大的对我友好力量，促进侨务资源的可持续发展，充分发挥海外侨胞和归侨侨眷的独特作用，为全面建设小康社会、促进祖国统一和发展同各国人民的友好合作而奋斗。胡锦涛会见代表时提出了侨务工作三个"大有作为"的重要论断："在凝聚侨心、发挥侨力，为实现全面建设小康社会的宏伟目标作贡献方面，侨务工作大有作为；在反对和遏制'台独'分裂势力，推动祖国和平统一进程方面，侨务工作大有作为；在开展民间外交、传播中华优秀文化、扩大中国人民与世界各国人民友好交往方面，侨务工作大有作为。"②

围绕这一指导思想，党和国家制定了一系列相关政策法规。2007 年，16 个

① 麦崇楷主编：《广东法规全书（1979—1993）》，广州：广东人民出版社，1995 年，第 368 – 369 页。

② 《胡锦涛会见全国侨务工作会议代表时讲话》，中国广播网，http：//china. cnr. cn/news/200503/t20050301_322589. shtml，2005 年 3 月 1 日。

部委办联合发文《关于建立海外高层次留学人才回国工作绿色通道的建议》；2008 年，由中央组织部牵头的中央人才工作协调小组制定了关于实施海外高层次人才引进计划的意见，即"千人计划"。根据海外侨胞与国内交往交流日益密切的新形势，就有关侨生、教育问题出台了《关于华侨子女回国接受义务教育相关问题的规定》（2009 年）、《关于做好在我国高等学校就读的华裔青年学生工作的意见》（2006 年）、《关于调整国内普通高校招收海外华侨学生收费标准及有关政策问题的通知》（2006 年）等，① 广东省侨办、省教育厅制定了《关于华侨子女回国在我省接受义务教育的实施办法》（2009 年）等。②

对归侨的权益保护方面，如国家层面的归侨侨眷扶助政策有国务院侨办和国务院扶贫办 2007 年发布的《关于将散居农村贫困归侨侨眷纳入扶贫规划的通知》、国务院侨办等 9 部委 2010 年联合发布的《关于做好散居困难归侨侨眷扶贫救助工作的意见》等。广东方面发布有《关于做好困难归侨扶贫救助工作的通知》（2010 年）、《广东省贫困救助补助资金管理办法》（2014 年）等，又出台《关于切实维护华侨在农村的宅基地权益的若干意见》（2011 年）等涉及经济权益的规章政策。③

2012 年党的十八大召开以来，以习近平总书记系列重要讲话精神为指导，以凝聚侨心侨力、同圆共享中国梦为主题，以侨务工作全面协调可持续发展为主线，以完善侨务事业发展格局和健全侨务工作体系为重点，坚持为大局服务和为侨服务有机统一，坚持国内侨务工作和国外侨务工作协同发展，坚持涵养侨务资源与运用侨智侨资相辅相成，坚持侨务部门引导与侨胞主体作用结合联动，坚持联谊交往活动与长效机制建设统筹兼顾，夯实"稳"的基础，增强"进"的力度，依法履职尽责，压茬推进改革，着力促进各领域工作综合集成、融合发展，推动侨务工作改革发展取得新成效，海外侨胞和归侨侨眷在中华民族伟大复兴进程中的作用和贡献不断增大。④

围绕这一侨务工作精神，国家及各部委出台了不少政策法规。如关于华侨身份的界定，国务院侨办下发的《关于界定华侨归侨身份等相关问题的批复》（2013 年）、《关于界定华侨身份的复函》（2014 年）等，都是对国务院《关于界定华侨外籍华人侨眷身份的规定》（2009 年）有关条款的详细解释；又如华侨回国定居方面的《华侨回国定居办理工作规定》（2013 年）、《关于华侨回国定居

---

① 张梅：《改革开放以来中国侨务实践的政策法规成效》，《侨务工作研究》2012 年第 3 期。
② 广东省人民政府侨务办公室编：《涉侨法规政策汇编》，内部资料，2016 年，第 317－320 页。
③ 广东省人民政府侨务办公室编：《涉侨法规政策汇编》，内部资料，2016 年，第 261－268 页。
④ 赵健：《改革开放 40 年中国侨务政策的回顾》，《华侨华人历史研究》2018 年第 4 期。

办理工作中有关意见的通知》（2014 年）等；再如社会权益方面的《关于华侨学生在国内接受高中阶段教育有关事项的通知》（2014 年）等。广东省也出台了若干政策法规，如省侨办发布的《关于归侨、侨眷身份确认有关事项的通知》（2008 年），省侨办、省公安厅联合发布的《关于华侨回国定居办理工作的实施办法》（2015 年），省侨办、省教育厅印发的《华侨学生在我省接受高中阶段教育实施办法》（2015 年）等。① 这些都是保护和涵养侨务资源、加强维护侨胞权益的体现。

2017 年 2 月召开了全国侨务工作会议，2018 年 1 月召开了全国侨办主任会议。侨务工作会议上宣读了习近平重要指示和李克强批示，指示中强调：实现中华民族伟大复兴，需要海内外中华儿女共同努力，把广大海外侨胞和归侨侨眷紧密团结起来，发挥他们在中华民族伟大复兴中的积极作用，是党和国家的一项重要工作。侨办主任会议主要是贯彻落实《国家侨务工作发展纲要（2016—2020 年）》精神，强调以习近平新时代中国特色社会主义思想为指导，全面贯彻落实党的十九大精神，奋力开创新时代侨务工作新局面，要围绕中心、服务大局，引导广大海外侨胞和归侨侨眷投身创新驱动发展、区域协调发展、"一带一路"建设等，要突出为侨服务、团结凝聚侨心，创新体制机制，进一步发展壮大海外侨界爱国友好力量，发挥好他们在弘扬中华文化、促进中外交流、推动构建人类命运共同体等方面的独特作用，共同为中华民族伟大复兴贡献力量。②

在这个阶段，中央层面颁布的侨胞专门捐赠政策，更侧重于统筹安排。2003 年《关于海外侨胞捐赠公益事业资金服务管理办法》明确提出，要引导捐赠人促进国内中西部贫困地区发展；2003 年《关于在中小学校布局调整中注意保护海外侨胞捐赠财产的意见》提出，在安排建造海外侨胞捐赠项目时，应符合中小学布局和城市建设规划的要求，充分考虑长期性、稳定性，保证捐赠项目可以在较长时期内发挥作用。又有若干政策法规是解决华侨捐赠现实中出现的新问题者，如在原有捐助进口机电产品配额指标审批管理办法废止后，2002 年 9 月，对外经贸部等部门联合颁布《关于华侨、港澳台同胞捐赠进口配额机电产品有关事项的通知》；2003 年教育部、国务院侨办出台了《关于在中小学校布局调整中注意保护海外侨胞捐赠财产的意见》。还有一些虽然并非专门针对华侨捐赠，但也

---

① 广东省人民政府侨务办公室编：《涉侨法规政策汇编》，内部资料，2016 年，第 93 - 97、153 - 165 页。

② 《习近平对侨务工作作出重要指示强调：凝聚侨心侨力同圆共享中国梦　李克强作出批示》，《人民日报》，2017 年 2 月 18 日；《杨洁篪在全国侨办主任会议上强调，奋力开创新时代侨务工作新局面》，《人民日报》，2018 年 1 月 24 日。

适用于华侨捐赠工作的政策法规，如 1998 年《关于救灾捐赠物资免征进口税收的暂行办法》、2001 年《扶贫、慈善性捐赠物资免征进口税收暂行办法》、2005 年《关于公益性捐赠税前扣除有关问题的通知》等。[①]

广东省制定了不少专门的侨胞捐赠政策法规，捐资兴学的内容大多包含其中。较重要的如 1997 年省人大常委会通过的《广东省华侨捐赠兴办公益事业管理条例》、2005 年省政府颁布的《广东省华侨捐赠公益事业项目监督管理办法》、2005 年省侨办发出的《关于在全省建立华侨港澳同胞捐赠公益事业项目监督管理制度的意见》等。[②] 这些规章规范了捐赠双方的权利和义务、监管部门及其职责权限，并对捐赠款项的立项申报、使用管理进行完善，还较为具体地列明表彰制度等。这都是广东省根据实际情况和多年的实践经验而制定的，从细致、完整等方面来看，相比若干中央相关政策是有所发展的。

《广东省华侨权益保护条例》（2015 年）既填补了广东华侨权益保护方面地方性法规的立法空白，也是我国第一部保护华侨权益的地方性综合性法规，其核心方面，便是对华侨的政治、人身、社保、生育、教育、财产、投资、捐赠 8 个方面权益的保障、保护作了具体规定。其中，华侨的捐赠权益占据了三条完整内容，包括享受的税收优惠和税费减免，捐赠行为遵循的原则、捐赠人的权利、捐赠项目的命名，以及对捐赠项目形成资产的保护；并明确了"截留、挪用、私分华侨捐赠款物"和"挪用、侵占、贪污华侨捐赠人捐赠款物，或者损毁华侨捐赠人捐赠项目"应负的法律责任。[③]

此外，随着广东省学校资源的增多乃至局部过剩，为最大限度地配置教育资源、发挥资源优势，优化中小学布局结构，提高基础教育办学质量和效益等，适度撤并学校成为必然举措。这自然涉及涉侨学校的权益保障问题。

广东省很早就注意到这一点，省教育厅、省侨办专门出台了《关于涉侨学校实施中小学布局调整的意见》（2001 年），提出了 7 条意见，要求既服从总体布局的需要，又必须充分考虑华侨捐建项目的特殊性，合法、合理、合情地进行调整。如其中要求"需撤并的，在征得捐建者同意，做好当地群众思想工作的基础上才予撤并，但保留捐建的建筑物，不能拆除"，"对已经确定撤并的捐建学校，必须在实施撤并之前，做好对华侨捐赠者的解释沟通工作"；"涉及撤并的侨校

[①] 张赛群：《新中国涉侨政策研究》，北京：经济日报出版社，2016 年，第 93 – 95 页。

[②] 广东省人民代表大会法制委员会编：《广东省地方性法规汇编（1979—1999）》，广州：广东人民出版社，2000 年，第 325 – 326 页；广东省人民政府侨务办公室编：《涉侨法规政策汇编》，内部资料，2016 年，第 375 – 389 页。

[③] 广东省人民政府侨务办公室编：《广东省华侨权益保护条例》，内部资料，2015 年，第 10 – 12、14 页。

的校产原则上用作分教点、幼儿园等教育用途或其他文化公益事业用途；对撤并后校产的处理必须征得捐赠者的同意"，"继续保持华侨捐赠者的既得荣誉，对因捐建学校而设立的纪念性或象征性标志应妥善保留"等。①

二、汕头形势

（一）政区及统属概略

自 1991 年 12 月 7 日国务院批复汕头市分为汕头、潮州、揭阳 3 个地级市后，迄今仍然如是，但在内部行政区划上，汕头市则有了多次的调整。②

1992 年，汕头市辖龙湖、金园、升平、达濠 4 个市辖区和潮阳、澄海、南澳 3 个县。

1993 年 4 月 9 日，撤销潮阳县，设立县级潮阳市，由省直辖，委托汕头市代管。

1994 年 4 月 18 日，撤销澄海县，设立县级澄海市，由省直辖，委托汕头市代管；同年 4 月 25 日，潮阳市河浦镇划入汕头市区，撤销河浦镇建制，设立河浦区。

调整后，汕头市管辖有 5 区 2 市 1 县，即：龙湖、金园、升平、达濠、河浦 5 个市辖区，潮阳、澄海 2 个县级市，南澳 1 个县。

1994 年，广东省完成自 1988 年开始长达 6 年的这一波地级辖区调整，全省形成了 21 个地级市的格局直到今天。

2003 年 1 月 29 日，以国务院国函〔2003〕11 号批复，汕头行政区划进行调整：撤销升平、金园两区，设立金平区，以原升平区、原金园区（不含金园区高新科技开发区东片区域）、原达濠区礐石街道浔洄居委会、龙湖区龙溪路以北区域的行政区域为金平区的行政区域；撤销河浦、达濠两区，设立濠江区，以原达濠区（不含礐石街道的浔洄居委会）和河浦区的行政区域为濠江区的行政区域；撤销县级潮阳市，原行政区域分别设立潮阳区、潮南区两个区，以原潮阳市 4 街道 10 镇的行政区域为潮阳区的行政区域，以原潮阳市 12 个镇的行政区域为潮南区的行政区域；撤销县级澄海市，原行政区域（不含外砂、新溪镇）为澄海区行政区域；原澄海市外砂、新溪镇和原金园区高新科技开发区东片区域划归龙湖区。

---

① 广东省人民政府侨务办公室编：《涉侨法规政策汇编》，内部资料，2016 年，第 231 - 234、245 - 260 页。

② 《广东省志》编纂委员会编：《广东省志（1979—2000） 4 行政区划·地名卷、民政·残疾人事业卷》，北京：方志出版社，2014 年，第 1 - 2、12 - 13、22、24 页；汕头市地方志编纂委员会编：《汕头市志 1979—2000》，广州：广东人民出版社，2013 年，第 2、62 - 64 页。

调整后，汕头市辖 6 区 1 县，即金平、龙湖、澄海、濠江、潮阳、潮南 6 个市辖区和南澳县。

关于汕头经济特区：以 2011 年 3 月 24 日国务院国函〔2011〕30 号批复，汕头经济特区范围扩大到汕头全市，2011 年 5 月 1 日起实施。

在这个阶段，"华侨经济文化合作试验区"的成立，是汕头市较为重要的大事。其成立概略大体如下[①]：

2013 年 10 月，国家提出建设面向 21 世纪的"海上丝绸之路"，汕头以此为契机，在广东批准建设"海湾新区"的基础上谋划创办国家级改革创新平台——华侨经济文化合作试验区；11 月 14 日，省政府审议并原则通过《广东汕头海湾新区发展总体规划（2013—2030 年）》；12 月，形成《广东省人民政府关于支持汕头经济特区创办华侨经济文化合作试验区的请示》（粤府〔2013〕122 号）上报国务院。

2014 年初，东南亚侨领谢国民、陈有汉、陈伟南、林建岳、刘艺良、陈经纬等联名致信习近平、李克强、俞正声，建议批准在汕头设置"华侨经济文化合作试验区"，并表达了"期盼参与 21 世纪'海上丝绸之路'建设、共建共享祖国繁荣的热切心愿"。1 月 26 日，国家发改委办公厅发函征求外交部、商务部、工信部、国侨办等 20 多个国家部委的意见，这些部、委、办均表示支持；3 月中，郑人豪在十二届全国人大二次会议期间领衔提交建议，"恳请国务院批准在汕头经济特区创办中国华侨经济文化合作试验区，赋予更多的开放领域和更大的先行先试试验权"。

2014 年 9 月 15 日，以国函〔2014〕123 号发布的《国务院关于支持汕头经济特区建设华侨经济文化合作试验区有关政策的批复》，设立"华侨经济文化合作试验区"；12 月 8 日，华侨试验区和海湾新区管理机构举行揭牌仪式；12 月 14 日，《广东省人民政府关于华侨经济文化合作试验区发展规划（2015—2030 年）的批复》（粤府函〔2015〕344 号）要求按照"国函〔2014〕123 号"要求和省委、省政府工作部署，围绕"四个全面"战略布局，遵循创新、协调、绿色、开放、共享的发展理念，积极融入国家"一带一路"建设，通过实施改革开放主导、港城融合互动、自主创新驱动、高端产业支撑、中华文化引领、绿色低碳发展等一系列战略举措，把该试验区建设成为面向海外华侨华人聚集发展的

---

① 十二届全国人大二次会议广东代表团建议（编号 300），领衔代表郑人豪（时任汕头市市长）：《关于汕头经济特区创办中国华侨经济文化合作试验区打造 21 世纪"海上丝绸之路"新起点的建议》，2014 年 3 月 11 日提交；《省政府正式批复〈华侨经济文化合作试验区发展规划（2015—2030 年）〉》，《汕头日报》，2015 年 12 月 19 日；《以侨为"桥"，引才筑巢》，《人民日报》，2018 年 1 月 16 日。

创新平台和 21 世纪海上丝绸之路的重要门户。2015 年 9 月 15 日，全国首个以"华侨"为核心概念的区域股权市场板块正式落户试验区。

该区目前正在施行的是 2018 年 12 月 19 日印发的《华侨经济文化合作试验区改革创新专项规划（2018—2030 年）》，主要突出以下特点：一是突出"侨"字；二是突出协调共进；三是突出可操作性；四是突出引领性；五是突出创新改革；六是突出党的建设。该区还出台了一系列优惠政策，最新执行的是《汕头华侨经济文化合作试验区管理委员会关于促进产业发展的若干措施》（有效期至 2021 年 3 月 21 日，此前"汕华管委〔2016〕号""汕华管委〔2017〕号"已于 2018 年 12 月 31 日废止）和《关于促进产业发展的若干措施实施细则》，此外，还有《华侨试验区新引进人才双补贴暂行办法》《华侨试验区华侨华人、港澳台同胞及留学人员创业扶持资助办法》和《关于鼓励华侨试验区企业在高校设立奖/助学金的资助方案》，以求吸引人才。但在侨胞捐资兴学方面，未有涉及。

汕头社会的发展，日新月异。

自 1992 年至 2018 年，汕头尽管经济上有一段时间经过些许波折，整体增速也不如国内其他发达地区——2019 年 3 月的《统计公报》便坦言，汕头国民经济和社会发展与"满足人民日益增长的美好生活需要仍有一定差距"，但亦呈稳步前进、持续发展态势。

梳理几个时间段汕头的地区生产总值发展情况如下：1979—2017 年平均每年增长 12.5%，1981—2017 年平均每年增长 12.8%，1991—2017 年平均每年增长 11.9%，2001—2017 年平均每年增长 9.1%，2011—2017 年平均每年增长 9.3%。最新的年度统计公报中显示，汕头市 2018 年全市实现地区生产总值 2 512.05 亿元，比上年增长 6.9%，而 2013 年至 2018 年 6 年之间，每年比上一年分别增长 9.9%、9.0%、8.4%、8.8%、9.2%、6.9%。[1] 1992—2017 年汕头市若干经济数据如表 3-1 所示：

---

① 汕头市统计局、国家统计局汕头调查队：《2018 年汕头国民经济和社会发展统计公报》，《汕头日报》，2019 年 3 月 25 日。

表 3-1 1992—2017 年汕头市若干经济数据表

年份	地区生产总值（亿元）	人均地区生产总值（元）	城镇常住居民人均可支配收入（元）	农村常住居民人均可支配收入（元）	职工社平工资（元）
1992	109.10	2 840	2 691	1 557	3 113
1993	147.21	3 745	3 589	1 984	4 371
1994	195.25	4 854	4 898	2 598	6 164
1995	259.28	6 299	6 132	3 445	6 977
1996	308.84	7 333	6 778	3 756	7 434
1997	366.11	8 494	7 938	4 011	7 716
1998	412.67	9 357	8 098	4 190	9 189
1999	439.83	9 746	8 583	4 279	9 782
2000	450.16	9 741	8 708	4 343	10 915
2001	443.37	9 376	8 953	4 090	11 930
2002	459.39	9 570	8 740	3 894	13 567
2003	498.43	10 296	9 105	4 064	14 426
2004	572.64	11 700	9 930	4 089	15 841
2005	637.68	12 919	10 630	4 321	17 111
2006	720.33	14 491	10 950	4 405	18 956
2007	832.33	16 540	11 716	4 581	21 564
2008	954.65	18 690	12 542	4 885	23 085
2009	1 024.73	19 767	13 651	5 590	25 389
2010	1 135.10	21 384	15 179	6 518	27 742
2011	1 283.87	23 746	17 474	7 893	32 788
2012	1 436.13	26 435	20 024	9 032	37 716
2013	1 579.27	28 905	22 206	10 097	42 645
2014	1 721.14	31 285	21 446	11 190	45 935
2015	1 872.60	33 814	23 260	12 455	53 011
2016	2 086.35	37 486	25 121	13 663	55 867
2017	2 350.97	42 029	27 175	14 905	61 868

资料来源：汕头市统计局、国家统计局汕头调查队编：《2018 年汕头市统计年鉴》，内部资料，2018 年，第 27、29-32、49-50、60-61 页。

注：本表按《2018 年汕头市统计年鉴》梳理，因国家统计制度改革而出现统计口径变动，该书说明有"所刊统计数据与以前年份出版历年《年鉴》不一致的，以本《年鉴》为准"；本表地区生产总值按当年价格计算，人均地区生产总值按年平均常住人口折算，职工社平工资则自 1998 年及之后仅计在岗职工。

（二）侨务及教育系统概况

这个阶段，汕头市的侨务、外事、教育管理机构等仍然延续此前的职能，较大的变化是，在机构改革中，侨务外事部门有过整合。1992年6月，汕头市市直机构进行全面调整，其中汕头市侨务办公室与外事办公室合署办公，称"汕头市人民政府侨务外事办公室"，至2009年的《中共汕头市委、汕头市人民政府关于印发〈汕头市人民政府机构改革方案〉的通知》发布后，则设置汕头市外事侨务局（加挂"汕头市港澳事务局"牌子），至今仍然如此。

2018年，中共中央印发《深化党和国家机构改革方案》，规定中央统战部统一管理侨务工作，国务院侨务办公室不再单设，而是并入中央统战部。中央统战部对外保留"国务院侨务办公室"牌子。调整后，中央统战部在侨务方面的主要职责是：统一领导海外统战工作，管理侨务行政事务，负责拟订侨务工作政策和规划，调查研究国内外侨情和侨务工作情况，统筹协调有关部门和社会团体涉侨工作，联系香港、澳门和海外有关社团及代表人士，指导推动涉侨宣传、文化交流和华文教育工作等。国务院港澳事务办公室则仍然保留不变。与之对应，广东省将省政府侨务办公室并入省委统战部，对外保留"省政府侨务办公室"牌子，"广东省人民政府港澳事务办公室"则依然存在，为省政府直属机构。

汕头市委市政府于2018年12月末公布并正式启动《汕头市机构改革方案》，原"汕头市外事侨务局"不再保留，而是在其外事职能基础上组成"汕头市外事局"，与新设立的汕头市委外事工作委员会下设之"外事工作委员会办公室"合署办公；其侨务、港澳事务工作职能则归入汕头市委统战部，统战部对外加挂"汕头市港澳事务局"和"汕头市侨务局"牌子。① 这些机构都在2019年1月完成挂牌仪式。

汕头市侨联，自1996年5月17日市委常委、副市长联席会议决定，正式归口汕头市委统战部管理，至今如是。2018年的《深化党和国家机构改革方案》中，规定将原国务院侨办海外华侨华人社团联谊等职责划归中国侨联行使，与之对应的是，《汕头市机构改革方案》也将原汕头市外事侨务局的海外华侨华人社团联谊等职责划归汕头市侨联行使。

汕头市侨联同样做了大量的工作，尤其是2012年党的十八大以来，更是深入学习贯彻习近平总书记关于侨务工作的重要指示，卓有成效地主动履行服务经济发展、拓展海外联谊、积极参政议政、弘扬中华文化、依法维护侨益、参与社会建设六大职能。在华侨捐资兴学方面，2018年之前的近三年里，汕头市侨联

---

① 《汕头机构改革这样改》，《汕头日报》，2018年12月30日。

便筹集到近 50 万元助学金，帮助了逾 210 名困难学子；与泰国林少豪设立助学基金，帮助贫困家庭的初中升高中、高中升大学以及在读的大、中学生，自 2005 年起，三年内发放逾 50 万元资金，受益学生 500 多人，此项助学金连续 6 年，累计发出约 100 万元助学金；每年筹资为归侨侨眷子女提供学业资助，最近一次是 2018 年 8 月发放年度助学资金 17.1 万元，共 68 名贫困高中、大学学生受益。参与捐资的法国周勤龄自 2006 年便与汕头市侨联合办"苏崇爱慈善基金"（以周氏母亲冠名），仅计此项，苏氏迄今已捐出近 100 万元，其中不少属于"捐资兴学"项目。由于践行开创新时代侨联工作新局面并取得成效，汕头市侨联屡获上级的肯定和归侨侨眷、海外侨胞的赞许，自党的十八大以来的 5 年时间里，两次被授予"全国侨联系统先进组织"称号，得到海内外人士的肯定。最近一次，又因 2018 年弘扬善举作出积极贡献被汕头市政府授予三星级"爱心慈善之星"等。汕头市侨联部分工作照如图 3 - 1、图 3 - 2 所示。

图 3 - 1　汕头市侨联侨界助学金发放仪式
（图片来源：汕头市侨联微信公众号）

图 3 - 2　汕头市侨联工作会议（图片来源：汕头市侨联网站）

在本阶段，汕头落实侨务政策的工作有条不紊地展开，历史遗留问题在前期宣告基本完成。其中最为棘手的落实侨房政策问题，也与全省同步，于1999年初前后宣布基本处理完毕。

客观上来说，今潮汕三市的历史遗留问题存在时间长、分布广泛而零散，总体情况异常复杂，尤其是新中国成立初期、"土改"时期的问题更为烦琐，各市能够取得这样的成绩实属来之不易。面积不大的汕头市区，"应处理落实的城镇侨房为902 061平方米，数量列全省第二，仅次于广州市"①。在这个阶段之初的1992年，汕头便处理归还侨房290 674平方米，但还有近七成侨房未能落实（基本都是新中国成立初的遗留问题）。若干侨胞直接致信中央、省领导，广东省遂于1992年末要求汕头必须短时间内"有突破性进展，争取二年内基本解决问题"，而实际工作又极为棘手——仅1993年下半年至1994年市侨办便连续发出4份书面意见呈报市政府，② 上上下下如此，相关领导及办事人员的压力可想而知。

1999年3月，省政府在广州召开全省落实侨房政策工作表彰大会，同时宣告全省落实侨房政策工作基本结束。汕头市有汕头市侨办、澄海市侨办等4个集体受到表彰，与江门市（4个集体获表彰）一样，是次于广州市（5个集体获表彰）的全省获得表彰集体第二多的地级市。

梳理广东省部分地级市落实城镇侨房政策概况如表3-2所示：

表3-2 1979—1999年广东省部分地级市落实城镇侨房政策概况表

（单位：平方米）

	"文革"接管侨房	私改错改侨房	非建制镇私改侨房	私改侨房	新中国成立初期代管侨房	"土改"没收城镇侨房	"土改"农会拍卖侨房
广州	1 253 950	683 998	32 760	980 000	870 000	78 206	626 453
深圳	497	9 167	50 566	10 523	17 047	14 492	28 900
珠海	—	—	—		750	—	—
汕头	38 611	91 709	—	382 029	218 753	63 650	141 210
潮州	14 148	98 782		95 923	15 011	80 250	15 200
揭阳	14 931	23 002	9 769	47 469	9 523	98 148	1 083

---

① 王炎荣：《汕头市全面落实市区城镇侨房政策纪实》，载政协汕头市委员会文史资料研究委员会编：《汕头文史》（第16辑），内部资料，1998年。

② 王炎荣：《汕头市全面落实市区城镇侨房政策纪实》，载政协汕头市委员会文史资料研究委员会编：《汕头文史》（第16辑），内部资料，1998年。

（续上表）

	"文革"接管侨房	私改错改侨房	非建制镇私改侨房	私改侨房	新中国成立初期代管侨房	"土改"没收城镇侨房	"土改"农会拍卖侨房
汕尾	4 125	34 517	1 734	29 712	23 438	154 401	12 854
梅州	19 757	117 859	59 166	131 251	16 478	165 067	29 131

资料来源：《广东省志》编纂委员会编：《广东省志（1979—2000）　30　侨务卷、外事与港澳事务卷》，北京：方志出版社，2014 年，第 2 - 3、107 - 114 页。

注：表中数据来自各地市侨务部门报送资料。

此外，如海内外联谊方面，侨务部门负责人每年都会陪市领导等赴中国香港、澳门或海外其他地方拜年，或举行春茗联谊类活动，与港澳乡亲及知名人士共迎新春等。汕头本土也举办了多次大型联谊会，但主要由汕头市各区县主持、主办，如澄海、潮阳、潮南等便有元宵灯节、中秋联欢等活动。1997 年 11 月，举行第九届国际潮团联谊年会；2008 年 11 月，举办广东省首届粤东侨博会暨汕头市经贸洽谈会等。其中的国际潮团联谊年会，尤其值得记录。

国际潮团联谊年会于 1980 年由马来西亚潮州公会联合会首先倡议，香港潮州总会于 1981 年 11 月 19 日在香港九龙举办首届年会，此后每两年举办一届。这是以海外潮人社团为对象的全球潮团联谊交流平台，其宗旨是联络同乡，促进联系，它早已成为世界潮汕人大团结、大发展的标志之一。然而，该会自成立起十多年从不邀请潮汕本土组团参会，也不在潮汕家乡举办活动。随着中国改革开放的深入以及本土侨务政策的落实，1995 年的第八届年会才正式邀请汕头团体参会，并决定在汕头举办第九届年会。1997 年 11 月 18—20 日，第九届年会在汕头市召开，共有 25 个国家（地区）的 86 个代表团、庆贺团参加，代表和嘉宾达到 3 255 人，规模空前。

国际潮团联谊年会主办权的争夺历来激烈，近几届各候选城市的竞争更堪称"火爆"：如第 20 届新西兰奥克兰与潮州市的争夺，新西兰包括总理在内的朝野两党党魁均出面拉票，中国包括李克强在内的中央高层表示支持潮州。而潮州，则主要是获得国内潮籍老辈政要及海内外潮学界的普遍背书。结果 67 张选票中（一张没有正确盖章而作废），有效票 33：33，最终通过抛硬币的方式决定归属——花落新西兰奥克兰。这种竞争实际上并没有输家，在动辄谈"品牌效应""讲故事"的背景下，这对潮州、新西兰奥克兰以及整个潮汕族群都是一次极其良好的展示，并非纯粹做多少大文章、花多少宣传费能够换来的。

在本阶段，汕头侨务可留诸青史的大事不少。2015 年广东侨务十件大事评选，"汕头华侨经济文化合作试验区'华侨板'"挂牌开板被列入其中；2014 年广东侨务十件大事，则不仅有"国务院批复同意设立汕头华侨经济文化合作试验区，海外侨胞反响热烈"入选，其他的如"第六届潮商大会在珠海举行""海外侨胞积极支持参与广东 21 世纪海上丝绸之路建设"等也与汕头侨务相关。

这个阶段延续着此前的成绩，随着社会建设、人民生活水平的不断提高，汕头教育整体呈现平稳发展态势。这得益于全国高校的扩招以及本地接受教育水平者增多，汕头受高等教育学生数量的提升更为明显。

1992 年一开年，分管教育的副市长李练深便提出，"汕头经济特区扩大范围和潮汕地区行政区划调整是一场重大的变革"。汕头教育既要认识到机遇，也必须接受挑战，开创汕头教育新局面。当时，加快实现中央规定的"普九"是重点，而脱盲则是巩固和强化。而随着政区的调整，原市政府对各区县（市）提出的规划、要求以及教学资源配置等已不适应于新的形势，1992 年 9 月 6 日，汕头市委市政府发出《关于进一步加快汕头教育事业发展的决定》，要求金园区至 1993 年普及九年义务教育；澄海县、龙湖区、升平区至 1994 年普及九年义务教育；潮阳县、南澳县、达濠区至 1995 年实现普及九年义务教育。各区县（市）均如期完成"普九"目标。1996 年，新设置的河浦区通过广东的"普九"验收，标志着汕头市全面实现"普九"。另一重点是"脱盲"，汕头继续强化各人群和阶层的学习，不留死角。1993 年 8 月起，采用教材《文化扫盲》（司法部劳教局和广东省劳教局编印）在劳教系统等进行教育，据 1994 年的统计，汕头市全民非文盲率达到 98.8%。

广东于 1995 年宣布全省扫除了青壮年中（15 周岁以上）的文盲，1996 年宣布普及了九年义务教育，成为全国率先实现"两基"（基本普及九年义务教育和基本扫除青壮年文盲）的省份之一。全国的情况，则要到 2000 年，占全国 85% 的地区普及了九年义务教育，青壮年文盲率下降到 5% 以下，基本实现"两基"；翌年所有省级单位通过"普九"和扫盲检查验收，省级行政单位全面普及九年义务教育，青壮年文盲率降到 1.08%，进入"攻坚克难阶段"；2011 年，最后 42 个边远贫困县"两基"验收达标，人口覆盖率达到 100%，全国县级行政单位"普九"全面完成，青壮年文盲率下降到 1.08%。这是"中国教育史和中华民族发展史上的重要里程碑"，同时，也标志着我国实现 1990 年联合国倡导的"全民教育"，兑现 1993 年"九个人口大国"签署的《里德条约》的庄严承诺，是人类文明史、教育史上的大事。

通过上述比较，汕头市及下辖各区县（市）大体上都还是较早较高标准完成"两基"要求的，其中，1996 年澄海市还被评为"两基"先进单位。而在这个过程中，《中国普及九年义务教育和扫除青壮年文盲报告》特别提出，"港澳台同胞和海外侨胞也情系祖国，慷慨捐助'两基'事业"，是作出了贡献的。这种捐资兴学的贡献，于汕头而言尤显重要。[①]

这个阶段的汕头教育，在完成、巩固、优化"两基"的同时，也紧跟大局形势，贯彻中央精神，注重数量、规模、质量和效益。其间出台了不少政策法规，譬如 2008 年市人大常委会通过的《汕头市基础教育投入保障条例》，用地方立法的形式强调严格落实"教育财政拨款增长必须高于财政收入增长的规定"[②]，保障地方财政基础教育经费的投入，并对经费的使用、管理和监督进行细化规定等。又如市府办出台《关于进一步推进汕头市义务教育均衡发展的实施意见》（2009 年），就巩固义务教育发展的成果，缩小义务教育阶段城乡之间、区域之间、校际之间的差距，实现义务教育发展相对均衡，提出工作目标和要求、主要任务、保障措施等 26 条实施意见。再如汕头市教育局出台《民办教育促进法实施条例》（2011 年），规定"对于捐资举办民办学校表现突出或者为发展民办教育事业做出其他突出贡献的社会组织或者个人，县级以上人民政府给予奖励和表彰"等，则是对兴办民校，促进教育质量大有裨益；还有《关于进一步加快特殊教育事业发展的实施意见》（2014 年）等，提出"鼓励个人、企业和各类组织支持特殊教育，积极捐资助学。设立市特殊教育基金，接受社会各界定向捐赠，主要用于奖励特殊教育优秀教师和优秀学生，资助特殊教育发展项目"，则是教育事业向更深、更广发展的体现。

2016 年 12 月，汕头市获授"广东省教育强市"称号，教育部门宣布：全市学前三年入园率 95.66%，小学适龄儿童入学率 100%，初中教育毛入学率 116.18%，公办义务教育学校标准化覆盖率 100%，全市 7 个区县全部成为国家义务教育发展基本均衡县（区）；有国家级示范性普通高中 12 所，而且现有的公办高级中学、完全中学全部成为市一级以上等级学校；有国家级重点中等职业学校 3 所，省、市级重点学校 8 所。高考综合排名居全省前列，总上线率连续多年保持在 90% 以上。

---

① 以上"两基"内容参见汕头市地方志编纂委员会编：《汕头市志 1979—2000》，广州：广东人民出版社，2013 年，第 1274、1306、1314 页；李练深：《适应特区建设需要，开创教育新局面》，《汕头教育》1992 年第 1 期；广东省地方史志编纂委员会编：《广东省志·教育志》，广州：广东人民出版社，1995 年，第 5、72 页；中华人民共和国教育部编：《中国普及九年义务教育和扫除青壮年文盲报告》，北京：人民教育出版社，2012 年，"前言"页，第 1-10 页。

② 汕头市人民代表大会常务委员会法制工作委员会编：《汕头市法规全书（1996—2011）》，广州：广东人民出版社，2011 年，第 816 页。

1992—2017 年汕头市教育的若干概况见表 3 – 3。

表 3 – 3 1992—2017 年汕头市在校学生和升学率概况表

年份	在校学生数（万人）			升学率/入学率情况（%）		
	普通高等学校	普通中等学校	小学	高中毕业生升学率	小学毕业生升学率	小学学龄儿童入学率
1992	0.35	11.77	48.12			
1993	0.41	13.91	50.71			
1994	0.50	15.89	52.89			
1995	0.53	19.37	55.17			
1996	0.54	23.04	56.91			
1997	0.53	26.49	58.87			
1998	0.55	28.58	60.71			
1999	0.60	29.77	62.12			
2000	0.70	30.88	63.53	66.02	95.62	99.71
2001	0.84	31.59	64.79	75.43	92.94	99.53
2002	0.85	28.82	68.25	75.54	85.21	94.25
2003	0.78	32.67	72.55	86.44	94.13	95.64
2004	0.83	35.96	74.15	84.00	92.79	99.51
2005	0.83	39.48	75.67	85.72	93.35	99.50
2006	0.84	42.52	75.98	80.44	96.43	99.52
2007	0.85	44.91	72.24	82.31	94.66	99.53
2008	0.86	47.90	66.96	80.14	95.17	99.58
2009	0.91	53.22	61.02	85.43	94.49	99.66
2010	0.93	59.89	56.77	88.56	94.10	99.86
2011	0.94	61.71	53.10	88.02	93.40	100
2012	0.94	58.51	49.53	85.12	92.05	100
2013	0.96	56.37	48.51	87.57	96.36	100
2014	0.98	51.35	48.72	87.73	95.88	100
2015	1.00	48.04	50.04	88.07	96.78	100
2016	1.02	44.58	51.62	89.25	97.70	100
2017	1.08	43.16	52.65		97.22	100

资料来源：汕头市统计局、国家统计局汕头调查队编：《汕头市统计年鉴》（每年度一本），内部资料，版本、页码分别为：2011 年本第 405 页，2012 年本第 423 页，2013 年本第 413 页，2014 年本第 427 页，2015 年本第 425 页，2016 年本第 423 页，2017 年本第 437 页，2018 年本第 49 – 50、436 页；汕头市统计局编：《汕头市统计年鉴》（每年度一本），内部资

料、版本、页码分别为：1994 年本第 248 页，1995 年本第 242－244 页，1996 年本第 294－296 页，1997 年本第 240 页，1998 年本第 248 页，1999 年本第 246 页，2000 年本第 258 页，2001 年本第 266 页，2003 年本第 278 页，2004 年本第 288 页，2005 年本第 282－283 页，2006 年本第 282 页，2007 年本第 284 页，2008 年本第 298 页，2009 年本第 343 页，2010 年本第 345 页。

注：2017 年的高中毕业生升学率未计出，1992—1999 年"升学率/入学率"统计口径有可能不同，这里不列。

三、持续发展的捐资兴学事业

这个阶段的华侨华人、港澳同胞捐资兴学事业，经历了一个夯实与精进同在的阶段，整个过程持续发展，可约略分为两个时期：1992—2002 年，为汕头市内部区县调整时期。本阶段初期延续此前迅猛发展态势，至期末校舍充裕，遂呈逐步平稳状态，捐赠更多地体现在校舍建设更新换代、提高学校质量方面。2003—2018 年，为汕头市政区内外稳定时期，捐赠有所侧重，事例较少但单宗的规模较大，资金主要流向新成立的侨资来源大区之补缺，以及老旧侨校的优化和升级。此外，这个阶段的捐资兴学，受政策引导是比较明显的。

（一）1992—2002 年：快速前进

1992 年初，分管教育的汕头市领导李练深便提出，要适应特区发展的需要，加快实施普及九年义务教育，积极发展职业技术教育。[①] 1993 年，汕头市教育局局长林生旱撰文：加快普及初中教育的步伐，适度发展普通高中，认真办好中等职业技术学校。[②] 这些大概是本时期汕头教育的总方针，与贯穿上个阶段的"普及小学，发展初中，控制高中"目标已有了不同。

本时期的情况是，汕头市小学、初中校舍不足的问题逐步得到解决，到了末期高中学位见多，也已适应当时的要求，捐建新校的情况随之减少。而为了贯彻政策，市、区各有关部门更倾向于向捐资者推荐建设如下学校：一是 1994 年广东实施中小学等级评估制度[③]，省内各市都盼望突出重点，创建一批省一级学校，汕头同样期望集中力量，将学校整合、升级成"省一级学校"——这是具

---

① 李练深：《适应特区建设需要，开创教育新局面》，《汕头教育》1992 年第 1 期。
② 林生旱：《努力提高中等学校的教育质量和办学效益》，《汕头教育》1993 年第 1 期。
③ 广东是全国率先建立中小学等级评估制度的省份，1993 年 4 月实际开始评估工作。1994 年 7 月《广东省中小学校等级评估管理办法（试行）》规定，上等级的学校各分为省一级学校、市一级学校、县（市、区）一级学校，低一级获选满一年方可送评高一级；上等级的学校须有六年或以上办学史并有两届或以上毕业生。又，原三年复评一次，复评合格保留称号，2001 年起四年复评一次。1994 年上半年，广州、汕头、江门、茂名等市教育部门开展市一级学校试点评估。至 2000 年底，全省有省一级学校 292 所，其中高中（含完全中学）132 所、初中 10 所、小学 150 所。

备宣传效果、最易被市民传播的衡量一市教育状况之指标；二是 1998 年汕头各区县（市）与省教育厅签署"改薄"责任书后①，除了中心城区多数学校不显薄弱、压力较轻外，其他区县则多有平房校舍需要"楼房化"，以及完善教学仪器、实验室设备、计算机室等；三是落实上述汕头市政府拟定的目标，在"普九"的同时适度发展高中、积极建设职中。就材料看来，我们发现本时期捐资兴学资金正是更多地流向这三个方面，田野调查也证实，其中存在基层官员积极引导的因素。当然，这是好事，避免了资源浪费。

总而言之，本时期的捐资兴学事业快速前进，但与上一阶段捐资兴学的全面发展相比，则有所侧重，受政府政策的引导也比较明显。下面将分别从九年义务教育，高中（含完全中学）教育，职业技术教育和学前教育（幼儿园），资助奖励、荣誉和其他这四个方面予以介绍。

1. 九年义务教育

1992 年 2 月，香港李嘉诚基金会捐款 500 万港元②，兴建汕头市外马路第四小学的教学楼一幢，翌年落成，该建筑状似状元官帽，甚为有趣，有人戏称之为"外四状元楼"。汕头市外马路第四小学的前身可前溯至教会开办的学校，1927 年为汕头市私立新民小学，民国时便多有侨资资助，到 20 世纪 80 年代被定为市级重点学校，入选为全国"千所学习科学实验学校"之一，其数学改革实验屡次受到国家教委表彰，《广东教育》撰文报道、推广该校的教学实验经验，是为省内较为著名的小学之一。90 年代初扩大规模，易址重建，主要是出于更新换代、求精求强的需要。

1992 年，外砂镇蓬中村集资 1 600 万元③新修的蓬中华侨学校校舍落成。清光绪年间该村谢氏大宗祠办有私塾，后称"竞智小学堂"，蓬中华侨学校视之为前身。百年兴废，历经易名，其间多赖旅外谢氏族人出资捐助。1986 年秋，该校更名"外砂中心小学"时获得侨资筹建。当时，汕头市、广东省早已先后宣布实现"一无两有"，该校并非危房，只是随着时代的发展，需要扩大规模，升级学校。这次更新换代，按同期碑文记载，泰国谢国民及其麾下正大集团捐资便

---

① 1996 年广东"普九"达标后，提出巩固成果，升级教育等方针，1998 年 8 月决定分期分批改造薄弱学校，时称"改薄"工程，9 月省政府委托省教育厅与 117 个县（市、区）政府签订"改薄"责任书，明确改造后的中小学校舍、设备、学校领导、教师、学校管理均应达国家或省定标准，计划到 2003 年全省完成改造工作。汕头将校舍的"改薄"具体为校舍"楼房化"，提出全市应于 2002 年基本实现。

② 这里依据侨务材料，《汕头市金平区志》则称李嘉诚捐资人民币 360 万元。参见汕头市金平区地方志编纂委员会编：《汕头市金平区志》，北京：方志出版社，2013 年，第 934－935 页。

③ 《汕头市龙湖区志》编纂委员会编：《汕头市龙湖区志：1979—2003》，广州：花城出版社，2013 年，第 889 页。

达 345.63 万元，又捐款 50 万元设立了"易初奖教奖学基金会"。泰国、马来西亚、印度尼西亚、加拿大以及中国台湾皆有资金捐助，其中泰国最多，除了谢国民及其正大集团外，有谢子昂捐资 200 万泰铢、谢裕坤 12 万泰铢、谢秀月 10 万泰铢等；还有一笔来自中国台湾的捐资为 1 500 元港币。尚有近 200 个个人及单位集资近 10 万元成立了"蓬中华侨学校奖教学基金"，这部分并非全部是侨资，本地资金占有一定份额。

2001 年新校落成十周年之际，该校又接受过一次较具规模的捐助，主要是筹集学校的教育基金，提高教育质量之用。这次的捐资者来自泰国、马来西亚和中国，共计 130 多万元，其中谢国民及其正大集团捐资 50 万元、谢子昂及其金国集团捐资 25 万元、中国香港孙志文捐资 5 万元、马来西亚谢名赐捐资 1 万元等，合计境外资金 80 多万元，余下为中国内地的资金。

此外，谢国民曾于 1993—1998 年以及 2006 年捐资修缮该校宿舍楼、添置教学设备以及捐赠教学金等，总计逾 200 万元。有志书称正大集团捐资 545 万元兴建蓬中华侨学校校舍，并设置奖教奖学基金 100 万元，[①] 指的是 2003 年之前谢国民及其正大集团对学校历年捐赠的总额。

蓬中华侨学校后来的这些捐赠，实际上更主要的是出于提高学校质量、优化教育环境、升级设施设备等目的。该校后来被定为"全国农村学校艺术教育实验定点单位"，并获授汕头市"文明学校""三星级园林式单位"等称号，都与历次完善有关。这些正是汕头木时期所大力重视的，也是与上一阶段捐资兴学有所区别之处。该校今名"汕头市龙湖区蓬中华侨小学"（见图 3 - 3）。

---

① 汕头市澄海区地方志编纂委员会编：《澄海市志（1979—2003）》，北京：方志出版社，2012 年，第 140 页。

图 3 – 3　汕头市龙湖区蓬中华侨小学（黄松书摄影）

1992 年，澄海溪南外蚁学校重建，1993 年落成。该校溯源于早期的学堂，1978 年择址创建新校，但一直简陋，至 1992 年整体升级。这次是第二次迁址建校，获得捐款逾 110 万元，其中境外资金来自泰国蚁良寿、蚁良顺（二人合捐港币 76.9 万元）、蚁良富（港币 9.1 万元）等 54 人和中国香港陈亿敬（3.12 万元）、蚁赛清（2.46 万元）；中国内地捐资捐物者则达 147 个（含个人和单位），为首的蚁良东、蚁良松各捐教学仪器一套，专为提高学校教学水平。该校今名"汕头市澄海外蚁小学"（见图 3 –4）。

图 3 – 4　汕头市澄海外蚁小学（黄松书摄影）

本时期潮阳的小学升级更为多见，其中绝大多数有着侨资捐助。以原潮阳棉城镇的编号类型小学为例，该镇全部的第一至第八 8 所小学，[①] 除了镇第七小学在上阶段末新建，镇第八小学暂时堪用而要到下个时期才改造外，其他 6 所小学都在本时期扩建改建。[②]

棉城镇第一小学。始建于 1952 年 2 月。1996 年，阔别故土 50 多年的香港陈式钦首次回乡，同年捐款 100 万元资助该校进行校舍升级。新校舍于 1998 年落成使用，占地面积逾 3 000 平方米，建筑面积 6 700 平方米，可容纳 1 000 多名学生，除了常见的建筑设施之外，还建有供教学科研用的生物园。生物园等教研场所是本时期提倡的"改薄"配套项目。该校今名为"汕头市潮阳区文光镇一小学"。

棉城镇第二小学。前身是创办于 1946 年的潮阳县立城厢第二中心国民小学，在 20 世纪 80 年代时便是当地的名小学。1996 年得到香港林余宝珠女士捐资 660 万元，并多方筹资至 1 000 万元完成新校舍的建设，建成后开办 60 多个教学班，可容就读学生近 4 000 人，并有教学科研室，是为"林余宝珠学校"。今名为"汕头市潮阳区文光镇二小学"。

棉城镇第三小学。前身是棉城淳南中心小学，2001 年将原平房校舍进行改造扩建，总投入 380 万元。其中，为首的捐资者香港林冰及其夫人方少霞捐资 240 万元。2002 年新校舍落成，占地面积 1 670 平方米，建筑面积 4 000 平方米，有冠名建筑"方少霞教学楼""嘉泰礼堂"等。不久，林冰又捐助配套设施及设立奖教奖学金。与此前合计，林氏捐赠总款约 300 万元。该校今名为"汕头市潮阳区城南第三小学"。

棉城镇第四小学。学生原分散于几个祠堂（内部称分校）上课。1999 年集资 2 200 万元（含用地款 1 000 万元）兴建新校舍，2000 年 8 月建成，建筑面积 12 000 平方米，实用面积 8 700 平方米，有教学楼、科教楼等，可容纳学生 4 000 人，校内还有被列为潮阳文物保护单位的"林园"[③]。在筹建过程中，时任潮阳市政协名誉主席香港陈彦灿率先出资 580 万元（其中 300 万元后转入学校教育基

---

① 此期潮阳基层政区调整频繁，城镇街道名及辖属都发生变化，而有不少学校或校名调整、学生分流聚合又令所谓学校"前身"等较难厘清（学校的官方介绍与民间的认同亦多有不同），因此下文的文字表述并非完全能得到大家一致认可，但下文学校的"今名"则是按目前在广东省有关部门的正式备案名。

② 以下参见陈景明：《旅泰侨领姚宗侠》，《源流》2006 年第 8 期；潮阳市地方志编纂委员会编：《潮阳县志》，广州：广东人民出版社，1997 年，第 802 – 803、808、815 – 817 页；《潮阳市志》编纂委员会编：《潮阳市志（1979—2003）》，广州：广东人民出版社，2012 年，第 61、111 – 112、114、718 – 725、973 – 988、998 – 1009 页；此外，还参考了部分碑记。

③ "林园"是清光绪年间汕头太古洋行买办、棉城人林邦杰所建的私家府邸，占地面积约 500 平方米，由两层西式楼房和中式园景组成，民间多称其为"潮阳三园林"之一，被列入潮阳市第四批文物保护单位。

金）并呼吁募筹，共得海内外 23 位个人及单位集资 850 万元。除了陈彦灿外，较大额的尚有林炳宣 150 万元、林启亮 50 万元、陈金英 20 万元、曾向民 15 万元等。2004 年底，陈彦灿又捐建了多媒体电教教室。该校今名为"汕头市潮阳区文光平和棉城镇第六小学"。

棉城镇第五小学。原为当地萧氏宗祠办学，2001 年，海内外萧氏族人集资 398 万元，就旧宗祠地改造扩建新校舍。落成后，占地面积 4 500 平方米，建筑面积 1 024 平方米。设 6 个年级，24 个班，有"萧氏四序教学楼" 1 幢，为首的捐资者为中国香港萧文晖、澳大利亚萧培山等。该校规模不大，但教学水平较高。据当地介绍，多年来，在街道举办的各年级统考、摸查考试中，该校经常取得名列第一的好成绩，还曾获潮阳区颁发的"兴学育才"荣誉证书。该校今名为"汕头市潮阳区城南第五小学"。

棉城镇第六小学。前身是 1911 年创办的私立保元小学堂，20 世纪 30 年代为"私立保元学校"等，早在 1954 年便是潮阳县的重点小学。1985 年，香港郑金源捐资 50 万元助建五层教学楼"金源楼"，令全校建筑面积达到 5 523 平方米，摆脱了学位不足之窘境。1996 年，泰国姚宗侠独资 1 250 万元进行大规模改造扩建，翌年落成，新校建筑面积 12 800 平方米，可容纳学生 5 000 人，设有其父母"姚丹舟、姚李孝娟"塑像。姚丹舟在泰国创办了教习华文的国民学校，姚宗侠此举是"怀思启蒙之母校，惦念先父母之庭训，欣然捐献巨资建校"。竣工后，姚宗侠又捐出 200 万元设置姚陈妙娇教育基金；为了改善学校周围环境，姚氏于 2002 年捐资 480 万元在学校对面建设姚宗侠公园。该校扩建后更名为"姚宗侠学校"，今名为"汕头市潮阳区文光镇第六小学"（见图 3-5）。

图 3-5　汕头市潮阳区文光镇第六小学（黄松书摄影）

　　除了潮阳市政府所在地的棉城地域①，其他各镇也多不逊色。潮阳的捐资兴学从地理分布上看是较为广泛的。侨资源稍为丰富的乡镇，每一次捐资兴学行为均有海外资金主导或参与。而且一次性改造、扩建小学的大额资金占多数，小规模投入的反而少——于本时期而言，则是数百万、上千万元占多数，百数十万以内的反而极少。

　　2001 年，香港林来松、叶亚玉夫妇考虑到子女事业有成而故里校舍简陋，在与其子林云鹏商议后，捐资 1 700 万元扩建汕头市潮南区峡山东沟华侨学校（今名，为小学），翌年落成教学楼 2 幢和礼堂、宿舍楼各 1 幢，以及操场等配套

---

　　① 　棉城，是潮阳县县城所在地。1993 年潮阳撤县置市后，于 1994 年末与金浦镇一起拆分设置为文光、棉北、城南、金浦 4 个街道办事处，是为潮阳市中心城区；2003 年初潮阳撤市并拆分为潮南、潮阳两区，该处仍为潮阳区政府驻地。

设施，占地面积 33 000 平方米，建筑面积 11 228 平方米。此例捐资兴学事例，同样是捐资者看到校舍"陈年相沿，未有改观"而主动提出来的改造。林云鹏以其父母亲名义捐赠，并留诸碑记。此外，林云鹏还曾捐资给予潮阳市教育基金、汕头市六都中学教育基金等。

又如汕头市潮南区成田镇简朴小学（今名，见图 3－6），则是多次升级。该校建于 20 世纪 60 年代，1981 年李光隆捐款港币 100 万元建设礼堂；1993 年李乃林、李崇辉、李先强、李绍光、李国清、李振明、李紫东、李清城各捐港币 5 万元，合计港币 40 万元增建教学楼 1 幢。由于学位不足，2001 年开始再次升级，在征得上述 9 人的同意下，拆除原来的冠名礼堂、教学楼再分期重建，至 2006 年全部落成，总投入 1 550 万元，其中乡政府集资 956 万元，海内外捐资 544 万元。[①] 至此，该校将此前所有的侨资捐赠俱折算为人民币，留于校志，侨资 5 万元以上的为：李光隆 300 万元，吴宏丰、吴李楚璇夫妇 120 万元，李松明 100 万元，李亚鹤 100 万元，李逢龙 19 万元，以及原捐的李乃林等 8 人加上新增的李日庆、李楚宣、李楚炎 3 人各捐资 5 万元，11 人共计 55 万元。这是多次捐资帮助学校升级的事例。

图 3－6　汕头市潮南区成田镇简朴小学（黄松书摄影）

---

① 碑记中的金额总数，比碑记中的金额分数之合计多出 50 万元，这里仍按碑记原文。另，类似情况还有若干，本书仅注"碑记"而不再说明。

陇田珠垾学校，设施简陋，一直盼望改造升级。1993 年，泰国萧伟民带头捐款，并倡导发动萧银水、萧和兴、萧光扬、萧俊英、萧金波等泰国乡亲建校，共筹捐到泰铢 1 804.35 万元（碑记折合人民币 615 万元）。学校于 1993 年奠基，1995 年落成，占地面积 17 000 平方米，建筑面积 4 650 平方米，其中有"银水楼""俊英楼""和兴楼""萧马赛银楼"等冠名教学楼、办公楼。学校时称"珠垾华侨学校"，今名为"汕头市潮南区陇田镇珠垾小学"。

峡山西港小学，在 2001 年落成教学楼 1 幢。这次集资，录得海内外捐资人 407 名，折合人民币共计 156 万元。其中泰国 26 人（为首的赵松如等 6 人各捐 5 万元），中国香港 21 人（为首的赵壁城、赵肃洲 2 人各 5 万元），境内的 360 人（有一人捐不锈钢），全为赵姓族人。西港村乡民较少，又素有外出求发展的传统，当年的在家常住户，估计也就数百户。这样看来，如果这 407 名捐资者均属不同"户"的话，则可说本次善举是很大程度上的"全村参与"了。扩建后的学位基本满足该村子弟的求学需求。同时，其参与人数众多，总金额又相对不大（在 20 世纪 90 年代中期后的潮阳捐资兴学事例中，总投资不足 200 万元的比较少），是今潮南区区域中比较少见的捐资兴学事例之一。学校今名为"汕头市潮南区峡山街道西港小学"。

同时，远至山区乡镇农村仍然存在侨资捐助。譬如地处大南山中部的纯农业山区镇红场镇，一直是今潮汕三市相对不发达的地方，其 2002 年有学校（含时称"教育点"者）22 个。尽管人口稀少且侨资来源不足，但在地方政府的有效组织下，曾多数直接或间接接受过侨胞的捐物捐款，但由于举来源复杂且数额零星（有的捐资者也无意留名），因此多数事例并未能如实留于材料。不过，如红场镇唯一的建制中学——汕头市潮南区红场中学（今名），在本时期便接受过若干捐助，较大规模的一次是泰国陈世贤 1993 年捐资 100 万元建设礼堂及配套设施。

在本地小学基本满足需要时，一直有将善举推向全国的潮阳籍华侨华人、港澳同胞，他们更于此时期在各地广泛捐资兴学，其事例不胜枚举。仅就响应中央号召的"希望工程"来说，较大宗的有，1994 年香港赵汉钟及其夫人张跃莉一次性向中央统战部转交捐款 600 万元，在"老、少、边、穷"地区贫困村兴建助建 100 所希望小学。当时的全国政协主席李瑞环，副主席、中央统战部部长王兆国分别会见了赵汉钟夫妇，向其表达赞赏和感谢。① 截至 1995 年，赵汉钟在上

---

① 五局：《爱心献给贫困地区的孩子们——落实赵汉钟捐资办学工作情况综述》，《中国统一战线》1995 年第 4 期。

海、广州等多个地方都有不菲的捐赠。[①] 于潮阳的捐资兴学事例，便有 1993 年捐资参与的赵广海、赵伯翘兄弟创建"仙城赵学波中学"等。零散的希望工程捐赠事例则难以完全统计，如姚宗侠，便于 1995 年在山东、山西两省分别捐资赠建一所希望小学。

本时期南澳县也有两宗捐资兴学记叙。该县自改革开放后教育事业发展良好，1984 年普及初中教育、1985 年实现"一无两有"、1995 年通过"普九"验收等，是省内的较快达标者——当然这与其人口少，又被公认为全省贫困县而较易获得支持等有关。其高考升学率也不逊色，如 1992 年考生，大专及本科分别录取 90 名、117 名，上线率达到 77%。本时期，南澳整体校舍建设上已经脱离"修缮为主、新建为辅"，而进入"校舍翻新"的新阶段。不过，该县华侨资源较少，资金投入主要靠上级资助、地方财政"挤"款等，侨资助学一直零散而稀少[②]，本时期录得两宗。

其一是 1992 年，中国香港杨文波、印度尼西亚李泽拱捐资 13.6 万元助建的汕头市南澳县港畔小学竣工。工程规模为 2 400 平方米，总投入 35 万元。此前，据自 1984 年南澳"开岛"至 1990 年的统计，该县仅录得侨胞捐资兴学金额总额 26.5 万元。

其二是 2000 年，南澳县政协邀请潮汕三市港澳政协委员联谊会[③]成员到当地调研视察，"委员们热心捐资 57.97 万元人民币建设深澳正文小学"。[④] 其中，联谊会会长香港陈伟南出资 10 万元。这是新中国成立之后南澳县规模空前的一笔侨胞捐资兴学记叙。该校今名为"汕头市南澳县正文学校"，为小学。

此外，还有潮汕籍之外的境外资金助建小学，如汕头市澄海南界逸夫小学。该校原称"南界小学"，此前以祠堂为教室，澄海由县改市（县级市）后一直苦

---

① 沈刚：《王者飞鹰——记香港健康食品企业有限公司董事长赵汉钟》，《上海预防医学》1995 年第 5 期。

② 据外事及侨务部门 2000 年的侨情普查（南澳），该县籍的海外华侨华人有 157 户，香港 69 户，澳门 2 户，均非富豪级人物，也未建立"同乡会"之类乡缘团体组织。此外，1979—2000 年共接待华侨华人、港澳同胞 1 320 人次。台胞则较多，也有高雄"南澳同乡会"，2000 年时有会员 166 人，各地还有宗亲会、敬老会、同乡会等，但多数是多代之前的关系。

③ "潮汕三市港澳政协委员联谊会"创会缘由是，1991 年潮汕分市之后，在港澳的原汕头市政协委员的隶属关系发生较大变动，因此，经原汕头政协之港澳委员倡议，于 1993 年 6 月在香港成立该会，旨在促进整个潮汕的繁荣富强。另，政协汕头市第七届委员会（1988 年 6 月—1993 年 5 月），当届"港澳同胞"委员共 22 人，创会会长陈伟南，其旨在促进潮汕地区团结繁荣，除了建言献策外，该会也回乡进行公益活动，自 1999 年开始决定在贫困地区捐办学校，本时期捐建了河浦区正文小学、南澳县正文小学、潮南红场文正中学等，也有其他慈善捐助，如 2018 年 12 月的最近一次回乡，便资助潮州市饶平县残联 50 万元。

④ 南澳县地方志编纂委员会编：《南澳县志（1979—2000）》，广州：广东人民出版社，2011 年，第 566、716 页。

于教育资金的紧缺，未能全面"改薄"。1997 年汕头市政府出资 15 万元，并协助引进香港邵逸夫捐款港币 50 万元，澄海市政府、市城建局以及上华镇政府等集资合计 15 万元，香港林少豪（捐资港币 3 万元）等当地籍海内外人士集资合建，[①] 于当年末落成两层教学楼，遂成新校。邵逸夫还捐资 80 万港币助建澄海隆都中学的逸夫科学楼（见图 3 - 7）。邵逸夫也成为在今汕头市域捐资兴学超过 100 万元的非潮汕籍海外侨胞。

图 3 - 7　澄海隆都中学逸夫科学楼（黄松书摄影）

在潮汕的捐资兴学中，除了工作于此或与潮汕籍有较深渊源的海外人士之外，还有祖籍在潮汕三市以外的华侨华人、港澳同胞的少量参与。较具规模的捐资兴学事例有：2005 年香港领袖训练协会捐款捐物，资助潮南区雷岭镇双新小学，折合人民币约 12 万元；2000 年香港元朗狮子会捐款捐物，资助潮南区两英镇鹤丰小学、雷岭镇双新小学等，折合人民币约 12 万元等。

本时期的初中教育，于汕头市中心城区、各县（市）中心地域而言，常见的是放在九年一贯制学校或者完全中学的初中部进行，由于纯粹独立建制的初级中学仅设三个年级，规模一般不大，则更多地存在于较为偏僻的地方。这些初级中学，便有不少曾接受侨资的捐资兴学事例。

捐资进行整体改造、建设的初级中学，举例如下。

潮阳仙城镇的初级中学全部有过侨资捐赠记录，处于本时期的有：1993 年，香港刘谦斋、刘思仁和澳门刘英华、刘明通合资 1 061 万元捐建的仙城深溪中

———————

① 此处按碑记。

学，该校占地面积28 400平方米，建筑面积8 300平方米；1996年，澳门刘世仁、刘开耿和香港刘佐城合资500万元捐建的潮南区仙城深溪初级中学（见图3－8），深溪乡政府等出资10万元，该校占地面积28 000平方米，建筑面积6 500平方米。①

图3－8　潮南区仙城深溪初级中学（黄松书摄影）

又如澄海莲下镇的两镇中学，按《莲下镇志》，该校由泰国黄两镇1987年捐资80多万元创建，黄氏1994年增资45万元修建学校大门和学校小路，是澄海第一所以捐资侨胞名字命名的中学。② 2004年在政府多方筹资下有过一次全面性改造，至2008年落成，共投入近1 000万元（碑记均未写明黄氏捐资多少）。又《澄海县志》载黄两镇与其子黄启荣曾捐资463万元建设莲下镇两镇中学，还捐资130万元建设莲下镇潜溪两镇学校，③ 则暂按县志所载，黄氏两项相加近600万元。两镇中学今名为"汕头市澄海两镇中学"（见图3－9），为初级中学。

---

① 1979—2002年整个仙城镇有4所初级中学，没有高中（"戴帽高中"者不论），此处深溪乡所建的学校校名及捐资者人名、金额全部依据地方志书记录。参见《潮阳市志》编纂委员会编：《潮阳市志（1979—2003）》，广州：广东人民出版社，2012年，第67、999－1004页。

② 此处金额等按《莲下镇志》。参见《莲下镇志》编纂委员会编：《莲下镇志》，广州：广东人民出版社，2011年，第214、221页。

③ 此处金额等按《澄海县志》。参见汕头市澄海区地方志编纂委员会编：《澄海市志（1979—2003）》，北京：方志出版社，2012年，第140页。

图 3 - 9 汕头市澄海两镇中学 （黄松书摄影）

汕头市潮南区峡山泗联初级中学，于 1998 年末发出学校升级筹建倡议，遂得海内外响应，声势浩大，共录得 1 000 万元左右的资金投入，除去党政部门及乡组织约 155 万元外，其他海内外捐资金额大致相当。包括：泰国周朝宜（港币 50 万元）、周锦怀（港币 20 万元）、周修德（10 万元）等 30 人，中国香港周钦宣家族（港币 100 万元）、周国达（港币 138 万元）、周荣兴（15 万元和港币 20 万元）等 32 人，中国内地以周育名（126.6 万元）、周修伟（62.8 万元）、周义唐（50 万元）为首的 276 人，加上汕头市教育局、市长基金等 7 个政府部门、财政专款（合共 99 万元）和 11 家企业（合共 50 万元），以及 6 个自然村（56 万元）的资金。[①] 即使不计碑刻中的"同乡会""宗亲会"等之具体人数，捐资者也有 300 余名。这应是潮南区捐资兴学事例中较多人参与的事例之一了。该校 1999 年 3 月 28 日奠基，2000 年 8 月部分竣工，遂招生入学，至 2001 年 1 月全部落成，拥有综合楼 3 幢（1.43 万平方米）、教师宿舍楼 1 幢（3 000 平方米）、礼堂 1 座（2 000 平方米）及正规运动场等，可容纳 2 800 名学生就读。该校今名为"汕头市潮南区峡山泗联初级中学"（见图 3 - 10）。

---

① 此处金额、人数按学校中 2001 年立的"芳名榜"碑，参考"建校碑"（与芳名碑人数计数口径有所不同）和"钦宣堂记"。其中的"周国达"有文史材料称为"周国迖"，又有碑记称"周钦宣"，按周钦宣逝于 1984 年，此为其后裔以其名所捐；又，本书附录表中的捐资额，是按学校奠基日的汇率（近 1：1.08）把港元折算为整数人民币计算的。

图 3 - 10　汕头市潮南区峡山泗联初级中学（黄松书摄影）

捐资赠建初级中学一部分校舍建筑的，更为常见。

如汕头市潮南区峡山初级中学，美国苏壮荣于 2000 年捐资 350 万元兴建了一幢"雄鹫壮图"教学楼①，楼高 7 层，建筑面积逾 6 000 平方米，共计 56 间教室及办公室。此例为今潮汕三市较为少见的美国侨资捐学。

又如汕头市潮阳区文光初级中学接受捐建教学建筑，遂有香港赵志辉 1997 年捐资 100 万元助建"赵志辉教学楼"，楼高 3 层，内有教室 12 间，建筑面积 1 500 平方米；又有香港萧开理捐资 60 万元助建"萧开理教学楼"（见图 3 - 11），楼高 4 层，内有教室 16 间，建筑面积 1 600 平方米。萧开理又出资 6 万元、5 万元分别添置电脑室设备及建设校道。此例的萧开理是职业牧师。海外宗教界人士捐资兴学，在中华人民共和国成立后的汕头，较具规模的极其罕见。

① 多种材料作"苏壮荣"或"苏壮荣"捐资300万元或350万元兴建该楼等，2000年所立碑记则作"苏武雄"捐资400万元。按公开资料，苏壮荣为苏武雄长子，这里且就"苏壮荣捐资350万元"处理。

图 3 - 11　汕头市潮阳区文光初级中学萧开理教学楼（黄松书摄影）

本时期九年一贯制的学校，是初中教育的主力阵地，民办的占有一定分量。它们一般办学规模较大，公办的学校都是以政府资金为主，其中有不少得到华侨华人、港澳台同胞的捐赠，基本上是捐资对学校进行升级建设。

2002 年，整个潮阳市有 5 所九年一贯制学校，除了潮阳实验学校、潮阳恩溢学校为民办学校而不论外，其他 3 所公办的学校全部有侨资介入。其中，汕头市潮南区峡山东山学校（今名，已改为小学建制），为泰国陈炎隆及其家族于 1989 年、2017 年捐助约 260 万元进行建设完善。另两所分别为汕头市潮南区峡山桃溪学校和汕头市潮南区峡山南里棉岭学校。前者 1992 年由澳大利亚周泽荣、印度尼西亚周崇辉、泰国周楚英等集资 385 万元助建，并设立了 100 万元的学校教学奖学基金，新校占地面积 19 300 平方米，建筑面积 9 900 平方米；后者在此前便有侨资捐助，在本阶段，则是澳大利亚郑可明及其夫人郑素真屡屡捐赠财物，不计碑记和同期材料所载的购校服、修校埕、赠教具簿册等小额财物，以及 2001 年 10 月设立的"郑可明奖教奖学、扶贫助学基金"（大约每年 12 万元）的捐赠，仅 1995 年和 2002 年的两次捐款已达 780 万元，其中捐建的一座建筑面积 4 800 平方米的四层楼宇，各取郑氏夫妇一字命名为"明真楼"。

2. 高中（含完全中学）教育

1993 年，中央要求 20 世纪 90 年代在"大城市市区和沿海经济发达地区积极普及高中阶段教育"。翌年，广东省提出具体化目标，在 2000 年以前，全省大中城市和经济发达地区普及高中阶段教育，"到 2000 年，全省各种形式的高等教育（普通高等教育、成人高等教育、高等教育自学考试等）的在学学生达到 91 万人"；到了全国"普九"工作的末段，中央更是重视发展高中，1999 年 1 月，国务院提出"到 2010 年，在全面实现'两基'目标的基础上，城市和经济发达地区有步骤地普及高中阶段教育，全国人口受教育年限达到发展中国家先进水平"，2001 年更强调"大力发展高中阶段教育"，要求"十五"（2001—2005 年）期间"高中阶段入学率达到 60% 左右，学前教育进一步发展"。① 这些都意味着我国教育事业踏上了一个新的台阶。广东省更是马不停蹄、干劲冲天，建设"教育强省"以与经济强省相匹配的态度可说是异常坚决。②

汕头市早在这个阶段之初的 1992 年便提出"适度发展高中"，1995 年通过"普九"的当年便制订《汕头市普通高中发展规划》，同年 10 月 30 日召开的汕头市高中教育工作会议上，提出创办示范性高中，扶持社会力量办普通高中（包括民办中学招收普高新生）等。在广东开始全省贯彻上述中央政策之后，则更为重视高中教育，民办学校也于本时期末段开始出现——民校基本都是经营性质，我们这里不论。

在政策引导下，高中教育中出现了不少捐资兴学事例，极大地补充了政府财政投入的不足，其中以潮阳最为典型。

潮阳侨资捐助的高级中学（含完全中学），无论是大规模改造、扩建还是仅仅升级教学设备设施，均是质量较好的。其中，截至 2002 年，获评"广东省一级学校"的高级中学有潮阳一中、潮阳林百欣中学 2 所；获评"汕头市一级学校"的有潮阳二中、棉城中学和潮阳市黄图盛纪念中学 3 所。这 5 所学校中，除了棉城中学尚未见到具规模的侨胞捐赠记录之外，余下 4 所全部有侨资捐助。

潮阳林百欣中学。2002 年，香港林百欣捐建的该校体育场及配套设施竣工，他同时决定每年拿出专款作为奖教奖学金。林百欣、林余宝珠夫妇一直支持家乡教育。他们于 1987 年首次回祖籍地潮阳棉城，便有意于捐助教育事业。1988 年 5 月再次回乡时，明确表示将捐资建校："我这次回家乡，一是看望家乡亲人，二是希望为家乡做点事。"③ 遂于当年慨然捐资 1 250 万元创建该校。至 2002 年

---

① 新华社：《国务院关于基础教育改革与发展的决定》，《人民日报》，2001 年 6 月 15 日；《国务院批转教育部〈面向 21 世纪教育振兴行动计划〉》，《光明日报》，1999 年 2 月 25 日；国家教育委员会：《关于大力办好普通高级中学的若干意见》，《学科教育》1995 年第 9 期；《中国教育改革和发展纲要》，载湖南省教育委员会编《〈中国教育改革和发展纲要〉学习资料汇编》，内部资料，1993 年，第 5 页；《中共广东省委、广东省人民政府关于教育改革和发展的决定》（1994 年 11 月 17 日），载《广东省志》编纂委员会编《广东省志（1979—2000） 18 教育卷》，北京：方志出版社，2014 年，第 340－349 页。

② 广东省委、省政府 1994 年 11 月 17 日发出《关于教育改革和发展的决定》，正式确定要把建设教育强省作为广东省基本实现现代化的重要目标。

③ 郭亨渠：《林百欣与潮阳林百欣中学》，载中国人民政治协商会议潮阳市委员会、《潮阳文史》编辑委员会编：《潮阳文史》第七辑，内部资料，1991 年。

再次捐资，林氏累计为该校捐款已达 2 020 万元。林百欣夫妇很重视这所学校，生前多次到校关心慰问，对该校每一次获得的优秀成绩均大感兴奋，如 2001 年 6 月 18 日，该校举行"广东省一级学校"挂牌仪式，他们便专程回潮阳参加庆典活动。而 2002 年的这次增加投入，正是林百欣获悉该校荣膺 8 所全国"示范性高中"之一时当场拍板决定的。该校 1995 年被评为"汕头市一级学校"，2000 年被评为"广东省一级学校"，2008 年被评为"国家级示范性普通高中"，迄今所获大的奖项、称号达数十宗。该校今名为"汕头市潮阳林百欣中学"（见图 3 - 12），为高级中学。

图 3 - 12　汕头市潮阳林百欣中学之林余宝珠体育馆（黄松书摄影）

潮阳黄图盛纪念中学。香港黄丕通 1995 年开始创建该校，1996 年主体建筑落成，并首批招收初中学生 2 000 人；翌年获批增设高中教学班，是为完全中学。初中失学的黄丕通颇具豪迈气质，他 1993 年首次回乡，棉城镇郭姓书记（后任汕头市政协主席）提议其捐资 500 万元与政府合建学校，发展教育，当时黄氏之事业尚处于起步积累阶段，遂允诺稍后再论。不久，黄氏便公开此项承诺，称自己将于两三年后（即"年满三十岁"①）回乡建校。至此学校建成，黄氏以逾十倍的捐资兑现了诺言。又因念念不忘其父黄图盛"不孝之人不可交"之孝道教诲以及崇仰读书之熏陶，遂完成父亲一生行善的心愿，以"黄图盛"冠校名。截至 2000 年，黄氏累计对该校的捐资款达到 5 000 万元，2001 年该校

① 蓝洁：《黄丕通：在商不言商》，《中华儿女》2000 年第 3 期。

获授"汕头市一级学校"，成为粤东地区教学设备先进的一流完全中学。此外，黄氏捐设的"黄图盛纪念中学图盛人才基金会"，计2000—2010年捐资金额达1 076万元，历年所捐配套设施，计2000—2008年达576万元。该校今名为"汕头市潮阳黄图盛中学"（见图3－13），为高级中学。

图3－13　汕头市潮阳黄图盛中学（黄松书摄影）

潮阳一中。该校前身是1918年创办的公立五都中学。作为潮阳地域数一数二的公办名校，此校是潮阳县最早，也是汕头市首批获授"广东省一级学校"的学校之一。该校历史上历经分拆整合，100年来校友众多，不乏海外侨胞钱款资助。在本时期的1993—1996年，泰国李光隆捐资280万元兴建"思源楼"。这是李氏1981年捐建该校"思源图书馆"之后的又一资助。该校今名为"汕头市潮阳第一中学"，为高级中学。

潮阳二中。前身是 1920 年创办的区立六都中学，历史上校名多变，拆并频繁，但以其为主体的学校一直是潮阳顶级名校之一。该校早在民国时期便有接受侨资捐赠的记录。本时期较大的侨资捐资兴学事例，则是泰国陈有庆、陈有汉兄弟于 2002 年捐资纪念其父亲的"陈弼臣体育馆""有庆楼"和"有汉楼"。这一馆二楼竣工后总建筑面积 8 569 平方米，令校舍设施更为完备，提升了学校档次。该校今名为"汕头市六都中学"（见图 3-14），为高级中学。

图 3-14　汕头市六都中学（黄松节摄影）

董明光（香港籍，后移居澳大利亚）于 1995 年捐资 3 232.5 万元，创建潮阳市明光中学。董氏深受少年失学之苦，胸怀兴学育才之志，1997 年兴工后，"不辞辛劳前往各地名校考察，聘请名师，精心设计"。据多方面的消息，董明光热心公益慈善活动，在多个地方均有捐赠。有受访人称其基本上是"生意做到哪捐资（拜神）就到哪"，仅以其在潮阳海门的捐资兴学事例论，截至 2002 年，董氏助建、创建的学校便包括海门北新明光小学、林贤慈幼儿园、海门镇四小学、海门镇莲峰小学等，总捐资额逾 4 000 万元。这所明光中学在 2005 年与潮阳一中合办，由后者实施管理，遂成为一所民办机制的学校。该校今名为"汕头市潮阳一中明光学校"（见图 3-15），为民办完全中学。

图 3 - 15　汕头市潮阳一中明光学校（黄松书摄影）

除了上述的纯粹高级中学外，本就设有高中部的完全中学，在此时期具规模的捐资兴学事例还有很多，仍是潮阳为多，列举如下。

赵学波中学。1992 年，香港赵广海与胞弟台湾赵伯翘，以及香港赵汉钟等捐资 2 350 万元兴建仙城中学。赵氏兄弟童年清贫，民国时期，作为长兄的赵广海曾在汕头打工养家，大约于抗日战争时期到香港谋生，事业有成之后一直多行公益。该次捐资兴学，缘于 1992 年赵广海接待赴港招商的潮阳领导时，获悉家乡要发展高级中学，但受困于财政困难，遂当场拍板捐资办学。其弟赵伯翘在捐资支持之余，不顾 70 岁高龄，两次专程回乡勘察选择校址，并与有关人员一起审议、设计图纸，处理前期工作。学校遂于当年筹建，1994 年落成，时称"赵学波中学"，以纪念赵氏父亲。赵广海逝于 1998 年，生前在潮阳还有其他慈善捐赠，这是他在家乡的最后一项公益事业。据了解，赵氏临终时仍念念不忘学校，称此事还愿，兑现其走出家乡到汕头埠谋生时的誓言，"若事业有成""当为家乡文化教育出力"，至此愿望实现、毕生无憾云云，事迹感人。该校今名为"汕头市潮南区仙城中学"（见图 3 - 16），为完全中学。

图 3 - 16　汕头市潮南区仙城中学（黄松书摄影）

台湾赵伯翘①在捐资赵学波中学的同时，还捐资 350 万元兴建伯翘学校（今名为"汕头市潮南区仙城镇仙门城第二小学"）。这也是台湾同胞在潮阳较具规模的捐资兴学事例之一。本时期台胞捐资兴学的还有其他人，如台湾张开茂捐助溪西小学，台湾黄友平、黄辉南资助河浦小学、两英中学等；赵资香② 1992 年与其家族和赵姓侨胞等集资近 1 000 万元兴建汕头市潮南区仙城仙门城初级中学（见图 3 - 17，该校曾名为"仙门城资香中学"），其中以"赵资香"名留于捐赠碑记的，累计有 540 万元；又有内部资料记录，1992—1997 年赵资香曾捐资近 200 万元助建仙城西美小学分校等。

图 3 - 17　汕头市潮南区仙城仙门城初级中学（黄松书摄影）

东溪晓升中学。2001 年，泰国郑明升捐资 2 000 多万元③兴建东溪晓升中学；2003 年落成，占地面积 6.6 万平方米，建筑面积 2.5 万平方米，为潮南提供 3 000 个初中、高中学位。当年恰逢潮南区独立建制，该校得到了更多的宣传。作为规模较大、各方面配备较高的学校，晓升中学一开始便较受瞩目，达到申报年限后逐级送评等级审查，皆一次性通过，于 2007 年被评为"汕头市一级学校"。该校今名为"汕头市潮南区晓升中学"（见图 3 - 18），为完全中学。

---

① 赵伯翘（1922—2003），潮阳仙城籍人。1935 年随胞兄赵广海赴港谋生，后独赴台湾拓展业务。其力行公益，在潮阳的公益项目有建设仙湖风景区景点、铺筑伯翘大道、兴建"香园阁"等，捐资兴学上则有汕头市潮南区仙城中学、汕头市潮南区仙城镇仙门城第二小学等，获授"汕头市荣誉市民"称号。

② 赵资香曾任台湾省基隆市广东同乡会名誉理事长、台北县潮州同乡会永远名誉理事长等，在中国台湾、香港、泰国等地均有较长期的工作和生活，据其 1996 年当选为潮阳市政协委员时所填籍属为"香港"，本书暂按香港人处理。又赵资香家族两期捐建了仙城仙门城初级中学，捐资者包括其亲人子侄等，但难以具体析出，因此这里的"540 万元"指的是冠名"赵资香"者而不含其他，后统计表亦同。

③ 汕头市潮南区晓升中学：《广东省汕头市潮南区晓升中学》，《教学与管理》2006 年第 1 期。

图 3-18　汕头市潮南区晓升中学（黄松书摄影）

郑明升出生于泰国，是一位白手起家的商人，由于内外隔绝，而且基层之政区沿革频繁，他一直搞不清自己的具体祖籍地，经多方探询才在 20 世纪 70 年代搞清楚。此后，他便开始在潮阳力行公益，自 1978 年修路计起，包括修桥、铺路、治理水道、助建文化宫等，郑明升历年的公益捐款可达到四五千万元。其中捐资助学的事例，除了晓升中学之外，还有 1988 年带头捐资 410 万元兴建汕头市潮南区峡山街道东溪小学，1997 年再为该校增添教学设备及创设教育基金等。此外还有其他基金、助学捐赠等。

澄海也有若干高级中学、完全中学接受捐资兴学的记录，规模较大的有澄海中学、隆都中学等。

澄海中学。该校创建于 1915 年，历史上有过"澄海县立中学""澄海县第一中学""澄海红旗中学"等校名，是粤东一所底蕴深厚的名校。该校学生众多，校史上不乏境外校友财物捐赠的记录，本时期较具规模的有：1992 年泰国郑俊英、郑俊南捐资港币 70 万元兴建"英南图书馆"，郑俊英捐资港币 30 万元设立奖学助学金；1993 年中国香港王树霖、许立椿、蔡克任、陈梦梅、郑振烈、杜伟忠集资 32 万元捐建"春晖楼"；1994 年中国香港王树霖、许立椿、蔡克任各捐资 30 万元建设"泽芳楼"，以及同年日本林谦然捐资 10 万元助建"三乐楼"；2002 年中国香港邱卓恭遗愿捐赠港币 100 万元助建"邱卓恭艺术馆"（邱氏逝于 2000 年，生前捐赠大量典籍以及港币 25 万元给该校图书馆）。[①] 该校今名为"汕头市澄海中学"（见图 3-19），为高级中学。

---

① 陈景熙主编：《百年澄中（1915—2015）》，广州：暨南大学出版社，2015 年，第 212-214 页。

图 3 - 19　汕头市澄海中学（学校提供）

隆都中学。该校始创于 1938 年，时称"饶平县私立隆都初级中学"，光绪年间建成的诚正学堂（今校址碑存于校园）为其前身。[①] 该校在本时期的捐资兴学，最主要的是 1996 年兴建、1998 年竣工这一次，一共投入 1 700 余万元，除了省拨补 80 万元、市拨补 110 万元以及澄海 5 个部门的 103 万元之外，绝大部分为海内外华侨捐款，为首的日本林谦然 138 万元，中国香港许立椿 95 万元、邵逸夫 80 万港币、陈天禧 80 万元，[②] 泰国朱岳秋 60 万港币、许鉴光 60 万港币、金晋煌 200 万泰铢等。该校今名为"汕头市澄海隆都中学"（见图 3 - 20），为完全中学。

①　黄佳锐、黄日暖：《汕头市澄海隆都中学：至诚至正，积微成著》，《广东教育》2018 年第 4 期。
②　该次兴工时间、立碑时间分别为 1996 年 1 月、1998 年 8 月，港币对人民币汇率分别约为 1：1.076 和 1：1.068，港币"大于"人民币，因此邵逸夫排名陈天禧之前。

图 3-20　汕头市澄海隆都中学（黄松书摄影）

捐资隆都中学的日本华侨林谦然，一直热心公益事业，计其在澄海的捐资兴学事例，早在 1985 年 9 月便"捐资人民币 25.1 万元兴建隆都鹊巷小学"，[①] 又捐建汕头市隆都中心小学的围墙大门和"林谦然教学楼"，助建汕头市澄海中学的"三乐楼"等。日本华侨华人在今潮汕三市的捐资兴学事例相对较少，这是其中之一。

此外，隆都镇是今澄海区行政区域内，侨胞捐资兴学较多、金额较大的地方之一。在本时期先后存在 2 所中学和 14 所小学，除了上述的隆都中学、隆都中心小学之外，接受较成规模侨资捐赠的，还有 1992 年泰国后沟同乡会等共 240 万元助建后沟华侨学校；泰国黄利家族、陈金苞等多个团体和个人合计捐资港币 495 万元助建前美小学；1995 年泰国陈其文等多人共捐资 220 万元助建宅头华侨学校；1996 年泰国许汉彬等共捐资 128 万元助建后埔小学等。

汕头市中心城区的高级中学、完全中学在本时期更是有多所建设升级，增加学位，完善办学环境，提升教学质量。其间也有一些财物来自华侨华人、港澳台同胞的捐赠。

汕头市第二中学，为民国时期的晨星女子中学和若瑟中学于 1952 年合并而来，20 世纪 60 年代曾被广东省定为新学制试点学校，此后一直是汕头市区的名校，90 年代被评为"市副重点""区重点"学校。该校大约在 1995 年末开始谋划扩大规模，并于 1996 年接受侨资捐助，其中泰国谢国民捐资 300 万元作为兴建教学大楼和购置教学设备、电脑设备等之用，另泰国陈有汉、泰国陈汉生等也有捐助。汕头二中在当时具有汕头教育事业"外宣窗口"的功能，常接待海外教育界人士参观，并与日本岸和田市多所学校结成友好学校，互有往来。如 2000

---

① 澄海县教育志编辑组编：《澄海县教育志（1564—1985）》，内部资料，1988 年，第17 页。

年，汕头二中师生代表团访问并参加日本岸和田市和泉高等学校百年校庆；2004年，和泉高等学校也派出代表团访问二中。该校现名为"汕头市第二中学"，为完全中学。

图 3 - 21　汕头市聿怀中学（黄松书摄影）

汕头市聿怀中学（见图 3 - 21）①，该校创建于 1877 年②，在中华人民共和国成立之前不乏侨资捐赠的记录，但自 1953 年更名为"汕头市第三中学"后便一直罕有境外校友到访。1985 年 3 月 16 日，复名"聿怀"并大张声势宣告海内外，开始逐步受到境外校友的关注。到本时期，较成规模的捐资兴学事例如 1992 年 11 月，泰国许敦茂、陈知深（陈有汉的代表）、袁经伦、李建南、黄继芦、卓威等校友会代表团近 100 人莅校访问。陈有汉翌年捐资设立"陈有汉奖学基金"，兴建"有汉楼"（教学楼）及"陈有汉科学馆"。1994 年扩建校舍落成时，仅"聿怀中学泰国、中国香港校友庆贺团"苏旭明、黄创山、庄育民、陈世贤、姚宗杰、陈木坚、李建南、黄继芦、庄礼嘉等 16 人③捐给"陈有汉科学馆"的设备款一项，便达人民币 180 万元。聿怀中学 1995 年获评"广东省一级学校"，2000 年继汕头市一中、汕头市金山中学、汕头市华侨中学之后被教育部批准授予"全国现代教育技术实验学校"等，相信这与这段时间的侨资投入，以及因众多侨领捐助而带来的宣传力量，有着密不可分的关系。④

经过政府部门及相关人士的努力，汕头市的高中教育在这个阶段取得了很大的进展，以现在龙湖区的行政区域为例。

龙湖区在 1993 年便达到上级规定的普及九年义务教育标准：小学适龄儿童入学率 99.7%，年巩固率 99.5%，毕业率 98.8%，普及率 99.6%，留级率 3.9%，非正常流动率 0.5%；初中入学率 95.3%，年巩固率 98.4%，毕业率 97.1%，留级率 1.9%，非正常流动率 1.9%。1994 年通过"普九"验收。此后贯彻市政府的政策，致力于更高层次的办学，尤其是高中教育。

本时期，不计 3 所民办学校，龙湖区一共存在 7 所公办高级中学、完全中学。其中，接受侨资捐助的，便有汕头经济特区林百欣中学、汕头市新溪第一中学、汕头市谢易初中学 3 所学校。汕头经济特区林百欣中学提出"以教科研为先导"，在 1993 年、2001 年进行校舍、设备升级，累计接受了香港林百欣捐资额 300 万元；汕头市新溪第一中学，于 2001 年接受马来西亚谢名赐、谢国光集资捐

① 聿怀中学前身可追溯至基督长老会于 1877 年创办的教会学校，一百多年来，仅 1919—1929 年彻底停办，尽管经过抗战时内迁、"文革"更名等，但都延脉不断，又人才辈出，以两院院士论，截至 2019 年初入选的便有 5 位，应是粤东地区创办较早、持续时间较长的名校。按最新登记信息，现分为汕头市聿怀初级中学（初级中学）、汕头市聿怀实验学校（十二年一贯制学校）、汕头市聿怀中学（高级中学）3 所学校，共 4 个校区。

② 《汕头市聿怀中学》，《广东教育》2014 年第 5 期。

③ 此处按碑记。

④ 汕头市地方志编纂委员会编：《汕头市志 1979—2000》，广州：广东人民出版社，2013 年，第 1328、1592、1687 页；汕头市教育志编审委员会编：《汕头教育志》，内部资料，1989 年，第 153 页；汕头市金平区地方志编纂委员会编：《汕头市金平区志》，北京：方志出版社，2013 年，第 933 - 934 页。

助款 9 万元，增设了实验电脑室及信息教学配套设备；汕头市谢易初中学则是完全新办，由泰国谢正民、谢大民、谢中民、谢国民及其麾下正大集团捐资 1 800 万元创建，1999 年竣工落成时，建筑面积 17 580 平方米，设备先进，翌年即被评为"全国农村学校艺术教育实验点"。①

政府财政的加快投入以及侨资的适时补充，令龙湖区高中学位大增。1991 年底，在龙湖区内学校就读的高中生有 826 人，至 2003 年当年则增至 6 583 人，接近 1991 年的 8 倍之多。同时，龙湖区的高中教学质量也得到大幅度提升，这从区内在校生的高考录取率便可见一斑。梳理历年情况如表 3-4 所示：

表 3-4　1992—2002 年今龙湖区区域高考情况表

年份	报考人数（人）	本科录取人数（人）	大专录取人数（人）	录取人数小计	录取率（%）
1992	85	14	12	26	30.59
1993	72	20	30	50	69.44
1994	143	32	66	98	68.53
1995	165	21	74	95	57.58
1996	205	25	85	110	53.66
1997	288	29	85	114	39.58
1998	377	54	96	150	39.79
1999	540	92	230	322	59.63
2000	642	102	312	414	64.49
2001	801	164	456	620	77.40
2002	1 056	182	584	766	72.54

从上表可以看出，无论是实际参加高考人数还是实际被高校录取率，龙湖区的高中教育都是发展迅速的。而其中的侨资捐助贡献不可忽视，如汕头市谢易初中学落成招生之后，历年入学的学生都超过 2 000 人。2000 年之后，则长期保持 50 余个教学班，年招生数在 2 800 人左右。

龙湖区高中教育的发展，是本时期汕头市高中教育事业的一个缩影。

---

① 谢伯余：《科研兴校：林百欣中学》，《广东教育》2003 年第 1 期；《学习之友》编辑部：《崛起中的汕头市谢易初中学》，《学习之友》2006 年第 11 期；《汕头市龙湖区志》编纂委员会编：《汕头市龙湖区志：1979—2003》，广州：花城出版社，2013 年，第 709-710、716-717 页。

3. 职业技术教育和学前教育（幼儿园）

发展职业技术教育，是本时期汕头经济建设、教育大局的要求和方向，不过，侨资捐助职业技术教育的事例并不多。

上阶段末，汕头市已经意识到，随着社会的发展，职业技能型人才严重紧缺，作为工人技术队伍中的核心骨干，他们是各行各业生产的中坚力量，对推动社会经济发展有着无可取代的作用。市场的需要，也自然而然地促成了上阶段末期揭阳捷和职业技术学校、饶平县贡天职业技术学校、普宁县职业技术学校 3 所颇具规模的职业技校的诞生——它们都是由侨资创建。

然而，1991 年末潮汕分市之后，原汕头市政府大力支持的上述 3 所职业技校，分属于同为地级市的揭阳市、潮州市管辖。分市后汕头市区域内的 6 所职业技术学校则多数是商业、文艺类。①

1992 年初，三市拆分工作尚未完全到位，潮州、揭阳市委市政府尚未挂牌时，分管教育的汕头市副市长便提出汕头市必须"积极发展职业技术教育"②。在同年 4 月份筹办汕头高新技术产业开发区③的联席会议上，有关领导更表达了吸纳、培训职业科技骨干的意思。1993 年初，汕头市教育局长撰文强调"认真办好中等职业技术学校"④。同年，汕头市委提出长期性的"科教兴市"⑤ 战略规划，将科技人才与职业技术人才结合起来，将招商引资、吸纳科技人才、技工教育和职业培训等全盘考虑。1994 年《中共广东省委、广东省人民政府关于教育改革和发展的决定》和 1997 年的《广东省关于大力发展职业教育的决定》，提出"到 2010 年，全省高中阶段职业教育在校生与普通高中在校生的比例达到 6∶4，全省建设省级以上重点职业学校 260 所以上，在校生占当年中等职业教育在校生总数的 40% 以上"等，更令广东省内之职业教育事业进行得如火如荼。⑥

在这样的情况下，汕头市的职业技术型教育迅速扩大。1994 年，汕头将农

---

① 潮汕政区变动后的 1992 年，汕头市行政区域内有汕头市商业学校、汕头市农业机械学校、汕头市供销学校、汕头市工艺美术学校、汕头市体育运动学校、汕头市文化艺术学校 6 所职业技术学校（中专）。

② 李练深：《适应特区建设需要，开创教育新局面》，《汕头教育》1992 年第 1 期。

③ 高新区于 1992 年 4 月筹办，当年 8 月出台了《汕头高新技术产业开发区暂行规定》《汕头高新技术产业开发区高新技术企业核定实施办法》标志着其正式运作；1993 年 7 月经广东省人民政府批准为省级高新区；2017 年 2 月，国务院以国函〔2017〕13 号文件批复同意升级为国家高新区。麦崇楷主编：《广东法规全书（1979—1993）》，广州：广东人民出版社，1995 年，第 2359－2361 页。

④ 林生早：《努力提高中等学校的教育质量和办学效益》，《汕头教育》1993 年第 1 期。

⑤ 1994 年第二次全国教育工作会议以后，全国各地竞相推出了"科教兴省""科教兴市""科教兴县"的发展战略，汕头市也在同年作出战略规划。参见翟博：《科教兴国战略的确立和实施》，《中国教育报》，1999 年 10 月 27 日。

⑥ 《广东省志》编纂委员会编：《广东省志（1979—2000）　18　教育卷》，北京：方志出版社，2014 年，第 340－354 页。

业机械学校改设为"汕头市机电学校",同年试办了汕头市外语学校、汕头市林百欣科技中专、汕头市潮阳建筑工程学校、汕头市旅游中专、汕头市鮀滨中专和汕头市海运中专 6 所新的中等专业性质学校。这些学校开设的专业课程有:电子技术、计算机应用、办公自动化、酒店管理、旅游财会、导游、外贸英语、英文秘书、轮机、驾驶、工业与民用建筑、建筑企业经济管理等;[①] 招收的生源则不局限于汕头市区,而是面向各县(市)等。这些都体现出当年的行政执行力颇为得力,同时也很大程度地缓解了社会快速发展与市场人才短缺的矛盾。

其中,"汕头市林百欣科技中专"由香港林百欣夫妇所捐建。其作为一所全新的学校,以当时所称的"特区速度"迅速办学。林氏不仅独资建校,一开始还负责部分或全部办学经费,这在省内引起不小的社会反响。同时,林氏的舆论影响力,令该校很快成为港澳地区、广东省具有高知名度的侨资捐建职业技术学校,为汕头经济特区乃至广东省带来良好的正面宣传效应。[②]

林百欣是 1993 年获悉汕头将大力开展职业技术教育的,当时他便欣然表示支持:"培养人才,发展教育事业是事关汕头的大事。"并于 1994 年 1 月开始捐资兴建科技中专。此后,截至 2002 年第五期工程,林氏用于校舍的捐资额累计约为 3 770 万元,另有长期投入的扶贫金、助学金等。

该校走的是边建设边办学的路子,实际挂牌开学是在 1994 年 2 月 16 日,[③] 由原龙湖区"珠池职中"改设,学制二年;1995 年 1 月 18 日,省政府正式发文同意成立汕头市"林百欣科技中专",为隶属于汕头市政府领导的普通中等专业学校,办学规模额定在校生 1 000 人,学校正式纳入省招生计划。1997 年第四期工程竣工时,开设了电子技术、计算机、自动化和信息管理等 4 个专业,学位大增,形成一个信息技术专业人才的培训基地。这些正是汕头市所紧缺的专业,也是因应市政府"科教兴市"、龙湖区政府"将信息产业当成主导产业"的主导政策而设置的。该校此后发展顺畅。由于以社会需求为导向,及时调整专业设置,加强专业知识和实用技术培训,毕业生供不应求。2003 年第五期竣工交付使用后,5 月 10 日,广东省教育厅发文,确定林百欣科技中专学校为全省 33 所重点

---

① 汕头市地方志编纂委员会编:《汕头市志 1979—2000》,广州:广东人民出版社,2013 年,第 1312 – 1313 页。

② 袁伟强:《丹心系桑梓,青史留芳名——记林百欣暨夫人林余宝珠女士》,载政协汕头市委员会文史资料研究委员会编:《汕头文史》(第 16 辑),内部资料,1998 年;《广东省志》编纂委员会编:《广东省志(1979—2000) 18 教育卷》,北京:方志出版社,2014 年,第 287、290 页;《汕头市龙湖区志》编纂委员会编:《汕头市龙湖区志:1979—2003》,广州:花城出版社,2013 年,第 291、712、720、856 页。

③ 时称为"试办",当年的汕头特区在不违背政策的前提下"先办后补"的事例并不罕见,是谓"先行先试"。

中等职业学校之一，成为自 2002 年 6 月实施新的省重点中专评估标准起，汕头市第一所省重点中等职业学校。该校今名为"汕头市林百欣科技中专"（见图3-22），为国家级重点中等职业学校、广东省中等职业教育骨干示范学校、中央财政支持的国家职业教育实训基地等。

图 3-22　汕头市林百欣科技中专（黄松书摄影）

学前教育在上阶段得到恢复，并逐步走上了正轨。到了本阶段则得到迅猛发展，至本阶段末期，就满足学位需求、教学状况等方面来说，除了若干偏僻地域之外，大体上已与现在的情况相当。全市达到了"基本满足幼儿接受教育的要求"。①

1992 年汕头市有幼儿园 770 所，教职工 5 287 人，其中专任教师 4 941 人，在园学生 11.24 万人。2000 年汕头市有幼儿园 1 351 所，教职工 1.04 万人，其中专任教师 7 648 人，在园学生 16.23 万人。1998 年 10 月，汕头市政府颁布施行《汕头经济特区幼儿教育管理规定》，纠正了办园过程中的一些不规范的做法。②

如前所述，相对于中小学来说，海外华侨华人在潮汕捐助幼儿园的记录是比较少的，而就整个潮汕的捐资兴学史而言，则较为集中地出现在这个时间段。汕头市的情况也是如此，本时期有多个区（市）县的幼儿园存有侨资兴学记载。

汕头市辖区内华侨和港澳同胞捐资兴学于幼儿园者不在少数。如香港陈汉乾在鸥汀故乡捐助敬老院和托儿所、幼儿园共 7 间，金额 160 万元。③ 又如达濠区中心幼儿园，1992 年，香港张恭良捐款 70 万元赠建附有 150 平方米音乐厅的两层教学楼，下层架空为防雨操场，建筑面积 1 370 平方米，增加 6 个建制班；1995 年香港姚祥贵捐资 52 万元赠建教学楼，建筑面积 658 平方米，增加 2 个建制班；加上 1987 年澳大利亚林开来捐资 30 万元赠建的教学楼、办公室等，至此成为颇具规模的大园，该园今名"汕头市濠江区中心幼儿园"。该园一直由原基层侨联（原达濠区侨联等）主持运筹，全面建成之后才移交有关部门。又如礐石澳头幼儿园，1994 年集资 125 万元创建，捐资者有三四百名个人和单位，其中一些是侨资，而早期香港许瑞良及其夫人杨秀玲捐款的港币 65.39 万元，为该园奠下基础，该园今名"汕头市濠江区澳头幼儿园"。再如葛洲幼儿园，1997 年，香港张敬川捐款 280 万元创建，④ 根本性地解决了葛洲地域幼儿园学位长期不足的难题，而且略有盈余，是濠江张氏家族又一贡献，全园占地面积 3 309 平方米，建筑面积 2 248 平方米，今名"汕头市濠江区葛洲幼儿园"（见图 3-23）。

---

① 《中国教育改革和发展纲要》具体目标有，20 世纪 90 年代全国"大中城市基本满足幼儿接受教育的要求，广大农村积极发展学前一年教育"，广东如期完成。参见湖南省教育委员会编：《〈中国教育改革和发展纲要〉学习资料汇编》，内部资料，1993 年，第 5-6 页。

② 汕头市地方志编纂委员会编：《汕头市志 1979—2000》，广州：广东人民出版社，2013 年，第 1308-1309、1341 页。

③ 《汕头市龙湖区志》编纂委员会编：《汕头市龙湖区志：1979—2003》，广州：花城出版社，2013 年，第 957 页。

④ 此处按侨务材料。《濠江区志》则称"旅外侨胞捐资 280 万元"，碑记录有张恭荣、张敬石、张敬山、张敬安、张敬川、张敬峰 6 人，没有具体金额。

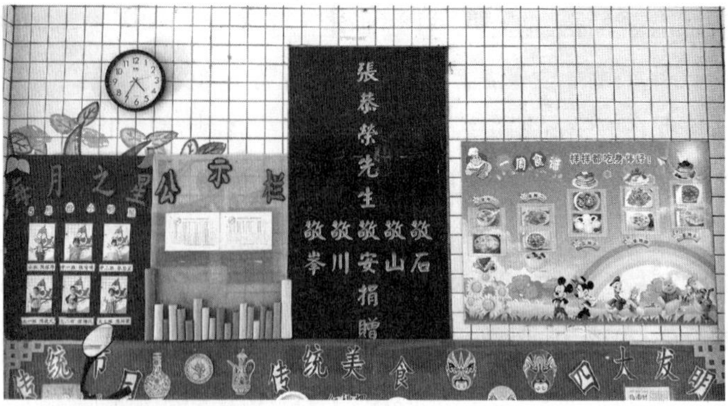

图 3-23　汕头市濠江区葛洲幼儿园（黄松书摄影）

　　潮阳也有不少侨资捐助的幼儿园。较具规模的，如 1994 年香港周勤华捐资 800 万元兴建的峡山中心幼儿园；2000 年泰国陈荣捷捐资 300 万元兴建的汕头市潮南区成田镇西岐意金幼儿园；1993 年泰国陈世贤、陈郑伊梨夫妇捐资 200 万元兴建的汕头市潮阳区伊梨幼儿园；1993 年、1995 年香港周修仁两次捐资 100 万元兴建的汕头市潮南区峡山街道西宅幼儿园；① 1997 年泰国萧金波（萧金波捐资泰铢 150 万元）等叔侄 9 人捐资泰铢 322 万元（当时折合人民币 70 多万元），② 兴建沙陇镇珠埕师长幼儿园，占地 1 680 平方米，是当地较著名的幼儿园，该园以捐资者先祖萧师长冠园名。

　　潮阳区西胪中心幼儿园，由阿根廷华人林玉潮③ 1995 年捐资 50 万元所创建，林玉潮后又于 2012 年增捐 155 万元，④ 建设该园三层教学楼。这是今潮汕三市较为少见的南美侨资较具规模的捐资兴学事例。除了该园外，林氏还于 1991 年捐资 56.25 万元助建、1994 年带头集资计 84 万元扩建汕头市潮阳区西胪后埔小学，1999 年起捐建汕头市潮阳区西胪中学"珠海楼"、修葺学校围墙等（以上幼儿园、学校名均为今名）。林玉潮，1962 年生于西胪，高中辍学，事业有成后在文化教育方面奉献尤多，踊跃于公益事业，据当地媒体报道，自 1995 年至 2011 年他捐资于潮阳家乡的金额已逾 500 万元；⑤ 在中国除港澳台地区，则自 1995 年至

---

　　① 此处按地方志书及采访。

　　② 此处按碑记。志书则计为人民币 70 万元。

　　③ 林玉潮的国籍"身份"，这里依据志书。汕头市潮阳区地方志办公室、外事侨务局，汕头市潮南区地方志办公室、外事侨务局编著：《潮阳市华侨港澳台同胞志》，深圳：海天出版社，2009 年，第 99 页。

　　④ 金额 155 万元，依照汕头市潮阳区西胪镇人民政府报告：《汕头市潮阳区西胪镇申报广东省教育强镇自评报告》，2014 年 9 月。

　　⑤ 《祝贺汕头经济特区建立 30 周年：祝愿汕头传承创新潮汕文化，发展经济再创辉煌》，《汕头特区晚报》，2011 年 10 月 22 日。

2014 年累计捐款 1 000 多万元。① 目前，林玉潮在海内外公益活动的财物捐献等可达人民币两三千万元。

澄海的幼儿园在本阶段增加较多，教学水平也有所提高。其中有若干来自侨资的捐助。譬如 1995 年，陈李琼瑛捐资港币 50 万元，创建莲上南徽的琼瑛幼儿园；又如 1998 年新加坡蔡锡河捐资 40 万元助建澄海外砂镇龙头乡的幼儿园，该园总投资逾 100 万元，占地 2.5 亩，建筑面积 3 000 多平方米，落成时是一所设施配套、功能齐全的新型幼儿园，② 今名为"汕头市龙湖区外砂镇龙头幼儿园"。

规模较大的，有泰国陈松亮及夫人陈林巧珍捐资 360 万元在建阳管理区创建的幼儿园。这应是今澄海区域之单宗捐赠幼儿园金额较大者之一。澄海建阳地域在 1957 年曾有过一所幼儿园，1962 年因资金不济而停办，此后一直没有较为规范的幼儿教育机构。1994 年，泰国陈松亮及夫人陈林巧珍捐款 200 多万元建园，1996 年竣工时再捐款 100 万元设立幼儿园教育基金会，另外出资添置设备，遂告完善。新园取陈氏夫妇各一字为纪念，面积 3 100 平方米，有 12 间教室，以及保健室、活动室、多功能厅等。2004 年，幼儿园移交建阳学校管理，陈林巧珍又捐出价值逾 10 万元的大型幼儿园游乐教育设施。此前，陈松亮还曾在家乡捐设村道、自来水道，以及倡建建阳华侨小学等。③ 幼儿园今名为"汕头市澄海莲下松珍幼儿园"（见图 3 – 24）。

图 3 – 24　汕头市澄海莲下松珍幼儿园（黄松书摄影）

① 尤小年、罗堃：《风帆正举玉潮来——访珠海潮人总商会主席、珠海美球集团董事长林玉潮》，《潮商》2015 年第 2 期。

② 此处金额按报载。黄庆纯、陈健：《幸运幼儿园落成》，《汕头日报》，1998 年 2 月 28 日。

③ 此处金额依据碑记，其他描述等依据内部资料《松珍幼儿园发展史》及采访。

4. 资助奖励、荣誉和其他

从事教育方面的资助、奖励的，还有基金会、慈善会等公益组织，较为专门的是教育类基金会。它们在上个阶段已经存在了，既有针对某一单位如某学校捐资者在学校所设立的基金会（面对该校），也有针对某一群体如汕头侨联奖励基金会（面对汕头市的归侨侨眷），还有针对整个地域的如潮汕星河奖基金会（面对今潮汕三市）。上阶段罕有资助奖励性质的捐资兴学组织，其善款绝大部分来自海外侨资。

这个阶段之初，汕头市并没有一个政府主办的、面向全市教育事业的基金会。原在省内"先走一步"、受到多方好评的汕头经济特区教育基金会，面对的只是当年的汕头经济特区区域。在 1991 年特区扩围、潮汕分市这两次政区调整之后，它便陷入"名不正言不顺"指向不明之窘境，结果无疾而终——汕头频繁政区调整过程中出现过不少类似事例。此后，在广东省、广州市等均已设置教育基金会，实践上大有裨益的情况下，一直有人呼吁尽快成立汕头市教育基金会，当时一份民进党汕头市委员会的政协提案，标题便一目了然，为"设立我市及各区教育奖励基金会"。

1993 年 12 月，汕头市教育基金会成立。该基金会吸纳的善款，有部分是来自海外资金或本地的三资企业的捐献，例如林百欣便于 1994 年捐资 1 000 万元。汕头市教育基金会自成立至 2000 年 12 月底，实际到位金额为人民币 4 618 万元，港币 1 000.91 万元，泰币 13.64 万铢；支出人民币 3 511 万元，主要用于奖教奖学，奖励教育科研，资助贫困地区教育、老区学生入学，资助教改项目、出国留学、学术交流、学术著作出版等。如 1996 年出资 200 万元投入政府的"改薄"工程，帮助改造区县学校的校舍危房。又如 1994—1997 年，连续 4 年承接汕头市委市政府的贫困、革命老区教育扶贫计划任务，委托市区 6 所中专学校培训老区学校之应届初中生，此项：1994 年 100 名，承担代培费计算 30 万元；1995 年 211 名，承担每名学生每年 3 500 元的经费；1996 年 185 名，承担每名学生每年 3 000 元的代培费；1997 年 168 名（实际招 146 名），承担代培费。再如 1996 年，在针对贫困女童辍学问题开展"特区老区心连心、资助贫困女学童"活动中，拨款 17 万元用于解决女童辍学问题。①

1994 年 11 月，广东明确提出，有条件的地方，各级政府必须支持并发展教育基金会，要求全省"继续鼓励华侨、港澳台同胞捐资助学，发动企事业单位、

① 汕头市地方志编纂委员会编：《汕头市志 1979—2000》，广州：广东人民出版社，2013 年，第 414、1155、1117、1327 页。

社会团体和个人捐资或集资助学。广泛建立教育基金会，通过多种方式扩大基金，用增值部分支持教育"。①

汕头市贯彻政策，新成立的基金会由此增多，分布广泛。其中，不少区（县、市）的基金会的善款来源中，侨资仍然占了不小的分量。

潮阳市教育基金会成立于 1993 年 8 月，早于汕头市教育基金会，从材料看，起初并不活跃。上述省的决定出台后，该市遂于 1995 年、1996 年两次举办募捐文艺晚会并作电视直播，由此广为人知。仅在 1996 年 3 月的晚会上，莅场的汕头市、潮阳市领导带头捐款，机关、企业及干部职工也纷纷解囊，至晚会结束时，计认捐款达 990 万元，效果极好。1996 年 10 月发布的潮阳市教育基金会第一号公告称，自成立以来，海内外人士、组织共认捐教育基金总额人民币 4 112.06 万元。其中，个人捐款 50 万元以上者，来自境外的有中国香港林百欣、林余宝珠合计捐 500 万元，周勤华捐资 80 万元，陈彦灿、郑金源各捐 60 万元，林炳宣、黄耿标、王德雄各捐 50 万元，泰国吴宏丰捐资 50 万元。还有的如中国香港黄丕通、蔡衍涛等则是多次捐赠。该基金会在 1995—2002 年拨出各种奖金 464 万元、资助款 692.5 万元，资助的包括特困教师 1 364 名和特困学生、在学孤儿、大学新生和留学生计 3 309 名，还拨专款为贫困地区 18 所中小学改善校舍等。

潮阳市不只在市一级设立基金会，不少有条件的镇级单位，乃至乡村也设有教育基金会，善款的来源同样有部分得自境外。如峡山镇教育基金会便有香港周勤华等的捐赠；又如陈店镇教育基金于 1995 年 3 月成立后，积极动员社会各界人士捐资，共收到捐资 1 060 万元，其中便有香港蔡汉忠捐赠的 200 万元；再如我们在很多同期碑记上见到"××村教育助学基金""××（乡）奖教奖学基金"等，无不具有教育基金的性质，只是有无履行正确登记手续便难以厘清。

龙湖区教育基金会成立于 1994 年，它并没前溯 1988 年 7 月成立的汕头经济特区教育基金会，而是作为一个全新的组织出现。该基金会的若干善款是来自侨胞捐赠，如 1994 年侨胞吴文宇、谢惠民等 5 人合计捐资 65 万元，又如 1999 年香港吴文宁再次捐赠财物等。在 1999 年末，龙湖区教育基金会资金约有 960 万元。

除了上述政府主办主导的教育基金会之外，由学校设置，吸纳海内外善款以奖励、资助本校师生的情况，是最为常见的。本书前述的某人捐建某校并同时设置学校奖教奖学金、贫困学生助学金等，都属于此类。它们逐步积累、严格发

---

① 《中共广东省委、广东省人民政府关于教育改革和发展的决定》（1994 年 11 月 17 日），载《广东省志》编纂委员会编：《广东省志（1979—2000） 18 教育卷》，北京：方志出版社，2014 年，第 348 页。

放，陆续增值，有时还有善款继续投入。如澄海华侨中学的奖学奖教基金，自20世纪80年代中期学校扩建之后设立，至2000年，累计接收了港币73万元。①又如澄海岛门华侨小学（今名），自1991年由岛门小学改称"岛门华侨学校"时便设立了岛门教育基金会。该会在1997年之前发放后结余人民币50 000元、港币28 000元；1997—2000年1月又接收了30名（含组织）捐资者的人民币29 000元、港币6 200元。

这些累增的善款，当然并非完全来自原来的捐助者。事实上，很多小额善款的捐资者并不参与此前的学校建设，即使较大规模的善款，也有仅是纯粹捐赠学校助学、奖学金的，如1992年香港张华捐资105万元、香港张树人捐资20万元赠予汕头市龙湖区鸥上小学启动教育基金，纯粹作为助学、奖学之用。

据不完全统计，改革开放后的1979年至本时期末的2002年，华侨华人、港澳同胞在汕头市设置的各类教育基金不少于180个（项），其中有若干由于学校撤并、政策调整，或者基金捐赠之约定到期等因素而不再活跃，但也有不少一直保持活力。

此外，绝大部分乡村对本乡所有或部分贫困子弟赠予读书支持金，对考上高校的优秀学子给予补助等，以为其家庭分担一部分经济压力，同时也有乡村宗族系统的褒奖、激励之意。这些现金资助的名目各异，但都带有传统性、广泛性，迄今仍有些乡村依旧如此。这些资金的来源，若干来自海外侨胞（大约21世纪开始侨资所占比例逐步减少），有时是回乡时封红包利是的偶一为之，有时是赠予老人组等宗祠组织或乡村政府代为管理，约定可先用于增值，直至数年内发完为止。它们实质上具备一定的基金形式，只是没有经过注册，并非严格意义上的基金会而已。当然也有用"基金"之名的，譬如泰国林少豪原来与泰国陈天增各捐一半资金设立紫琳村教育基金会，负责村里所有适龄学生读书费用，1996年起则独资投入并更名为"紫琳村林少豪教育基金会"，资助村中贫困子弟从小学到大学的读书费用。截至2007年，仅此项支出已逾160万元，而林氏捐资助学、搞水电、铺乡道等，至2008年的公益捐赠已逾1 000万元。②

侨胞捐资者本人设置的奖教奖学类、资助类基金等，受益者几乎都仅限某一学校或者小范围群体（汕头侨联等支持、协办的则面对全市），一般情况下，多由学校、当地村委等管理，其中不少是购置不动产，出租增值。例如1992年才真正实施管理的中孚教育基金会，系用于潮南区陈店镇湖西学校的学校基金。该

---

① 李泽沾：《华侨齐心办侨中》，载汕头市澄海区政协学习和文史委员会编：《澄海文史资料》（第21辑），内部资料，1988年。

② 唐本城、郑瑞国：《旅泰华人连续四年捐资助学》，《人民日报》（海外版），2008年9月9日。

校由香港林中孚（250 万元）、林振丰（30 万元）等 71 人捐资建成，学校落成后，林中孚又于 1991 年捐款港币 104 万元创设基金会，陈店镇湖西村委会和学校董事会磋商之下购置了汕头中心城区近百平方米的 5 间单位商业铺面，约定这些铺面将永为校产，租金用于支持学校建设。类似这样，将学校基金投入项目以令其增值的形式（一般选择较稳妥的项目），更多见于潮阳、潮南、濠江，在澄海则相对较少。

也有若干基金的助学对象面向今潮汕三市。其中持续较久又较具知名度的个人名义基金会是 1999 年泰国陈汉士设置的陈汉士资助贫困大学生基金会，随着国家对"基金会"名称的规范化，后期材料多表述为"陈汉士资助贫困大学生助学金"，以下简称"陈汉士助学金"。

陈汉士助学金的设立，缘于陈汉士 1998 年回乡时，得知若干经济拮据的大学生难续学业，遂以"一个泰国华侨"为名捐资汕头市教育基金会，并委托政府成立资助贫困大学生的"基金会"，资助对象为户口在今潮汕三市的贫困大学生（后有具体化规定，大体上，如"优秀"指"经国家统考为全国重点大学和教育部批准的'211 工程'院校第一批录取的本科和本硕连读生"，"贫困"指"低于本市规定基本生活保障线"），每年由侨务部门、教育机构等专业人士组成的专门助学金评审委员会协评，获选新生、在读生分别予以 5 000 元、3 000 元的资助，获选者如果仍在校且依旧未脱困，则可按学年继续申请。

陈汉士助学金在潮汕三市教育局设立联络处，由汕头市教育局牵头每年评发一次，分别于汕头、潮州、揭阳三市轮流举行发放仪式（2008 年后不再专门举行仪式），由于汕头、揭阳的人口、考生均倍于潮州，因此两市受助人数历年互有增减，但都多于潮州——这在潮汕星河奖基金会的评选中也是一样的。自 1999 年开始，截至本时期末的 2002 年共评选 4 次，累计发放助学金 317.6 万元，获助 792 人次；截至 2010 年共评选 12 次，累计发放助学金 1 049.5 万元，获助 2 899 人次。

陈汉士以"不忘久要、博施济众"著称于世，迄今在海内外的公益捐赠数以亿计，大至国际文化交流、国内汶川地震，小至小型文艺演出、桌椅粮油日用，均有慷慨解囊的记录，对中国优秀传统文化在东南亚的弘扬贡献尤大。仅计算陈氏在潮阳谷饶大坑村的公益事业，便有 1985 年捐款港币 60 万元铺筑大坑村道、1986—1990 年捐资 130 万元修葺文物并建设下林风景区、1991—1993 年带头捐资 130 万元助建大坑村的学校（今大坑小学和大坑初中的前身）、为村里考上大中专院校的学生逐年发放助学金（此项仅计算 1989—2007 年约 180 万元）。尽管没有直系亲人在乡，陈氏仍自 1985 年起基本上保持年年回故里的习惯，每次均携"拜年利是"探望老人（一般每年均有 160 多名孤寡老人受赠），而每有风雨意外乡人受损，均发慰问金。据村民介绍，如 1987 年一次便发出近百封慰问金。① 陈氏近期在汕头的捐资助学事例，则是捐资 100 万元奖励潮汕三市 2018 年考上广东以色列理工学院的优秀学生，其称此项目将持续存在，是为"广东以色列理工学院汉士奖学金"（见图 3-25）。

尤值一提的是，陈汉士一直热心于潮汕文化在海内外的传播，一些潮学文论、潮曲潮剧艺术演出交流等的感谢名录中，均能见其身影。多位潮学名家也肯定其在弘扬、支持潮汕文化方面的贡献。陈汉士曾于 2004 年获得潮汕历史文化研究中心颁发的第五届"潮学贡献奖"。

图 3-25　陈汉士（右）设"广东以色列理工学院汉士奖学金"
（引自《羊城晚报》）

上阶段末已开始运作的潮汕星河奖基金会，在本时期发展良好，实际上直到现在，它仍是充满活力。该基金会的善款来源，上阶段的几乎全是外资，到本时期的中段开始有了变化：海外资金占比渐少，而国内的善款则开始出现并增加，如李科生多次增加捐资至累计 100 万元、张章笋捐资 100 万元。这多少显示出，随着改革开放的深入和经济的发展，文明慈善精神等逐步深入人心，在整个社会面貌全面提升之下，国内资金正在逐步成长为汕头捐资兴学事业的另一主要力量。

从潮阳的若干捐资助学情况看，也可以加深这一印象。我们以潮阳地方志书、文史材料为主，包括笔者了解的情况，超过 50 万元的国内资金捐资兴学情

---

①　按内部资料，当年 5 月 16—20 日潮阳暴雨成灾（降雨量：沿海 300—500 毫米，内陆地区 200—300 毫米），伤 5 人，亡 3 人，112 间房屋倒塌，227 座建筑物损坏，18.6 万亩农田受浸。

况如下。

上个阶段，仅有吴照青 1988 年捐资 30 万元助建河溪华阳中学等 9 宗事例，其中 7 宗发生在 1988—1991 年。1992—2002 年则至少有 72 宗事例，基本上呈逐年增多态势。其间，自 1995 年起每年均达 6 宗或以上。正处"普九"验收阶段的 1994 年，吴振城捐资 150 万元助建河溪西陇小学；稍后司马浦莲花小学、峡山初级中学各自接收的捐资款已达到 350 万元、660 万元；1996 年文光街道桃园小学接收捐资额 1 100 万元，达到本时期的单宗最高额。此后"改薄"时期，也是多见数百万元金额的捐资兴学事例，其中潮阳与省教育厅签署责任书的 1998 年当年，司马浦溪美朱小学获捐 600 万元。①

"希望工程"的捐资也以国内捐赠资金为主。潮阳在本时期建设了 10 所希望小学。其中仅成田千山小学 1 所明确有侨资捐助：5 个单位和个人集资 54 万元创建；其中，一家为汕头市建委，一家为峡山四通公司，另外则是来自两家三资工厂和香港郑金源的资金。其他 9 所小学则大额的全部是国内资金，如西胪龙溪小学 35 万元捐资款、沙陇北洋卢永仁希望小学的 20 万元捐资款，均是如此。

（二）2003—2018 年：优化补缺

本时期，汕头市教育状况得到根本性改善，全市学校已足以满足社会需求，乃至于市区以及中心城镇出现学位盈余。同时，随着社会的发展，政府财政投入已今非昔比，而国内资金开始逐步成长为另一股捐资兴学的重要力量。这些都令传统的华侨捐资兴学大项——捐建学校，不再如前活跃。这也意味着，随着中国现代化进程的步伐，整个汕头社会踏上了新的台阶。

理论上来说，教育水平、学校质量的提升永无止境，文教事业无论何时何地均有相对薄弱之处可以改善。本时期，广东、汕头继续"改薄"工作，由分批分期向全面深入推行，截至本书写作时，广东的最新要求是 2018 年 10 月发出的特急通知，是在贯彻中央精神的基础上，重点聚焦"全面改薄 20 条底线"。②

而随着学校资源的增多，从上个时期末开始，广东已要求全省优化中小学校

---

① 此段数据按：每所中小学（包括易址）新建无论受捐多少次都计一"宗"，但如发生拆并重组，则加计。又，其中一些可能含侨资委托，捐资者或许后来拥有外籍身份等，总之情况十分复杂，数据肯定难以精确，但也与实际相差不大。

② 广东 20 条底线考核包括：新建校舍抗震设防类别不低于重点设防类，多层校舍建筑每幢不少于 2 部楼梯且楼梯坡度不大于 30 度，实现 1 人 1 桌 1 椅，新增图书为适合学生年龄特点的正版图书（初中不低于 25 本/生，小学不低于 15 本/生），有可供开展多媒体教学的教室，寄宿生 1 人 1 床位，寄宿制学校或供餐学校满足学生就餐需要（小学食堂生均使用面积不小于 1.5 平方米，初中不小于 1.2 平方米），厕所设置满足需求（女生每 15 人一个蹲位，男生每 30 人一个蹲位，按 1：3 设置男女厕位蹲位），关键部位安装摄像头和报警装置，配备急救箱，消除 66 人以上超大班额等。参见《广东省人民政府教育督导室关于开展 2018 年"全面改薄"20 条底线要求专项督导的通知》（粤府教督函〔2018〕109 号），2018 年 10 月 25 日。

布局结构，合理配置教育资源。简单地说：一批学校（包括侨胞捐助的学校）被合并、撤销。侨资兴建的学校，多数在自己的祖籍家乡，依今潮汕三市而言，则多在县一级乃至农村地带，其人群聚集及辐射能力均较弱，随着社会的发展、城镇化的进行，农村人口外移现象相对严重。因此，身处其间的学校更可能成为被撤并整合的目标。能保留的学校各方面均较好，却往往必须兼并他校——其中难免也有侨资捐助的学校。这样的结果，对于捐资者而言，显然不是最理想的，尤其是以捐资者意愿冠校名的学校：若被撤并，便难以再保留原名，倘若合并几方均为侨助，则合并后的新校名再独用某一原名，也说不过去；若整合他校，同样"摊薄"了初建时的出资分量。

这个问题比较棘手，省内主要侨区侨乡均会不同程度碰到。2001年，省教育厅和侨办出台了一份颇为详尽的解决方案——《关于涉侨学校实施中小学布局调整的意见》，提出地方组织既必须服从总体布局的需要，又必须充分考虑华侨捐建项目的特殊性，合法、合理、合情地进行工作，"需撤并的，在征得捐建者同意，做好当地群众思想工作的基础上才予撤并，但保留捐建的建筑物，不能拆除"。"对已经确定撤并的捐建学校，必须在实施撤并之前，做好对华侨捐赠者的解释沟通工作"，"涉及撤并的侨校的校产原则上用作分教点、幼儿园等教育用途或其他文化公益事业用途；对撤并后校产的处理必须征得捐赠者的同意"，"继续保持华侨捐赠者的既得荣誉。对因捐建学校而设立的纪念性或象征性标志应妥善保留"。汕头市也出台了不少具体注意事项的通知等，尤其要求各区县人民政府对"农村义务教育学校"的撤并，必须做到程序和行为都绝对规范。

客观来说，如果按侨胞捐建学校的数量和密度，来比较其他侨区城市，汕头被撤并者并不算少。这里必须强调的是：我们能够得到学校更名、撤并等的材料，却难以找到侨校捐资者因此而向中央"上书"或于境外"爆料"之类的信息。更为可喜的是，即使学校被撤，原来的"芳名录"碑刻等仍有迁入祠堂等处者；冠名学校的，尽管如今学校注册名已改，但绝大多数仍在大门或校内正中显眼处见到原冠名。也许可以说，这个过程中，捐资者和尽职尽责的官员们，均作出了普通人难以察觉的贡献。

在这样的大环境下，本时期侨胞捐资兴学主要是针对学校的优化，若干缺学位之新区则予以补缺，与上一时期同样，受政府政策的引导也比较明显。下文将围绕本时期的情况，分为九年制义务教育，高中（完全中学）教育，职业技术教育、学前教育（幼儿园）和高等教育，资助奖励、荣誉和其他等4个方面予以介绍。

1. 九年制义务教育

汕头全面实施免费义务教育，是从农村开始的：2006 年秋季，免除在普通中小学（包括民办学校）就读的本市农业户口（含城镇的农业户口）学生义务教育阶段杂费，2006—2007 学年度第一学期享受农村免费义务教育人数 744 428 人，其中小学生 540 261 人，初中生 204 167 人，占全市义务教育阶段学生（1 057 573 人）的 70.39%；2007 年秋季起免收课本费。随后扩展到城镇学生：从 2007 年秋季起，凡经民政部门认定的"城镇低保学生"均享受免缴书杂费；2008 年春季起，城镇户籍在普通中小学（包括民办学校）就读的义务教育阶段学生，免缴书杂费。目前，全市各公办中小学校就读的义务教育阶段学生免缴学杂费、课本费；各民办中小学校则按民办学校学杂费标准减除各级财政规定的义务教育阶段杂费和课本费补助标准后缴费入学。① 也就是说，汕头的免费义务教育在 2006 年已较大范围地铺开，这令众多普通家庭、学生受益。侨资助学在此之后，逐步地相对减少。

本时期，随着城镇化进程和城乡一体化建设加快，原靠近郊外之处逐渐成为新兴城镇中心，必须配备新的学校。汕头对此早有规划，到了 2006 年 12 月起施行的是：每千人口分别按 70 名中学生、70 名小学生计算配建相应规模中、小学，每名初中生、小学生的净用地面积分别不低于 16 平方米、10 平方米，其中完全中学和高级中学学生净用地面积则适当提高。2018 年 9 月施行的法律，除了覆盖上述外，还为了适应"二孩"化的到来作出修正：高级中学和完全中学高中部每名学生净用地面积不低于 22 平方米；每千人口按 80 名小学生计算配建相应规模小学。此外，另一个维度的要求也与时俱进，目前规定是：10 000 户以上的居住区，必须单独配建中学；3 000 户以上 5 000 户以下的小区，必须配建小学；每一所完全小学和初中原则上不超过 36 个班，每一所九年制学校原则上不超过 54 个班。②

不少新开发的住宅楼盘，并不符合历时的学校规划之规定，只能增办学校。其中，便有若干华侨华人、港澳台同胞的捐办学校。

---

① 李凯、黄美群、嵇卓慧：《汕头 75 万农村学生享受免费义务教育》，《汕头日报》，2007 年 7 月 17 日；汕头市教育局：《关于做好汕头市 2018 年义务教育阶段学校招生工作的通知》，2018 年 5 月 28 日。

② 《汕头市人民政府关于贯彻深入推进义务教育均衡优质标准化发展的实施意见》（汕府〔2014〕48 号），2014 年 4 月 14 日；《汕头经济特区城镇中小学校幼儿园规划建设和保护条例》（2018 年 6 月 28 日汕头市第十四届人大常委会第十四次会议通过，2018 年 9 月 1 日起施行），内部资料；《汕头市城镇中小学校规划建设和保护条例》（2006 年 8 月 23 日汕头市第十一届人民代表大会常务委员会第二十三次会议通过，2006 年 12 月 1 日起施行），载汕头市人民代表大会常务委员会法制工作委员会编：《汕头市法规汇编 2003—2006》，广州：广东人民出版社，2007 年，第 271-278 页。

　　较具规模的，为2007年，香港刘思仁、蔡雪芳夫妇捐赠汕头市澄海区汇璟实验小学（见图3-26）给澄海区政府、区教育局。该校为刘思仁公司开发的住宅新区之配套小学，占地逾17亩，建筑面积8 500平方米，总造价3 800多万元。刘思仁祖籍潮阳，蔡雪芳祖籍澄海，他们在两地均有不少捐资兴学事例，具规模的便有1994年捐资200万元助建潮南区仙城深溪初级中学，1995年以夫妻名义捐资200万元助建汕头市澄海汇璟中学，又有潮阳灶浦镇东里学校等也参与助学奖学，如1992年、1994年、1996—2005年捐资于深溪乡的中小学校教育基金，按历时汇率折算人民币累计约得30万元等。[1] 刘氏夫妇对其他公益事业贡献亦颇多，2002年之前的，如对仙城侨联大厦、深溪侨联大厦、潮阳市中心医院、翠峰岩风景区景点、潮阳市自来水工程等均有捐赠。此外，刘思仁还热心支持潮汕文化在海内外传播，2004年被潮汕历史文化研究中心授予第五届"潮学贡献奖"。[2]

图3-26　汕头市澄海区汇璟实验小学（黄松书摄影）

　　在升级优化学校的时代大潮中，不少九年义务教育学校得到侨资的捐赠，但更多的见于新成立的区、镇等。

　　濠江区是2003年汕头市政区调整后新设置的区，主要领导履新之后，带头捐资，并多方造势、大力宣传，遂筹集到数百万元善款。当年筹集到海内外助学

---

　　① 此项金额按碑记折算。

　　② 潮汕历史文化研究中心：《关于授予刘思仁等21位先生"潮学贡献奖"的决定》，《潮学通讯》2004年第1期；黄日暖、李曼莉：《汕头市澄海汇璟实验小学：体验成功汇集快乐》，《广东教育》2018年第9期；此外，还参考了部分碑记。

资金 313 万元，受助学生超 8 000 人，其中包括一些侨资，如香港李仕源每年捐款 20 万元帮助 419 名学生完成九年义务教育学业，香港、澳门的许瑞良、杨瑞茂、张敬石、黄光豪等逾 20 人捐资近 12 万元等。① 不久之后，濠江区内校舍建设均得到"改薄"，提升了质量。

2004 年，香港李仕源②捐资 103 万元建设汕头市濠江区礐石小学的新教学楼 1 幢，楼高 4 层，建筑面积逾 1 300 平方米，总投资 133 万元（政府出资 30 万元），以李仕源的父亲冠名"李大卫纪念楼"。李仕源在各地捐资也颇为不少。同年，香港郑锦钟捐资 32 万元建设汕头市濠江区玉石小学的新教学楼 1 幢，面积 556 平方米，冠名"郑际嘉教学纪念楼"。郑际嘉为郑锦钟之父亲，民国时期曾在乡里出资出力，将当时设于几处祠堂的教学点整合成规整学校，今汕头市濠江区凤岗小学（见图 3 - 27）追溯这所民国的学校为其前身。

图 3 - 27 汕头市濠江区凤岗小学（黄松书摄影）

2006 年，香港郑永宁、郑永瑞、郑永泰、郑永为、郑永康以及郑永姿、郑永芬 7 兄弟姐妹捐资 68 万元，③ 助建汕头市濠江区凤岗小学学校大门、校道及运动场。校方遂于一座校舍外墙嵌置"郑会正纪念楼"捐资数字，以褒扬善举、让学子"永瞻莫忘"，郑会正是上述郑氏七人之父亲。该校创建于 1995 年，当时有侨资助建，尽管金额不大，村委会也在各建筑物冠名铭记，如郑锦钟捐资 21.65 万元，则在小礼堂树立"郑际嘉简史"并在外墙嵌置"郑际嘉纪念堂"；

---

① 《濠江筹集扶学资金 313 万元，受助学生 8 000 人以上》，《汕头日报》，2003 年 8 月 23 日。

② 有几份文史材料称"李树源"，此处按碑记及"广东省华侨港澳捐赠公益事业项目确认书、情况登记表（粤侨捐 040307016 号）"，作"李仕源"。

③ 此处金额按碑记。

郑明希捐资 5.55 万元，郑清波、刘美英各捐资 4.488 万元，郑镜清、郑会禹各捐资 2.22 万元，也各有铭刻"明希""清波""镜清"等的冠名课室。

新设立的潮南区，区内学校状况原本较好，若干校舍已建多年，不符合此时的"改薄"规定，为适应时代发展的需要，又甫逢史上未有的独立建制时期，政府乐于"提气"。于是，潮南区遂大兴土木，成为本时期汕头市 6 区 1 县中小学校舍建设、升级最多的区，侨胞捐资兴学事例、金额均为最多、最高。

小学的升级，以汕头市潮南区井都镇神山小学、汕头市潮南区司马浦镇港美小学为例。

汕头市潮南区井都镇神山小学（见图 3 - 28）。该校有红色革命传统，其溯源清末的私塾，民国时期称"神山树德小学"，1938 年学校便存在党支部组织，林川、罗天等一批地下党员先后在此任教并开展革命工作，抗战时期以学校教师骨干为主成立的"井都青年抗日救国会"频繁活动，贡献力量，被誉为"发展党组织、传播革命的摇篮"。1949 年后该校改称"神山小学"。到了上一时期末，学校建筑仅为简陋的 3 000 多平方米的校舍，遂有香港郑通亮[①]捐资 1 000 多万元进行扩建，2001 年末建成建筑面积分别为 4 000 多平方米、3 000 多平方米的综合楼和教学楼各 1 幢等。本时期的 2006 年，郑氏又捐资约 1 000 万元进行续建，2008 年落成时建成建筑面积 1 500 多平方米的礼堂 1 幢、教师宿舍楼 1 幢，以及运动场等；2015 年郑氏再捐资 90 万元升级学校校道、运动场等，其中包括以郑通亮母亲冠名的"赛英楼"等。该小学与潮南区峡山街道华侨小学一样，设有专门的"校史室"。这在潮南区侨胞捐助的小学中是比较少见的。

---

① 近年有的材料显示郑通亮为"澳大利亚"籍，此处依照建校碑记，暂时认为是我国"香港"。

图 3-28　汕头市潮南区井都镇神山小学（黄松书摄影）

郑通亮一直乐于奉献，曾公开表示其"最高理想是让中国三分之二的人都富裕起来"，2005 年与李嘉诚、林百欣、张恭荣等并列获授首届"百名中华慈善人物"称号，折算其截至 2004 年末在内地捐款 21 项，累计 2 374 万元，[①] 当年有若干媒体将他与黄光裕视为海内外新生代潮商代表性人物。[②] 截至 2018 年，郑氏在海内外捐资规模更大，仅仅按其在潮南区井都镇而不计潮阳赈灾等多次财物捐献的金额，已接近 3 200 万元（包括井都医院、路道、修水、孤儿救助、治安监控、捐资助学等 8 项和 2013 年井都镇慈善基金捐赠 300 万元），其中捐资兴学的项目，则除了上述神山小学约 2 400 万元之外，尚有 2013 年捐赠井都教育基金会 100 万元等。

汕头市潮南区司马浦镇港美小学。该校曾于 1989—1993 年接收过印度尼西亚李国洲、李光烈，中国香港李朝伟等共 316.25 万元的捐助，其中李国洲的资金为 200 万元；到了 2015 年又进行一次大的建设，侨胞李国洲捐资 350 万元[③]，李镇桂捐资 100 万元，李朝泉、李开德合捐 17.9 万元，李兰芳捐资 17.9 万元，李振澄捐资 8.95 万元等。

陇田镇是新成立的镇，由原沙陇、田心二镇合并设立。本时期，该镇学校建设较为频繁，有 5 所小学录得侨资助建升级记录，分别为：汕头市潮南区陇田镇田三小学，于 2003 年列入省重点"改薄"学校项目，遂由省、市、区各级政府先行投入 50 万元启动扩建，至 2005 年 4 月竣工时，除了乡民集资等之外，尚有

① 《爱心中国——中国最具影响力的百位慈善人物评选活动公示》，《人民政协报·慈善周刊》，2004 年 12 月 22 日；《中华慈善总会与人民政协报举办百名中华慈善人物颁奖晚会》，《人民政协报·慈善周刊》，2005 年 4 月 5 日。

② 邹锡兰、陈舟奇：《潮商新生代：黄光裕和郑通亮》，《中国经济周刊》2005 年第 26 期。

③ 潮南区司马浦镇人民政府报告：《潮南区司马浦镇申请教育强镇自查报告》，2015 年 3 月。

泰国侨资捐赠 190 多万元，其中泰国陈松喜、马美兰夫妇约捐资 100 万元，陈汉平、刘婵凤夫妇约捐资 56 万元，郑陈御珍、陈郑奇珍两位老人合计捐资约 10 万元等；汕头市潮南区陇田镇田一小学，1981 年、1993 年均有侨资捐赠建设（侨胞陈昆明、陈玉泉等集资有 92.6 万元），于 2005 年进行升级，完善校舍及配套设施，年逾八旬的泰国陈郑奇珍、郑陈御珍带头出资捐赠教学楼二楼工程，共集得海外资金约 50 万元；汕头市潮南区陇田镇仙家小学，此前有过数宗侨资捐助，如郑国兴赠建的"国兴教学楼"和郑良广、郑木由、郑万里、郑定农等助建并以捐资者名字命名的教学楼、教室等，2014 年南园家族（郑少奎）捐资 300 万元建设学校礼堂；汕头市潮南区陇田镇华林小学（见图 3－29），1983 年中国香港张元碧、泰国张昆耀等便捐助该校，2012 年泰国谢振城（550 万泰铢）、谢崇通（250 万泰铢）[1] 等集资兴建 2 000 多平方米教学楼并修缮学校大门；汕头市潮南区陇田镇华瑶小学，在 1995—1996 年有过一次侨资帮助，泰国王学厚（60 万元）、王维诏（28 万元）、王志德（24 万元）、王志光（18 万元）等 26 人合计 335 万元捐建校舍，2014 年，王学厚、王志德又集资 38.5 万元[2]捐建运动场、电脑室等。

图 3－29　汕头市潮南区陇田镇华林小学（黄松书摄影）

---

① 2013 年碑记中，此项泰铢均按 5∶1 折算人民币铭于碑。
② 此处金额按"陇田镇华瑶社区华侨、港澳同胞捐赠公益项目情况表"，当时校名为"华中学校"。

潮南区还有若干小学在本时期得到捐助。汕头市潮南区红场镇老村小学，地处老区山区的赤竹桠村，仅有 500 多户人家，2006 年，香港林永城捐资 28 万元助建教学楼，此后又多有关注，如 2002 年购买 100 多套课桌椅①赠予学校。汕头市潮南区雷岭镇双新小学，同样是处于山区，登记人口 200 余户、1 000 余人。2005 年 5 月，香港领袖训练协会"助苗行动"访问团 45 人和汕头市、潮南区、红场镇接待人员以及记者等浩浩荡荡探望该校，现场举行了简短的欢迎仪式暨捐赠典礼，而后向 131 名贫困学生捐赠两年学费，向学校捐赠学生桌椅 150 套、体育器材一批，并向全校 220 名学生赠送书包、英汉双语词典及文具用品各一套，价值"12 多万元"。② 该活动系汕头海外联谊会通过汕头市统战部与香港中联办接洽而促成的。③

此外，尚有 2008 年泰国周昭乐捐资 60 万元赠建汕头市潮南区胪岗镇溪尾植英小学之"君仪楼"教学楼；2012 年马伟武捐资 60 万元赠建汕头市潮南区仙城镇梅径小学（见图 3 - 30）校舍；截至 2013 年，泰国潮阳西岐乡陈氏家族会捐资 100 万元（折算、累计）助建汕头市潮南区成田西岐学校（见图 3 - 31）；2014 年澳门薛楚亮 37.13 万元捐赠汕头市潮南区峡山街道沟头小学设施设备；2014 年李嘉诚基金会 20 万元 E - Learning 项目（即创新平板电脑信息化教学示范课堂）设施设备捐赠汕头市潮南区仙城镇深溪小学等。

图 3 - 30　汕头市潮南区仙城镇梅径小学（黄松书摄影）

---

① 方济舟：《香港老板林永城为潮南区红场镇乡亲办实事》，《汕头特区晚报》，2004 年 8 月 16 日。
② 杨文兴：《"助苗行动"捐赠 12 万元扶贫助学》，《汕头日报》，2005 年 5 月 17 日。
③ 《汕头海外联谊会五届四次会议上的工作报告》，2006 年 2 月 11 日。

图 3 - 31　汕头市潮南区成田西岐学校（黄松书摄影）

其他区县，也有一些侨资捐赠记录，主要是更新或增加配置。如汕头市红桥第三小学，2010 年接受香港林永财捐赠的 9.3 万元用以购置 240 套课桌椅和 10 张讲台，余款作维修校舍等之用。林氏长期关注"红色"老区，捐资兴学事例至少包括多次资助江西吉安三湾乡贺子珍小学等共 100 多万元，2012 年 100 万元捐建四川包座红军学校，2018 年捐资 20 万元予江西瑞金泽覃乡教育基金会等，海外潮商专门于革命老区捐资助学者也有，但像林氏这样长期且分散多处的并不多见。又如 2005 年，汕头市澄海建阳小学接收海内外集资扩建用于教研实验的"爱群科学楼"。该校在改革开放后屡有更名，此前也有过多宗侨资捐助事例。再如汕头市月浦小学，2011 年侨胞佘宜锦捐赠电脑 6 台，价值约 2.8 万元。

初级中学本时期获得侨资捐助者不多，有记录的，与上一时期相比大为减少。列举如下几所中学。汕头市潮南区陇田沙陇中学（见图 3 - 32），2005 年扩建，时获得侨资捐赠计 515 多万元，其中泰国陈建铭捐资 300 万元兴建"陈建铭教学大楼"，助建办公楼的有如泰国郑创基捐资 80 万元，泰国郑良奎、郑丽芳、郑陈御珍各捐资 20 万元等；2011 年泰国王学后又捐资 60 万元助建该校校舍。汕头市潮南区峡山上东浦初级中学，2008 年侨胞李妙清捐资 100 万元兴建宿舍楼。汕头市岐山二中，2011 年侨胞佘宜锦捐赠打印机 3 台及电脑 6 台，价值 2.8 万元。汕头市南澳县云澳中学，2014 年潮汕三市港澳政协委员联谊会集资捐赠 75 万元作为艺术类建设之用，其中香港陈伟南出资 10 万元。

图 3 - 32　汕头市潮南区陇田沙陇中学（黄松书摄影）

接受侨资捐助的中学还有不少，它们有的是基本上推倒重来，有的是仅受助建、添置某一设施。我们分别以汕头市潮南区成田简朴初级中学、汕头市潮阳区陈琳初级中学和汕头市新溪中学为例，介绍如下。

汕头市潮南区成田简朴初级中学。在上个阶段的 1997 年，便有泰国李光隆、李光和各捐资 100 万元建设教学楼等，修成建筑面积 2 700 平方米，[①] 但仅有数百个学位，其校园环境及配套设施等，在 2002 年成田镇所有 5 所初级中学中属于较为简陋的。为了增加学位，完善教育环境，2007 年，香港李亚鹤捐资 1 200 万元进行大规模的改造重建，在将原中学改为小学（今名汕头市潮南区成田镇简朴小学）的基础上，又新成一所中学（当时冠名李亚鹤企业名"金光华中学"，今名汕头市潮南区成田镇简朴初级中学），这样，小学、中学两校紧邻并立。至 2007 年 9 月 3 日，中学举行落成庆典仪式，建成教学楼 3 幢和办公楼、科技楼、教师宿舍楼各 1 幢，其中一幢楼以李亚鹤父亲大名冠之曰"辉臣楼"。另有电脑室、语音室、实验室、200 米跑道等其他配套设施，建筑面积共计 9 450 平方米，可容纳学生 1 000 多人。李亚鹤在多个地方均有公益投入，这是截至 2008 年之前其单次捐赠金额最大的一宗。李氏在潮南区成田镇简朴村的公益捐赠，截至 2007 年已有 2 735 万元（8 大项），[②] 其中捐资兴学的，除了这个初级中学之外，还有助建汕头市潮南区成田镇简朴小学的捐资兴学 100 万元。

汕头市潮阳区陈琳初级中学（见图 3 - 33）。该校由香港陈琳于 1992 年捐资

---

① 此处按地方志书。《潮阳市志》编纂委员会编：《潮阳市志（1979—2003）》，广州：广东人民出版社，2012 年，第 980 页。

② 此处按各碑记，其中每年捐赠捐资福利金、扶贫济困的，计至立碑时间 2007 年。

450万元，以及群众集资、政府补贴180万元，[①] 共计630万元创建，土地为乡村给付。该校初建时规模并不很大，此后屡有修葺，至2015年再次建设升级，这次是陈琳捐资100万元赠建教学办公楼之附属楼（后楼）。此外，陈琳还于1996年捐资400余万元[②]助建汕头市潮阳区金灶柳岗小学（见图3-34，时称"金玉陈琳小学"），同样是当地基层乡村给付土地，至1999年落成。这两所学校相依而立，极大地缓解了当年柳岗村及附近中小学学位紧缺的问题。陈琳捐资这两所学校，以及在当地发放慰问的奖学、助学金等的支出可逾900万元。陈琳的公益捐资遍及海内外，在潮阳、普宁、揭阳、揭东等地均有善举，截至2000年，有两三千万元。

图3-33　汕头市潮阳区陈琳初级中学（黄松书摄影）

图3-34　汕头市潮阳区金灶柳岗小学（黄松书摄影）

---

① 此处金额按地方志书折算。《潮阳市志》编纂委员会编：《潮阳市志（1979—2003）》，广州：广东人民出版社，2012年，第1001页。

② 此处按碑记。

汕头市新溪中学（见图 3 - 35）。该校于 1964 年建校，[1] 校址几经迁易，曾改设为开办家用电器、服装裁缝专业的职业技术中学。[2] 1988 年恢复原校址（即现址）后，拟订计划分四期进行改造建设。第一期 2001 年竣工，总投入 483 万元，其中有 60 多万元来自侨资捐赠，捐资 3 万元及以上者可冠名教室一间。马来西亚谢松镇、谢名赐、谢耀林、谢玉坤、谢俊卿、谢仕得、谢勲赐、王御清、谢氏公会和泰国谢绍清、谢受旭、王楚霞、谢幼侬、谢亿隆、谢锐初各捐 3 万元，又马来西亚谢两赐、谢炳来分别捐资马币 2 万元、1.4 万元等，冠名教室 17 间。第四期 2014 年竣工，总投入 1 806 万元，包括教学楼、图书馆等，其中图书馆及配套项目总投资 620 万元，除了龙湖区政府出资 320 万元外，余款 300 万元由谢锐奎（原名庄炳逵）及其三位儿子谢晓东、谢丹阳、谢晓光捐赠，[3] 冠名"庄瑞周图书馆"（见图 3 - 36）以纪念庄（谢）家先人。落成后，谢氏另捐 10 万元用于购置图书。有些材料仅略写捐资人为"谢晓东"或"谢晓东等"，可能是他出力比较多的缘故。谢晓东为香港国际大律师（诉讼律师）。

图 3 - 35　汕头市新溪中学（黄松书摄影）

---

[1]　此处按汕头市侨联提供的材料，又地方志书等称该校创建于 1969 年 2 月。参见《汕头市龙湖区志》编纂委员会编：《汕头市龙湖区志：1979—2003》，广州：花城出版社，2013 年，第 49 页。

[2]　澄海县地方志编纂委员会编：《澄海县志》，广州：广东人民出版社，1992 年，第 693 页。

[3]　此处金额和 10 万元购置图书均按碑记。

图3-36　汕头市新溪中学庄瑞周图书馆（黄松书摄影）

九年一贯制学校在本时期得到更新换代的相对较多。其中既有大规模校舍升级，也有教学设备升级，还有已废或尚存的学校经升级后成为九年一贯制学校的。举例如下。

汕头市濠江区葛洲学校。该校自张恭良、张恭荣1981年创建落成后，经1989年、1998年数次以张家为首的海内外集资完善，但随着"改薄"标准的提高，该校日渐跟不上时代要求。2009年，以香港张敬德、张敬安、张敬石等（皆是张恭良、张恭荣子侄）为首，筹集海内外资金1 000多万元进行重建，总建筑面积4 880平方米，配套教室28间，阶梯课室、多功能室7间，可容纳1 300名学生就读，教学设施也更臻完善。该校曾用名"良德学校"，今存"张恭良、张恭荣纪念楼""张欣廷礼堂"（以张恭良、张恭荣父亲张欣廷大名冠名）等。这一例属于大规模的校舍建设升级，同时是本时期濠江区改建九年一贯制学校事例中之较大金额者。

汕头市濠江区澳头学校。该校于1987年创建，当时的捐赠总额为香港陈木添等的海内外资金82万元；[①] 2010年有港资捐赠40万元进行电脑室更新；2014年海内外集资48万元捐建礼堂并配套电脑视听器材等；2016香港许瑞勤捐资30万元，配套建设学校的电子电脑视听教室，以及校园的电脑网络、视听广播、安全监控系统，学校的电子化程度得到升级，达到"改薄"要求。这一例则是以教学设备升级为主。

汕头市潮阳区海门第三学校。该校前身为"海门第三小学"，因年久失修，

---

① 此处按碑记。

至 2001 年 8 月或稍前，该校状态大概可说是名义犹存而处于实际停办状态。时在外地为官的当地籍人柳锦州、郑欣光等出于乡土情怀，积极协调建校"复"学事宜，经多方努力联络上香港慈云阁董事局永远主席林世铿，获其支持 500 万元善款，由海门新德社区重新择址供地，至 2005 年，新校落成并恢复招生。时称"海门慈云新德学校"，翌年改为九年一贯制学校，并更名海门第三学校。这一例是"废"后"复"办，升级为九年一贯制学校的。

原为完全小学、初级中学，经改造扩建升级为九年一贯制学校的事例很多，主要集中在新成独立建制的潮南区。

如汕头市潮南区峡山大宅学校，1987—1988 年创校时便获中国香港、泰国乡亲蔡衍涛、卓训宽等 44 人计港币 254.5 万元之捐助，蔡衍涛（10 万元）、卓训宽（5 万元）、蔡世科（5 万元）捐资设置奖学奖教基金。此后基金历有增加，当时只办小学；1995 年增办初中部，落成 3 幢新楼，其中"蔡世昌教学楼"（蔡世昌为蔡衍涛之父亲）、"蔡衍涛实验楼"是香港蔡衍涛捐款港币 200 万元助建；"卓训宽教师楼"是卓训宽捐款港币 100 万元助建。[①] 按地方志的记载，至此该校已获建校侨资善款 730 万元[②]。本时期卓训宽、蔡衍涛均有继续增捐，较大规模的一次如卓训宽捐资 160 万元完善初中部，遂令学校得以优化。卓训宽经常回乡，乡人眼中的他甚是和善亲切。2013 年，弥留之际的卓训宽仍嘱其家人不能与乡里"断了联系"，称"欢喜共产党政府令乡里生活好了"，要好好为社会为乡里继续尽"薄力"。其夫人李凤莲及儿女秉承其遗志设立了卓训宽奖教奖学基金，每年捐出 10 万元奖励优秀师生，而李凤莲也不顾高龄，每年坚持回乡颁奖。卓家崇文重教、热心慈善，可谓薪火相传了。

又如汕头市潮南区峡山陈禾陂学校，该校原为小学，曾经"戴帽子"设置初中教学班。此前 1978—1981 年、1999—2001 年便有过侨胞叶枝旭、叶清河、叶镇荣、林炳盛等多人的捐助记录。2015 年侨胞叶桂兴、孙玉媚捐资 468 万元[③]再增建礼堂，2016 年落成，占地面积 2 200 平方米、建筑面积 1 260 平方米，各取夫妻姓名一字冠名"桂玉楼"。

再如汕头市潮南区峡山练南学校，1994 年曾接受海内外 400 多万元的建校捐赠，为首的香港刘伯诚港币 140 万元、香港刘先哲人民币 60 万元，时为完全小学；2007—2009 年筹集到香港吴镇明、刘先哲和内地刘启龙等海内外善款近

---

① 按学校中 1988 年、2005 年两通碑记整理。
② 汕头市潮阳区地方志办公室、外事侨务局，汕头市潮南区地方志办公室、外事侨务局编著：《潮阳市华侨港澳台同胞志》，深圳：海天出版社，2009 年，第 156 页。
③ 此处金额按"兴建桂玉楼记"碑记。另，叶桂兴夫妻所在国国籍未明，此处暂称"侨胞"。

1 000万元，在学校空地上建设了教学楼和教师公寓各1幢，建筑面积8 000多平方米，碑铭"练南初级中学"，① 今为九年一贯制学校。

2. 高中（完全中学）教育

关于高中教育，较新的全国性规划是《国家中长期教育改革和发展规划纲要（2010—2020年）》（以下简称《规划》）。《规划》提出，到2020年全国普及高中阶段教育，全面满足初中毕业生接受高中阶段教育需求，其要求是毛入学率② 达到90%。③ 广东全省在2011年的高中阶段（包括普中、职中）毛入学率已达到90.34%，提前九年实现全面普及高中阶段教育，在巩固的基础上，至2015年，高中阶段教育毛入学率达到95.66%，普通学校和职业学校之比保持大体相当。目前最新的要求是，至2020年，"高水平高质量普及高中阶段教育，高中阶段教育毛入学率稳定在95%以上"④。汕头市近年的高中毛入学率指标稳步上升，2015—2017年3年分别是94%、95%、96%，已被认定为"广东省普及高中阶段教育达标市"。

汕头市在这时期也订下诸多教育方面的目标计划。就普通高中而言，有如2007年提出：要高标准、积极推进优质普通高中建设，到2016年力争有12所普通高中进入国家级示范性高中行列等。⑤ 又如2016年提出：改造提升薄弱普通高中，推动民办高中积极创建等级学校，形成普通高中多样化发展格局，到2020年，高中阶段教育毛入学率达到95%以上。⑥

在贯彻、实施"普及高中"的过程中，汕头不少学校进行优化、提升，但有华侨华人、港澳同胞捐资兴学的学校其实不多，具规模的主要集中在潮阳区及潮南区。其中既有新创的学校、校区，也有原有学校的校舍升级、设备增置等。例举如下。

汕头市潮阳区金堡中学。该校为本时期新创学校，由香港郑开德于2003年捐建。2004年首期投入已逾2 400万元，建成3幢教师宿舍楼和教工食堂，以及标准运动场等，建筑面积23 000平方米，可以提供2 700个学位，是为当地第一

---

① 此段描述据3通碑记整理。

② 毛入学率，是指某学年度某级教育在校生数占相应学龄人口总数比例，由于包含低龄或超龄的学生等，毛入学率有大于100%的可能性。

③ 《规划纲要》工作小组办公室：《国家中长期教育改革和发展规划纲要（2010—2020年）》，《当代文化与教育研究》2010第3期。

④ 《广东省教育发展"十三五"规划（2016—2020年）》，《广东教育》（综合版）2017年第2期。

⑤ 《汕头市"十年大发展"战略规划纲要（2007—2016年）》，中共汕头市委员会第三次全体（扩大）会议2007年9月26日通过，2007年11月22日印发。

⑥ 《广东省汕头市国民经济和社会发展第十三个五年规划纲要》（汕府〔2016〕46号），汕头市十三届人大六次会议审查批准，2016年4月22日印发。

所完全中学。此后，郑开德连年捐建，至 2008 年第四期工程竣工后，仍继续出资完善、升级学校配套设施。该校于 2009 年获评"广东省一级学校"，截至 2013 年 10 月，该校占地面积 168 亩，就读学生 6 200 余人。截至 2018 年初，郑开德入选"南粤新乡贤"① 时的公开统计数据，郑氏投入该校的善款累计已突破 2 亿元。

郑开德以"热肠古道、不露圭角"为世人所称道，"伊唔是最有钱，是最有心"是乡邻们对他的评价。迄今郑氏居住处仍略显普通——乃至于与附近高楼相比可说平平无奇。而在 2004 年大笔捐赠之前，几乎没有关于郑开德的显眼材料，但他其实在 20 世纪 90 年代走出家乡创业之前已经开始公益活动了。如长期为金浦三堡小学的贫困学生提供读书支持款，直到汕头贯彻政策实施贫困农村学生"两免一补"时，才转为助学金。郑氏在乡间的捐赠，包括 1 300 多万元新筑水泥路道、桥梁，400 多万元完成三堡社区水改工程，100 多万元兴建金浦街道和三堡居委两所老年人活动中心，且每年承担两中心的费用（截至 2018 年计约 150 万元），80 万元助建三堡居委青年活动中心。近年成立德惠基金会，每年拨款几十万元资助村里老弱病残孤寡户等。各地的捐资则包括 2008 年初南方雪灾时向汕头市慈善总会捐资 30 万元赈灾，"5·12 汶川大地震"后捐资 30 万元救济等。较近的一次，是捐建 2018 年 10 月 15 日启动开工仪式的潮阳区新华中路工程，该工程规划宽度为双向 6 车道 44 米，总长 607 米，建设内容包括道路、照明、交通、排水、绿化工程，总投资大约为 2 827 万元。仅以上述项目来统计，郑氏截至 2018 年末的公益投入已不少于 2.53 亿元。其中占比最重的是文化教育，正如郑氏所称："每个地方要发展，必须教育要好，有教育才能够发展。"②

汕头市潮南区东山中学。该校为本时期新创学校，2007 年奠基，2009 年主体竣工开学，政府筹资 500 万元及划拨土地，另外的创校款项大约均来自陈炎隆家族。捐资建校之概略，大约为：2007 年，泰国陈方映英及其儿子陈汉财、陈汉雄以陈炎隆、陈方映英伉俪名义捐资逾 800 万元；2008—2011 年陈方映英与泰国郑俊武捐资 1 200 万元，依据相关材料及访谈来看，郑俊武应为陈炎隆生前旗下企业的主要负责人，此次捐赠，系陈方映英得到郑俊武支持的结果。东山中学有教学楼（内设"泰梽堂"，为陈炎隆旗下企业冠名），综合楼（实验室、语音室、艺术室、"汉雄"图书馆）、"陈汉财楼""陈汉雄楼"两幢宿舍楼，运动场及配套设施，建筑面积 20 000 多平方米，陈方映英又与郑俊武于 2017 年捐资 20

---

① 该项评选活动为广东省委宣传部、省文明办、省委农办联合主办，2018 年 2 月 1 日公布的是第一届，共十人入选，郑开德名列第二位。

② 潮阳广播电视台节目：《郑开德再捐资千万元支持家乡创文与金堡中学建设!》，2018 年 1 月 5 日。

万元设立东山中学中高考奖教奖学金。陈炎隆生前在海内外均有大额捐助，于家乡的公益项目则有铺筑村道、兴建老人活动楼等，投入在捐资兴学方面的，则有1989年捐资250万元创建汕头市潮南区峡山东山学校（小学），2017年其家族捐资5万元设立峡山东山学校奖教奖学基金。陈氏家族之捐资兴学可谓薪火不断。

汕头市潮阳区南侨中学分校力嘉中学（见图3-37）。这所学校为本时期新创学校，由香港马伟武、马馀雄两兄弟各捐资1 900万元、计3 800万元创建。在2012年7月举行的揭牌庆典上，马伟武慷慨陈词："我在这里出生，这里是我的根，对老家我始终怀着深厚情感，以'力嘉集团'（马氏之企业）的名义捐建一所中学，圆了我牵挂了半生的一个梦！"据称当时场面甚为感人。学校占地近100亩，主体建筑为教学楼3幢和办公楼、宿舍楼、多功能体育馆各1座，以及400米标准田径场，还有其他配套设施，总建筑面积1.8万平方米，可提供近2 000个学位，从根本上解决了附近数个乡村高中学校"大班额"现象和专用课室、配套不足的问题。2013年，马伟武兄弟又增资900万元，扩建力嘉中学教学楼及学生宿舍楼，[1] 以适应"改薄"的要求。

---

[1] 此处依据潮阳区和平镇人民政府报告：《潮阳区和平镇创建广东省教育强镇自评报告》，2013年9月。

图 3 - 37　汕头市潮阳区南侨中学分校力嘉中学（黄松书摄影）

　　马氏兄弟热衷公益活动，有刊于 2012 年的文章称，他们累计捐资 6 000 多万元，[1] 到了 2013 年至少可有 7 000 多万元。又，马伟武曾因"爱妻爱乡更博爱社会，关心家乡教育发展，行善亲力亲为"[2] 等正能量事迹，当选为 2012 年度（即第五届）"南方·华人慈善盛典"十大慈善人物。马伟武在潮阳捐资兴学的行为，较具规模的还有 2012 年捐资 60 万元助建汕头市潮南区仙城镇梅径小学。

　　汕头市潮阳区城南中学。这所学校在本时期升级。该校于 1999 年创办，2010 年澳大利亚郑志才捐资 1 200 万元兴建"训仁"教学楼和"训仁"运动场，前者楼高 5 层，建筑面积 2 800 平方米，后者占地面积共 3 500 平方米，有规范跑道和 4 个篮球场、2 个排球场，同时还修建 320 米校园背面围墙，铺设地下供电电缆。2012 年郑氏又捐资 80 万元建设学校的配套设施等，学校得以再次升级。郑志才乐于行善，认为"人不能忘本，在自己有能力的时候，能多帮助别人做点好事，这就是我最大的幸福和快乐"[3]，曾获中华慈善总会颁布的"第二届中华慈善突出贡献（个人）奖"[4]。据悉，其个人或旗下企业在海内外捐资在四五千万元以上，其中有不少涉及捐资兴学的，如在潮汕的捐款捐物行为，以及助建珠

　　① 李镇兴：《潮商马伟武捐资 4000 万为家乡潮阳建学校》，《潮商》2012 年第 4 期。
　　② "2012 南方·华人慈善盛典"颁奖晚会之"获奖者背景"环节。又，该项活动为广东省侨办与两家媒体合办。见广东南方电视台视频，2012 年 11 月 13 日。
　　③ 《企业家热心参与"关工学子"捐资助学活动，用义举点亮贫困学生求学梦》，《珠海特区报》，2017 年 11 月 4 日。
　　④ 中华慈善总会文件：《关于第二届"中华慈善突出贡献奖"的表彰决定》（中慈发〔2014〕24 号）附"获奖名单"，2014 年 9 月 3 日。

海的珠海拱北中学综合大楼、珠海第三职业中学实验大楼，参与"关工学子"捐资助学活动等。

值得一提的是，以郑志才为现任会长的珠海潮联会（全称"珠海潮人海外联谊会"）之多位成员均有着捐资兴学记叙，该会 7 500 万元全资创建的潮联学校于 2018 年 9 月 5 日举行奠基典礼。按规划，这所学校是完全小学，设置有可提供 1 080 个学位的 24 个教学班，珠海潮联会预计 2019 年下半年竣工后无偿移交给珠海香洲区政府、区教育局管理，是为公办学校。这将是国内首所以此形式赠建的"潮"字号学校，珠海潮联会算是开了先河，相信对进一步提升潮商的美誉度也是大有裨益，正如中侨联副主席刘艺良在奠基典礼现场的致辞，参与此项目的潮商们"彰显了强烈的社会责任感和无限爱心"，"是各地潮属社团学习的典范"。

汕头市潮阳区铜盂中学（见图 3 - 38）。这所学校在本时期升级。该校 1920 年创办，1992 年后改为初级中学，2009 年 9 月恢复为完全中学。不久，香港吴汉忠捐资 500 万元兴建教学楼，2011 年落成，是为高中部教学的主体楼。该楼高 6 层，标准教室 25 间，教师办公室 6 间，占地面积 585 平方米，建筑面积3 440 平方米，以吴汉忠的父亲名冠名"吴镇明教学楼"。吴镇明亦为济苦怜贫、慷慨乐捐之士，在多个地方都有捐赠，仅计算他在 1991—2003 年间于潮阳铜盂的 6 项捐赠（洋美村道、洋美农田备耕路、铜盂兴富路、铜盂卫生院、洋美村老人活动中心、洋美村办公楼），已达 2 266 万元。

图 3 - 38　汕头市潮阳区铜盂中学（黄松书摄影）

　　吴汉忠 1981 年出生于香港，[1] 其迄今在汕头的教育和社会公益事业的捐赠累计已逾 1 100 万元，其中包括铜盂中学、练南小学等，[2] 是为目前潮汕三市海外捐资兴学事例中较为年轻的捐资者。吴汉忠以潮汕人为荣，"我们汕头" 常常脱口而出，而这些皆是自幼随其父回乡过节耳濡目染的结果。吴汉忠又称将 "继续为汕头的教育和社会公益事业作出贡献"，在新时代为民族复兴事业添砖加瓦，并认为汕头应该与新一代华侨继续 "交朋友"，培育年青一代的家乡情怀。[3]

　　汕头市达濠第二中学。这所学校在本时期升级。该校由创于 1977 年的礐石中学迁址而来，1984 年更名，仍为初级中学，大约 2008 年或稍后获得批准，设立高中部，但由于资金问题未能扩建学校。早有建校之意的香港黄光升获悉后，捐资 1 000 万元扩建校舍，于 2009 年 1 月 28 日（正月初三）开始动工以求加快项目进程。后修成教学楼及教学设施，新建校门等，教学楼主要用于新设立的高中部，为纪念黄光升之兄长黄光锋冠名 "光锋" 教学楼。扩建后的教学楼面积总计 7 000 平方米，新增 1 200 个学位。黄光升在家乡尚有不少公益行动，除了 2003 年捐出本人及其兄弟三座厝地（800 多平方米）用于扩建珠浦医院、2008 年捐资 60 万元赠予珠浦慈善会之外，主要捐资兴学事例还有 1995 年捐资 30 万元建设珠浦中心幼儿园、2007 年起捐资 50 万元帮助 28 名贫困大学生完成学业等。[4]

　　汕头市潮南区庐溪中学（见图 3 - 39）。这所学校在本时期升级。该校创建于 1969 年，原为初级中学，1979 年泰国吴娘锡带头与旅泰乡亲集资捐助该校。1995 年，官方重点打造 "庐溪教育村"（见图 3 - 40），庐溪中学是主要代表性学校。该 "教育村" 总投入逾人民币 5 000 万元，其中群众集资或国家补贴等投入资金人民币 2 030 万元，侨资捐赠则计港币 2 000 万元。侨资捐赠分别为吴宏丰 839 万元港币，吴娘锡 789 万元港币，吴裕锦、吴荣坤、吴明德、吴西成、吴木钊等 40 人 372 万元港币。所建的设施包括幼儿园、小学以及中学等，"庐溪教育村" 竣工后全部占地面积 10 万平方米，建筑面积 4 万多平方米。2005 年，泰国华侨华人集资 300 万元助建该中学之教学楼、宿舍楼等，翌年新校舍落成后成立高中部，并于秋季招收高中生，遂成为一所完全中学。

---

　　① 此处按 "政协青海委员会委员" 介绍栏目，载中国人民政治协商会议青海省委员会官方网站。

　　② 练南学校接受的吴氏父子 250 万元捐款，以前的材料均显示捐资人为吴镇明（吴汉忠的父亲），后来的公开报道等多种材料则称捐资人为吴汉忠，我们认为后者是吴氏家族最新意愿之反映，因此，本书（包括附录表）把 "练南学校" 的捐资额计入吴汉忠名下，而不再算为吴镇明所捐。参见 1994 年、2009 年之建校志、练南初级中学碑记等。

　　③ 《知名潮人受邀观礼阅兵式表达激动心情》，《汕头日报》，2015 年 9 月 6 日；《改善家乡医疗条件，促进两地文化交流》，《汕头日报》，2019 年 3 月 27 日。

　　④ 汕头市濠江区教育局：《2012 年工作总结和 2013 年工作计划》，2012 年 11 月 22 日；中共珠浦社区书记黄光立：《"开工典礼暨珠浦慈善会 2009 年年会" 上的致辞》，2009 年 1 月 28 日。

图 3 - 39　汕头市潮南区胪溪中学（黄松书摄影）

图 3 - 40　潮南区胪岗镇胪溪教育村（黄松书摄影）

胪溪村捐资兴学氛围颇盛，也获得不少荣誉，如 1996 年建成"胪溪教育村"，2004 年末通过审核成为中国侨联的"科教兴国示范基地"等。该村的众多捐资事例中，又以泰国吴氏宗亲贡献为大，如吴宏丰、吴李楚璇伉俪，1987 年集资助建胪溪小学、1981 年和 1994 年捐资 200 万元助建溪头上厝胪溪小学礼堂和教学楼、1996 年捐资 50 万元予潮阳教育基金会、2001 年捐资 120 万元①助建潮南区成田简朴小学，这些年期间还建设丰怡幼儿园，累计其捐资兴学金额大约为 1 110 万元；又如吴娘锡，除了上述之外，还于 1981 年和 1987 年集资助建胪溪

_____

① 此金额按简朴小学 2006 年碑记。

小学等、2013 年捐资 350 万元①在胪溪中学再助建、扩建教学楼、学生宿舍楼各 1 幢。

还有若干高级中学、完全中学也在本时期获得侨资的捐赠，一般都是来自校友。如汕头市聿怀中学，较成规模的捐赠有 2008 年、2014 年香港陈厚宝累计捐赠港币 30 万元作为教师校服费用；2011 年、2012 年张华达各捐 10 万元，用于奖教奖学基金；2012 年泰国袁经伦捐资 50 万元助建"泽霖堂校史馆"（纪念该校首任华人校长陈泽霖）、30 万元助建"经伦图书馆"、30 万元购《四库全书》及书柜；2012 年泰国陈有汉捐资 50 万元助建"有汉大礼堂"等。

3. 职业技术教育、学前教育（幼儿园）和高等教育

随着国家、地方对职业教育的重视，各种帮扶政策陆续出台，汕头最新执行的中等职业学校免学费资助有 3 项：①公办学校免收学费（民办学校学费标准高于财政免学费补助之部分可向学生收取）；②助学金资助，每生每年 2 000 元（每学期 1 000 元）；③学校建档立卡贫困户学生生活费资助，每生每学年 3 000 元（每月 300 元）。不同情况可对应申请资助："建档立卡贫困户"的可享受①②③项；家庭经济困难的，残疾者，报读"农业"相关专业的，均可享受①②项；农村户籍或县镇户籍，"戏曲表演"相关专业，均可享受①项。②

2007 年 11 月，汕头市政府印发《汕头市"十年大发展"战略规划纲要（2007—2016 年）》（以下简称《纲要》），《纲要》提出，十年时间里大力发展中等职业教育，在各区（县）重点建设好 1～2 所中等职业技术学校，扩展职业教育规模，提高职业教育质量；同时加快、积极发展高等教育，千方百计创造条件引进国内外知名高校落户汕头办学。③

《纲要》出台之后，各区县遂寻求发展和强化职业教育之路，汕头市潮南区职业技术学校（双挂牌，即另一牌子为"汕头市潮南区职业技术教育中心"）便应运而生。这也是汕头本时期有具规模侨资捐助的唯一一所中等职业教育学校。

潮南自 2003 年独立成为区级建制之后，一直没有专门的职业技术学校。2009 年 2 月潮南区第二届人民代表大会第四次会议上的《潮南区政府工作报告》，再次提出筹建职业技术学校的问题。当年 10 月，汕头市人民政府同意设立

---

① 此金额依据潮南区胪岗镇人民政府报告：《汕头市潮南区胪岗镇申报广东省教育强镇自评报告》，2014 年 9 月。

② 汕头市教育局：《关于中等职业学校资助政策宣传的一封信》，2019 年 2 月 27 日。

③ 《汕头市"十年大发展"战略规划纲要（2007—2016 年）》，中共汕头市委员会第三次全体（扩大）会议 2007 年 9 月 26 日通过，2007 年 11 月 22 日印发。

汕头市潮南区职业技术教育中心，2011年10月汕头市发改委批准立项，[①] 项目校园占地面积198亩，校舍建筑面积8.3万平方米，总投资约3.5亿元，分两期建设，建成后可容纳在校生5 000人，其中3 000多名内宿。[②] 不过，由于在选址征地、资金筹措等一系列问题上颇费周折，该项目启动建设较慢。

2012年，素有在家乡捐资兴学意愿的澳大利亚周泽荣夫妇，闻讯捐资9 000万元助建学校，并再捐1 000万元作为设置新校"教育基金会"的启动经费，还在校舍设计施工、建设统筹以及专业设置等方面给予专业指导。由是，该项目之首期工程于2012年10月正式动工，至2013年8月竣工，落成总建筑面积53 870.36平方米，有行政区、教学区、实验区、生活区、运动区等，总投资约2.5亿元。学校开设有学前教育、电子商务、计算机应用（动漫方向）、商务助理、服装设计与工艺、会计、商品经营、计算机网络技术、办公室文员、商务英语等10个专业。9月12日，首批1 200多名学生正式入学。第二期建设学校自筹资金8 000万元，于2017年4月启动，年底投入使用。最近的情况是，2017—2018学年在校生2 659人，潮南区学生占96%，区外占4%。资助方面，则执行上级免学费和助学金政策，按照申请、评选、公示、审核程序进行发放工作，2017—2018学年学生受资助项目有两项：享受免学费者2 613人，占在学生的98%，计免的金额合共914.55万元；享受助学金者176人，占在学生的6.6%，计发的金额合共35.2万元。周氏的助学意愿及约定等，均按规章顺畅进行。

周泽荣在海内外的公益慈善捐资数以十亿计，其中不少是捐资兴学的项目，较为著名的是其捐资2 500万澳元（其中500万澳元为澳中高等教育奖学金）在澳大利亚悉尼科技大学兴建的"周泽荣博士大楼"。该楼系被誉为"当代著名的解构主义建筑师"的弗兰克·盖里所设计，是世界校园地标性建筑，[③] 同时也是澳大利亚首次以华人名字冠名的地标性建筑。[④] 周氏因"长期热心家乡公益事业，关注社会弱势群体，多次为家乡的教育、交通事业和扶贫赈灾等社会公益事

---

① 此期间，相关部门曾获"成田马介璋中学"捐资人香港马介璋的同意，将该校改办为潮南区内的职业技术学校并招生。该校与这里所述的"潮南区职业技术学校"并无关系。

② 潮南区代区长王槐峰宣读：《2009年二届四次区政府工作报告》，汕头市潮南区第二届人民代表大会第四次会议，2009年2月18日；潮南区区长王槐峰宣读：《2010年二届五次政府工作报告》，汕头市潮南区第二届人民代表大会第五次会议，2010年2月5日；汕头市潮南区职业技术教育中心：《汕头市潮南区职业技术教育中心教育质量年度报告（2018年）》，2019年1月15日。

③ ［澳］利萨·纳尔、［澳］斯图尔特·克莱格编著，于丽红译：《盖里在悉尼》，桂林：广西师范大学出版社，2016年，扉页，"前言"第1—2页。

④ 中新社：《周泽荣：推动澳中交流合作的实干家》，《南方日报》，2017年5月16日。

业捐资捐物"而获授汕头市政府颁发的"五星爱心慈善之星"。[1] 计其在潮南区的捐资兴学事例,除了上述潮南职校之外,还有对汕头市潮南区峡山桃溪学校捐资捐物等其他 3 宗,在汕头潮南的捐资兴学总额接近 1.1 亿元。

学前教育方面。本时期华侨华人、港澳台同胞的捐资兴学,更多是通过市、区、街道村镇的基金会、慈善组织乃至乡间的宗族组织等来进行,以给予学前教育资助,包括完善幼儿园设施、赠书赠物、开展学前教育活动等,而这些公益组织的资金来源渠道众多,侨资仅仅是占据其中偏少的一部分,我们也就无法透析。

但仍有一些侨资直接捐助的幼儿园见诸记录,虽然只是很少的数例而已。如汕头市澄海溪南仙市幼儿园,该园于 2013 年改造,捐款 500 元及以上者共有 149 名,其中 4 人明确为侨胞,分别是为首的泰国江守镇捐资 7 万元,还有陈赞绪、陈克正、陈克光各捐资 1 万元。汕头市潮南区峡山街道潮东小学(见图 3–41),曾经长期存在(或称"附属")着类似幼儿园的学前教育,潮东小学接受过多次侨胞捐助,据了解该学前教育班制也有过零星的侨资捐助。再如汕头市龙湖区外砂镇大衙幼儿园,该园于 2003 年进行过一次较大规模的改造,幼儿园校园由 11 亩扩建至 30 亩,整个工程总投资 300 万元,除了当地村委会出资 250 万元之外,余下的为集资,其中捐款 500 元及以上者计 226 名(含单位、组织),建园碑刻上留有"蔡玛纳越""蔡哇拉峰"各捐 500 元的记录,按此姓名来猜测,这两人似乎是东南亚人士。

图 3–41 汕头市潮南区峡山街道潮东小学(黄松书摄影)

---

[1] 汕头市人民政府:《关于授予周泽荣博士为"爱心慈善之星★★★★★"的决定》(汕府〔2013〕115 号),2013 年 10 月 18 日。

高等院校方面，汕头政府一直寻思如何再建一所全日制高级别高校。据了解，这个念头自20世纪90年代后期便颇为强烈了，只是因21世纪初汕头经济数年不振而搁浅。2007年，汕头政府终于将其写入重要的战略纲要中："千方百计创造条件引进国内外知名高校落户汕头办学。到2016年把汕头建成结构合理、综合服务功能强的区域性现代化教育基地。"①

也就是在本时期，汕头大学之外另一所侨资促成的公立大学——广东以色列理工学院（简称"广以理工学院"）成立。这是我国第一所引进以色列优质高等教育资源的具有独立法人资格的中外合作大学，它弥补了粤东高等院校资源不足的缺陷，是潮汕教育史上的又一件大事。

广以理工学院为以色列理工学院与广东汕头大学合作创办，由广东省人民政府、汕头市人民政府和李嘉诚基金会共同支持。该校筹建概略如下：

2011年5月、2012年1月，李嘉诚基金会、汕头大学领导访问以色列理工学院；2011年9月、2012年8月以色列理工学院校方回访，双方探讨合作办学事宜；2013年4月广东省领导率团访问以色列理工学院，2013年7月以色列理工学院回访，进入深入探讨阶段；2013年9月29日，李嘉诚基金会向以色列理工学院捐资1.3亿美元，②促成合作办学达成最终意向；2013年11月，汕头市人民政府、汕头大学、以色列理工学院三方共同签订创办广东以色列理工学院框架协议；2014年9月3日，汕头市人民政府明确划拨623.45亩土地作为校园建设用地；2015年4月9日，国家教育部正式批准筹备设立广东以色列理工学院，7月31日学院过渡办公教学楼竣工交付使用；2015年12月16日，举行奠基典礼，同时举行学院的启动仪式（北校区的建设已于稍前的10月份实际启动）；2016年12月5日，教育部发出《教育部关于批准正式设立广东以色列理工学院的函》，同意正式设立广东以色列理工学院，广东省财政和汕头市财政全额负担广东以色列理工学院的校园建设和学科建设经费，预计将为其建设投入超过40亿元的资金；2017年12月18日，学院正式举行揭牌仪式（见图3-42），现场宣布李嘉诚将捐款1 000万人民币支持该学院发展。

---

① 《汕头市"十年大发展"战略规划纲要（2007—2016年）》，中共汕头市委员会第三次全体（扩大）会议2007年9月26日通过，2007年11月22日印发。

② 李嘉诚把私人投资以色列企业之收益作为这次捐资的部分款项；1.3亿美元（逾10亿港元）是以色列理工学院史上获得的最大一笔捐赠，也是以色列高等教育界有史以来获得的最慷慨资助之一。参见《李嘉诚捐建广东以色列理工》，香港《大公报》，2013年9月30日。

图 3 - 42　广东以色列理工学院揭牌仪式（引自学校网站）

　　广以理工学院于 2017 年招收首届学生。2018 年 11 月，广以理工学院被列入广东省"高水平大学建设计划"，成为入选该项计划的最年轻的高校，已进行的材料科学与工程、食品科学与工程、化学工程与技术、环境科学与工程等 4 个学科同时被列为高水平大学重点建设学科。在计划中，该校园最终将设置涵盖工学、理学和生命科学三个领域的 10 个专业，在校学生规模达 5 000 人，学校依法授予学士、硕士及博士学位，毕业生将获得广东以色列理工学院的毕业证书、学位证书，以及以色列理工学院的学位证书。

　　目前，广以理工学院的建设正在有序进行。据建筑项目公示材料来看，其第二期校区（南校区）建设项目之建设期限为 2018 年 4 月至 2022 年 7 月，总投资255 008.84 万元，由广东、汕头两级财政安排、负责。

　　广以理工学院业务如期开展，各方面发展顺畅。汕头市对其寄予厚望，在该市"十三五"规划中提出："重点做好广东以色列理工学院建设。依托广东以色列理工学院和汕头大学及现有工业基础，建设粤东地区科教研发、成果转化高地，打造粤东地区创新驱动重要引擎。依托广东以色列理工学院和汕头大学，积极推进'中以创新合作区'建设，构建国际创新合作交流平台，推动创新资源与产业发展无缝对接、有机融合、协同联动，打造具有国际竞争力的创新驱动加速器和孵化器。"①

---

　　①　《广东省汕头市国民经济和社会发展第十三个五年规划纲要》（汕府〔2016〕46 号），汕头市十三届人大六次会议审查批准，2016 年 4 月 22 日印发。

4. 资助奖励、荣誉和其他

本时期，汕头市各种基金会、慈善组织的捐资助学继续良性发展。一些学校新成立或进行较大规模改造时，捐资者往往会设置或继续投入资助奖励基金，如周泽荣即捐资 1 000 万元作为汕头市潮南区职业技术助学基金。一些学校也接收新的捐助奖教资金，如汕头市潮南区成田镇大寮小学，在 2012 年便有侨胞许钟湖、许桂荣捐资增设"大寮小学奖教奖学"基金。截至 2016 年，两人分别捐资 5 万元、3 万元。

若干原有的个人出资之助学金则继续延续着，其金额普遍是稳中有增。譬如澳大利亚陈昌华，其自 20 世纪 80 年代末开始捐资帮助濠江区赤港小学贫困学子，由原来的每受助者数百元港币，至 2013 年的 1 000 元、2 000 元，共计资助学生 49 名 77 000 港元（按发放仪式当日 2013 年 1 月 18 日汇率折算，为人民币61 797 元）。截至第十五次发放，受奖助的师生累计已达 3 246 人次。1991 年赤港小学易址重建，陈昌华当时曾捐款港币 35 万元助建学校，累计其多年的捐资兴学金额，估计不低于 140 万元。

不过，如前所述，到了本时期，侨资在资助奖励方面所投入的资金，与国内资金相比并不太多。资助目标覆盖面广的，以潮汕星河奖基金会为例，本时期如张章笋（捐资 4 000 万元设置"星河张章笋科技发明创新奖"）、林辉勇（捐资 1 000 万元设置"星河辉勇师表奖"）、李瑞杰（捐资 1 000 万元设置"星河中青宝助学金"）、黄光裕（捐资 500 多万元）等大额捐赠，都是国内资金，罕有大额的外资捐助。资助目标针对某校的，以汕头市澄海报国小学为例，该校在 2001 年有过一次大规模的扩建，新建了礼堂、教学楼等，至本时期的 2005 年 11 月底，其"奖教奖学助学基金会"累计接收到捐资 146.027 万元，为首 5 位各捐资 10 万元，第 6 位捐资 5 万元，全部来自国内资金，1 万元以下的才有侨资，但占比也不多。

本时期，一些并非专注教育的公益组织，也越来越多地介入捐资兴学行列，其中有些资金为侨资。以汕头市龙湖区为例，自 2000 年龙湖区教育基金会停止活动之后，其在区内捐资兴学方面的功能，被不少公益组织、公益活动所取代。本时期之初，侨资捐助的主要是专项活动之类，如 2003—2004 年，香港林哲荣捐资 20 万元于"龙湖单亲家庭子女助学金"，香港许伟捐资 1 万元、龙湖（香港）海外联谊会捐资 10 000 元于"龙湖扶贫助学行动"等；本阶段的中后期，则多是开展有助学活动的慈善会吸纳这部分侨资，如侨资捐款龙湖区慈善会，用于或主要用于"慈善助学"项目的有 2012—2014 年香港郑合明、郑林海各捐 2 万元，三资企业 5 家共捐资 13 万元等，2016—2017 年陈伟南捐资 10 万元，

2015—2017 孙志文捐资 3 万元，郑合明、郑林海、黄跃英、汤龙伟、陈蔡汉卿、黄昌平、陈志群、洪俊伟、黄祯楷各捐资 2 万元，李成书、王晨宙、林中泉各捐资 1 万元等，这些人都是侨资或三资企业主要负责人。

一般来说，通过这类公益组织、活动进行捐资兴学的，通常金额相对不大，但捐赠次数、项目则可能比较多。如上述的香港孙志文，几十年来捐资项目众多，仅在蓬中村的捐赠，就该村张贴的善款"账本"看，孙志文连续 10 年捐出"单亲母亲帮扶款"48 万元，连续三年扶助"困难户医病""困难户修厝"14 万元。而孙氏在汕头的捐资兴学，则除了上述捐资龙湖区慈善总会、蓬中村助学项目外，还至少包括：1987 年捐资 15 万元助建惠来的学校，1991 年夏回汕见到新闻播报汕头市儿童福利会创建第三福利幼儿园剪彩的新闻遂捐资 15 万港元，1992 年接到赠送的潮汕星河奖基金会宣传资料遂捐资 50 万元（截至 2001 年增捐至 100 万元）①，1994 年助建汕头市外砂中学实验楼 40 万元，2001 年、2012 年捐赠蓬中华侨中学基金 19 万元，2012 年捐赠外砂镇妇联捐资助学 6 万元、育才助学 6 万元，以及 2013 年、2014 年、2017 年的助学金 28 万元等。

由于小额的捐款一般未留下多少材料，因此，我们难以统计到实际有多少事例。就碑记及掌握的情况来看，今澄海、龙湖、金平区估计还有不少这样的捐资人，他们每次多时数万、少时数千，大约是几十年间每次回乡时参与奉献的爱心。

当然也有例外的，如香港马伟强的公益捐赠则是长期、大额的分散投入。在濠江区教育局等主持的"资助贫困大学生"活动中，他自 2003 年开始捐资，迄今累计已近 700 万元。捐资兴学金额达到这个数字的，更为普遍的做法是自己独资，带头捐资新建、升级校舍（本书大抵均是这样的事例），或者独立冠名成某一项目（如"陈汉士助学金"），像马氏这种做法是比较特殊的。

马伟强以履仁蹈义、低调务实为乡人所称道，我们很难在媒体上找到他直接接受采访的报道，但其在海内外的公益捐资则可以数亿计。仅就能看到的马伟强捐资助学情况，至少有如下几例。汕头市之外，金额 1 000 万元以上的包括捐资中央财经大学教育基金会 2 350 万元（截至 2018 年底），捐资复旦大学管理学院的累计总额 2 000 多万元（截至 2014 年 6 月）等；较常见的赠书项目也有参与，如为广西捐赠字典（价值约 50 万元）等。② 在汕头市之内的，除了上述濠江贫困学生项目的约 700 万元外，尚有 2012 年捐资助建汕头市金山中学"仲和堂"礼堂

---

① 王开颖：《乐为"星河"添光彩》，《汕头日报》，1992 年 2 月 25 日。
② 《荣耀复旦，树立典范：复旦管院 2013 "年度校友"颁奖典礼盛大举行》，《东方早报》，2014 年 6 月 24 日；《"中财人·中财梦"校友讲坛预告，马伟强教授：对中国房地产发展现状的思考》，中央财经大学金融学院官方网站，http：//news. cufe. edu. cn/info/1003/7527. htm，2018 年 3 月 21 日。

（见图3－43）和多功能厅750万元，2006年捐资500万元助建汕头市潮南区成田家美学校，截至2018年则约累计1 020万元以完善学校建设，以及捐资潮汕星河奖基金会1 000万元（截至2018年）。这些捐资兴学的金额累计已达8 000余万元。此外，马伟强还热心支持潮汕文化，如即将出版的《心灵乐章——陈登谋潮曲作品研讨会论集》，后记中便有对其捐资的鸣谢。

图3－43　汕头市金山中学"仲和堂"礼堂（黄松书摄影）

同时，作为获得国内最高荣誉奖项，且开发项目获得国家部委"绿色三星"认证（全国仅8个项目）的建筑工程师、设计师，马伟强所参与的公益项目，已知在汕头的均属义务、无偿。如汕头地标性建筑"星河大厦"，马伟强担任工程总指挥，"三年来日夜奋战，历尽辛艰，既不收取设计费用，也不取施工利润"[1]，在资金紧缺时还常常出资垫付，作出"重大贡献"。[2] 后星河大厦获得"2005年度全国建筑工程装饰奖"[3]（今名"中国建筑工程装饰奖"），这是汕头首次获得的装饰行业最高奖项。又如马氏2008年捐资300万元将潮南区的成田家三小学（学校已成危房且附近学位已足）改造成当地的老人活动室"幸福院"，该项设计费用并没有计入捐资款项，即是义务的。

此外，我们就上述内容谈一个"移民更籍"问题。马伟强大约于2008年左

---

① 陈焕展：《众志成楼——星河建馆纪事》，《汕头日报》，2004年1月24日。

② 潮汕星河奖基金会理事会：《对马伟强荣誉会长为兴建潮汕星河馆大厦所作重大贡献的褒扬和感谢》，2004年2月3日。

③ 中国建筑装饰协会：《2005年全国建筑工程装饰奖获奖工程及获奖单位公告》，2015年11月10日。

右才入籍香港，因此，2006 年潮南成田家美学校（时称潮南区成田镇家美第二小学）的"建校志"碑记（见图 3 – 44）是将其列于"内地"捐资人的，侨务部门以及华侨文史材料、华侨专志等不将其录入便是很自然的事。而 2012 年立汕头金中"仲和堂"碑记"捐建人：马伟强伉俪"则未列何籍。这样，倘若不是 2011 年马氏获选"汕头市荣誉市民"称号时的表格，其事迹便鲜有人知。

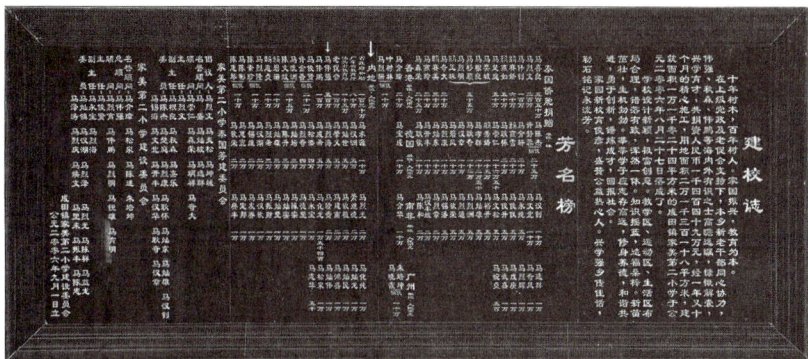

图 3 – 44　潮南区成田镇"家美第二小学建校志"碑（黄松书摄影）

　　侨资捐赠图书也是捐资兴学的一种常见形式。此前各阶段，一般都是在捐建学校图书馆时赠予藏书文献，或者捐赠桌椅教案时赠予课本，但通常数量都不太大，本时期则出现了大规模捐赠教材的情况。如 2017 年香港李闻海购买 14 600 套（共 58 400 册）乡土文化教材《潮汕文化读本》，经各区教育局（如龙湖区、潮南区教育局）转赠，或者直接赠予学校，并筹办、举行捐赠仪式、讲座推广活动等，以扩大影响，总计约捐出 118 万元。该书由陈平原、林伦伦、黄挺主编，广东教育出版社出版，于 2017 年通过"广东省小学教材审定委员会"审定，公布为统一采购小学教材。又，李闻海尚有一些助学事例，较近的，如 2015 年捐助 20 名贫困大学生的 4 年在学费用，合计 100 万元等。

　　关于授予荣誉方面，本时期汕头市新设立了不少荣誉称号，如 2012 年汕头市政府配合"广东扶贫济困日"活动而开始颁发的"爱心慈善之星"，授予前一年度具有突出贡献的个人或单位五星至三星不同等级；又如持续多年的汕头市政府授予的"最具爱心慈善行为楷模"荣衔；再如 2018 年因应广东省"南粤新乡贤"评选，由汕头市委宣传部、汕头市文明办、农办组织联合开展的"汕头新乡贤"活动，等等。

　　不过，截至 2019 年，汕头人大立法通过的"汕头市荣誉市民"最为人所熟知，并且，我们从入选者填写的简历等看，该荣誉称号也是为人所最看重的，则可谓是最具权威性且最具认可度的了。在这个阶段，"荣誉市民"的评选规定有过几次修改。由于它一直由侨务部门主持或主要负责，涉及的项目又多有捐资兴学内容，梳理概况如下：

1985年广州拟就"广州市荣誉市民"的授予方法和规定，翌年开始授荣，开了全国先河，引起轰动。1986年6月，遂有汕头人大代表提出"汕头市荣誉市民称号制度"的议案，10月市人大常委会制定《汕头市授予国外专家及友好人士以"汕头市荣誉市民"称号的暂行规定》，1987年2月审议通过，在此规定下前后共授予5批荣誉市民，都是华侨华人、港澳同胞人士。

2000年，汕头市侨办按照立法安排，上报《汕头市荣誉市民称号授予办法（草拟稿）》，2001年4月形成草案，7月市人大常委会审议通过《汕头市荣誉市民称号授予办法》，于9月获得省人大常委会会议批准。该办法自2001年12月1日起施行，目前仍遵循这份法规。引人注目之处，是授荣对象增加了"市外人士"，即不再局限于海外人士，而"外国人士"则意味着不再局限于华裔。而奖励的是在汕头市经济建设、社会发展和对外交往等方面作出重大贡献的华侨、港澳台同胞、外国人士和其他市外人士，若"荣誉市民违反中华人民共和国法律受刑事追究的，由市人民政府提请市人民代表大会常务委员会撤销其荣誉市民称号"，授予称号的条件有公益、投资等6项，更加具体的条款则由市政府再适时行文通知规定。此后，2003年颁授第6批荣誉市民。

汕头市政府2007年12月28日发布《关于授予"汕头市荣誉市民"称号适用条件若干问题的通知》（汕府〔2007〕169号）。并于2008年、2011年、2012年分别评选出第7批、第8批、第9批荣誉市民。2013年11月1日起执行的是《关于授予汕头市荣誉市民称号适用条件若干问题的通知》（汕府〔2013〕101号），但没有评选出荣誉市民，而该通知也已经于2018年10月31日失效。

截至2018年，汕头市政府一共颁授9批121人"荣誉市民"称号。[①]

所有的121人中（包括因故已被撤销的），能凭借公开信息厘清国籍身份，进而明确其人为"华侨华人、港澳台同胞"身份者，计112人。他们几乎在海内外都有过多次的慈善公益活动，有的金额还达到数亿元，包括在今潮汕三市的项目。其中，曾在目前汕头市（即含6区1县市域）有过明确的、直接的具规模捐资的兴学者，计75人。[②]

---

① 省内外如广州、昆明等均有撤销"荣誉市民"的例子，外国的更多，近期较闻名的是2017年末英国牛津撤销昂山素季"荣誉市民"称号。

② 这75人，不含为多宗大额捐资搭桥牵线者如庄世平（第二批）等，也不包括捐资兴学于曾经的汕头市域，但今已不属汕头的如谢慧如（第三批，捐学于潮州）、陈大河（第四批，捐学于揭阳）等。

这些人多数有捐赠校舍、助建学校的义举，我们在上面多有介绍。但也有一些，在今汕头市地域并没有直接具规模的捐建学校项目，而是捐赠助学类组织，或者参与慈善教育类活动等。如香港陈经纬，据媒体报道其在全国的捐资兴学不少于数亿元（如 2016 年捐资两亿港元在北京大学、清华大学、中国人民大学、对外经贸大学、中山大学、暨南大学等十所高校设立"紫荆谷创新创业发展辅导中心"），在今汕头市则主要是其他慈善公益活动；[①] 类似的还有香港陈锡谦，其在普宁等地多有捐建学校，于今汕头市域的捐资兴学，则是 1991 年捐赠潮汕星河奖基金会 100 万元。又如新加坡庄坤平，其公益捐赠估计至少有数千万元，但主要在外地（包括十余所希望工程等），本地的更多是体育项目（如赞助十余年的"万人长跑迎新年"）和文化项目（如 2014 年捐资 200 万元修缮汕头"忠烈祠"），捐资兴学于汕头的则主要是帮助贫困学生等；类似的还有汕头吴文宁等，其主要是捐助龙湖区教育基金。

再如加拿大林少毅，按照 2012 年汕头媒体采访后的报道，林氏曾捐款汕头教育基金会 100 万元、潮汕星河奖基金会 60 万元，[②] 又捐资濠江区的礐石小学、幼儿园（此项在 70 万元以内）和帮助南澳县贫困学生上大学，自 2011—2013 年 3 年累计 250 万元等。[③]

荣誉市民授予规定中增加了"市外人士"，反映出国内企业迅速壮大，国内企业家对本地社会发展的贡献越发重要，而随着国内外交流的迅速活跃，一些人是否后来迁移"户口"，成为"华侨华人、港澳台同胞"，只要当事者不公开确认，我们是难以写进本书的，而上述所称的 75 人，我们也只是掌握到他们申报"荣誉市民"时的"身份"而已。

大约在上个阶段末期，内地投入捐资兴学的善款便逐步增多，在上一阶段已颇具规模；到了本阶段，则几乎形成主流了。荣誉市民获得者中，如出生于潮南的马泽祺，在 2007 年和 2017 年两次捐资兴学，金额已经达到 1.2 亿元。吴开松、李科然、陈一丹等也在家乡捐资不少。他们在各地教育方面的投入更为可观，如专注于教育公益的陈一丹 2016 年捐赠 25 亿元港币设立"一丹奖"，是为全球最具规模的教育单项奖，最近又宣布捐赠 40 亿元港币的股票，以聚焦、助

---

① 陈经纬拟捐资 1 亿元在陈店兴建高级中学和九年制学校各一所，均已于 2013 年末举行了奠基仪式，2014 年的区工作报告有所介绍，此后的历年潮南区工作报告没有再具体提及，迄今也未有公开的后续消息。

② 当时系以"林龙"名义捐款；另据笔者了解，林龙应为林少毅之弟。参见罗晓：《情系故里，寄望星河》，《汕头经济特区晚报》，1993 年 6 月 23 日。

③ 彭涛、张丽纯：《凝聚潮人力量，构架友谊桥梁：访加拿大潮商会会长、加拿大温哥华潮州同乡会会长林少毅》，《潮商》2012 年第 4 期。

力中国教育发展等。

从传统侨胞捐资兴学大区潮阳来看，也可说明问题，我们以三个镇、街道的较新材料为例。

潮阳区城南街道 2010—2014 年，合计投入 9 000 多万元提升校舍质量。除了政府方面等资金，其他捐赠的资金可分为三种情况：国内资金有陈桂洲 6 800 万元扩建城南第三小学的教学楼、标准化运动场及城南中心幼儿园，姚甲隆 300 多万元新建凤上小学的教学楼，姚章杰 120 多万元新建新官学校运动场；侨资的有郑志才 1 200 多万元新建城南中学教学楼及配套设施、运动场等；含有侨资的有"萧氏四序堂宗亲联谊会"参与助建的城南第五小学之操场、礼堂，该项总投入 280 万元，四序堂捐资排名靠后，又该堂海内外人士均有捐资，因此未能具体析出侨资。

潮南区司马浦镇 2012—2015 年 3 月合计投入 6 000 多万元解决校舍问题，除了政府方面等资金，其他捐赠的资金可分为三种情况：国内资金有廖壁松 1 600 万元新建司下小学教学楼、宿舍楼，刘述坚、刘令孝、陈裕泰、陈耿鸿等捐资 1 100 万元新建下店小学教学楼；能够确凿为侨资捐赠的有港美小学的 350 万元（另有"乡贤集资 350 万元"句，则未能辨析有侨资与否），堨美村集资 200 万元中的约五六十万元；[①] 另有长江商学院校友会捐资 220 万元，未能清楚是否有或有多少侨资。

潮阳区谷饶镇 2010—2014 年间捐资兴学事例：国内资金，如张振有捐资近 1 000 万元兴建"张振有学校"，张楚真捐资 400 万元兴建上堡小学教学楼，张汉龙捐资 50 万元助建谷饶中学教学楼，陈瑜丰捐资 12 万元为莲塘小学购置电脑、课桌椅，还有退休干部张荣木省吃俭用储备 110 万元设置的"张荣木教育基金会"，汕头团委与张汉龙合设的资助谷饶贫困生资助金；侨资有中国香港张应植、澳大利亚张应友捐资 50 万元资助乌窖小学修建围墙、大门；另有 2011 年才成立的"谷饶华光福利会"，每年拨出 8 万元奖励优秀教师、学生，该会的善款很可能含有侨资。[②]

---

① 此项，以堨美小学 2012 年碑记校对《潮南区司马浦镇申请教育强镇自查报告》，当年分别有林振洪 100 万元、林镇清 20 万元、林国金港币 20 万元、林松锡港币 20 万元助捐该校，除了林振洪未明是否有外籍身份之外，其他 3 人为侨胞。又，该校在 1990—1991 年、1997—1998 年均有过较大规模的侨资捐赠，今名为"汕头市潮南区司马浦镇堨美小学"。

② 参见潮南区司马浦镇人民政府报告：《潮南区司马浦镇申请教育强镇自查报告》，2015 年 3 月；汕头市潮阳区城南街道办事处报告：《汕头市潮阳区城南街道创建省教育强街道自查报告》，2014 年 9 月；汕头市潮阳区谷饶镇人民政府报告：《汕头市潮阳区谷饶镇申报广东省教育强镇自评报告》，2014 年 9 月。

附　录

附表1　1978年至2018年今汕头市市域侨胞捐资兴学主要事例（100万元及以上）

序号	捐资人	捐资额（万元人民币）	主要捐赠项目	大约时间（年）	籍属或较主要侨居地
1	卓训宽及妻李凤莲	450	潮南区峡山大宅学校等	1987—2017	中国香港
2	庄振任	100	潮南区峡山上东浦初级中学、上东浦小学	1985	泰国
3	庄木明	100	潮南区两英镇鹤联小学、鹤联学校，村镇助学等	1980—2000	泰国
4	庄辉炎	140	达濠华侨中学、达濠中学	1986—1990	中国香港
5	朱岳秋	180	澄海隆侨中学、隆都中学等	1986—1998	泰国
6	朱春隆	210	潮南区司马浦镇溪夫朱学校	1991	泰国
7	周泽荣	11 000	潮南区职业技术学校、峡山桃溪学校等	1992—2013	澳大利亚
8	周修仁	100	潮南区峡山街道西석幼儿园	1993—1995	中国香港
9	周勤华	900	潮南区峡山中心幼儿园，潮阳教育基金	1993—1994	中国香港
10	周钦宣家族	120	潮南区峡山泗联初级中学	2001	中国香港
11	周隆光	250	潮南区峡山桃溪学校	2013	泰国
12	周亮星	120	潮阳区儿童福利会幼儿园	1998—1990	中国香港
13	周国达	150	潮南区峡山泗联初级中学	2001	中国香港
14	郑志才	1 400	潮阳区城南中学，其他助学等	2010—2012	澳大利亚
15	郑翼雄	1 200	潮阳区金浦寨外郑云章学校，村镇助学金等	1988—1997	中国香港
16	郑益三	170	潮南区陇田镇浩溪学校	1985—1995	泰国
17	郑午楼	400	潮南区陇田镇东仙小学、东仙华侨学校、陇田沙陇中学等	1981—1990	泰国
18	郑通亮	2 500	潮南区井都镇神山小学，井都教育基金等	1998—2015	中国香港
19	郑松辉	100	潮南区陇田镇长盾小学、陇田沙陇中学等	1996—2005	泰国

（续上表）

序号	捐资人	捐资额（万元人民币）	主要捐赠项目	大约时间（年）	籍属或较主要侨居地
20	郑开德	21 000	潮阳区金堡中学，其他助学等	2003—2018	中国香港
21	郑明升	3 500	潮南区晓升中学、东溪小学等	1988—2003	泰国
22	郑良得	140	潮南区陇田东波学校	1989—1993	马来西亚
23	郑可明及妻郑素真	900	潮南区峡山南里棉岭学校、六都中学等	1995—2004	澳大利亚
24	郑俊英	150	澄海东湖华侨小学、澄海中学	1981—1993	泰国
25	郑金源	410	潮阳区文光镇六小学、棉北东竹小学、潮阳区儿童福利会幼儿园，潮汕星河奖基金会、潮阳市教育基金等	1985—2000	中国香港
26	郑辉	500	潮阳区西胪内輋小学等	1986—2014	法国
27	郑国荣	250	潮南区陇田东波小学，东波启迪学校、仙家小学	1989—1994	泰国
28	郑创基	250	潮南区陇田沙陇中学、溪西小学，潮阳市教育基金会	1982—2005	泰国
29	郑炳林	100	潮南区成田镇上蓝汀小学、上盐小学、仙城镇榕堂小学	1980—1987	泰国
30	郑碧波	310	澄海树础小学、苏北中学	1994—1996	泰国
31	赵资香	750	潮南区仙城仙门城初级中学、第六小学、西美学校分校	1989—1997	中国香港
32	赵志辉	100	潮阳区文光中学	1996—1997	中国香港
33	赵氏族人（赵广海、赵伯翘兄弟及赵汉钟）	2 350	潮南区仙城中学	1993—1994	中国香港、台湾
34	赵伯翘	350	潮南区仙城镇仙门城第二小学	1993	中国台湾
35	张昭荣	130	澄海莲花镇报本学校	1986	泰国
36	张应友	250	潮阳区上堡初级中学、谷饶上堡小学有源分校、创大中学、乌窖小学等	1987—2010	澳大利亚
37	张明和	230	潮南区胪岗新中学校	1997—1998	中国香港
38	张华达	140	汕头市下岐报本小学、聿怀中学	1986—2012	中国香港
39	张华	140	龙湖区鸥上小学，龙湖教育基金等	1992—1999	中国香港

（续上表）

序号	捐资人	捐资额（万元人民币）	主要捐赠项目	大约时间（年）	籍属或较主要侨居地
40	张恭良、张恭荣及后裔张敬石、张敬川、张敬山等	2 000	濠江区中心幼儿园、达濠华侨中学、达濠中学、葛洲幼儿园、汕头、濠江、葛洲扶贫助学活动等	1981—2000	中国香港
41	张楚光	100	创大学校、上堡中学、谷饶中学等	1987—1989	中国香港
42	张朝江	280	潮南区胪岗新中学校、港头初级中学，潮阳教育基金会	1993—1997	泰国
43	张财盛	280	潮南区仙城镇梅径小学	1983—1996	新加坡
44	袁经伦	110	汕头市聿怀中学	2012—2014	泰国
45	游德武	260	潮阳区河溪新乡小学	2002	中国香港
46	叶庆忠	140	达濠华侨中学，潮汕星河奖基金会	1986—1992	中国香港
47	叶桂兴及妻孙玉媚	480	潮南区峡山陈禾陂学校	2015—2016	未明
48	姚宗侠	1 450	潮阳区文光镇六小学	1996—2002	泰国
49	许立椿	100	澄海隆都中学等	1996—1998	中国香港
50	许汉彬	130	澄海隆都后埔小学	1996	泰国
51	徐发泉	120	达濠华侨中学、达濠中学	1986—1990	中国香港
52	谢振城	110	潮南区陇田镇华林小学	2012	泰国
53	谢易初及子谢正民、谢大民、谢中民、谢国民等	4 100	汕头市谢易初中学、汕头市第二中学、龙湖区蓬中华侨学校、澄海华侨中学、澄海华侨小学，潮学星河奖基金、蓬中慈善会等	1984—2018	泰国
54	谢锐奎及子谢晓东、谢丹阳、谢晓光	320	汕头市新溪中学	2014	中国香港
55	萧金波	100	潮南区陇田镇珠埕小学、师长幼儿园等	1987—1993	泰国
56	萧伟民	280	潮南区陇田镇珠埕小学	1993—1994	泰国

（续上表）

序号	捐资人	捐资额（万元人民币）	主要捐赠项目	大约时间（年）	籍属或较主要侨居地
57	萧氏宗亲总会（萧辉文、萧培山等）	400	潮阳区城南第五小学	2001	多地
58	西岐陈氏家族会等	100	潮南区成田西岐学校	1997—2012	泰国
59	吴锡鸿、吴锡溪、吴通泰家族	1 000	潮阳区和平新龙小学、溪头下厝小学分校、下厝初级中学，奖学教学等	2000—2001	泰国
60	吴生成	220	潮阳区谷饶东星小学	1990—1992	泰国
61	吴娘锡	1 250	潮南区胪溪中学、溪头上厝小学等	1981—2013	泰国
62	吴宏丰及妻吴李楚璇	1 110	潮南区胪岗镇胪溪小学、上厝小学、简朴小学、丰怡幼儿园，潮阳教育基金会	1987—2001	泰国
63	吴汉忠	750	潮阳区铜盂中学、峡山练南学校	2009—2011	中国香港
64	王学厚	200	潮南区陇田沙陇中学、华中学校、华瑶小学	1995—2014	泰国
65	王惠楷	150	澄海北港华侨小学	1987	中国香港
66	王大立	400	潮阳区文光王大立学校	1981—2002	泰国
67	泰国黉利家族	120	澄海前美小学	1994	泰国
68	孙志文	350	汕头市第三福利幼儿园、汕头市外砂中学、龙湖区蓬中华侨小学，龙湖区慈善总会助学、妇联助学、潮汕星河奖基金会等	1987—2017	中国香港
69	苏壮荣	350	潮南区峡山初级中学	2000	美国
70	颂蓬（林辉建）	400	潮南区两英高堂学校、高堂初级中学	1984—1997	泰国
71	施锦裕	170	澄海区上社小学	2002	泰国
72	邵逸夫	140	澄海区南界逸夫小学、隆都中学	1996—1998	中国香港
73	邱子成	100	濠江区西墩小学，其他奖助学等	1986—1997	中国香港

（续上表）

序号	捐资人	捐资额（万元人民币）	主要捐赠项目	大约时间（年）	籍属或较主要侨居地
74	邱卓恭	200	汕头市澄海中学	2002	中国香港
75	蓉子	100	潮汕星河奖基金会	2009	新加坡
76	南园家族（郑少奎）	300	潮南区陇田镇仙家小学	2014	泰国
77	马振武	150	潮南区成田镇中民小学	1997	中国香港
78	马哲轩	160	潮南区成田镇中民小学	1997	泰国
79	马馀雄	2 000	潮阳区南侨中学分校力嘉中学	2011—2013	中国香港
80	马喜良	120	潮南区成田家二学校	2006	泰国
81	马熙仁	150	潮南区成田镇中民小学	1986—1996	中国香港
82	马武南	150	潮南区成田镇中民小学	1996	泰国
83	马伟武	3 000	潮阳区力嘉中学、潮南区仙城镇梅径小学	2011—2013	中国香港
84	马伟强	4 000	汕头市金山中学、潮南区成田家美学校、潮汕星河奖基金会、濠江助学等	2002—2018	中国香港
85	马松深	350	潮阳区和平下寨小学、潮阳区儿童福利会幼儿园，潮汕星河奖基金会	1987—1992	中国香港
86	马介璋	1 700	潮南区成田家美第二小学、成田马介璋中学、潮阳区儿童福利会幼儿园、家美幼儿园，潮汕星河奖基金会	1981—2000	中国香港
87	马灿铮	200	潮南区成田镇中民小学、成田中学	1986—1996	泰国
88	旅泰后沟同乡会	240	澄海后沟华侨小学	1992	泰国
89	柳炎城	100	潮南区峡山街道洋内小学	1993—1997	中国香港
90	刘翔	110	潮南区胪岗新民学校	1995—2002	中国香港
91	刘先哲	100	潮南区峡山练南学校（小学、初中）	1992—2009	中国香港
92	刘廷勳	120	澄海区凤岭华侨学校	1992	泰国
93	刘思仁及妻蔡雪芳	5 000	澄海汇璟中学、澄海汇璟实验小学、潮南区仙城镇深溪初级中学、潮阳区灶浦镇东里学校，深溪教育基金等	1994—2010	中国香港
94	刘世仁	130	潮南区仙城镇深溪华侨学校、潮南区仙城镇学校	1983—1995	中国香港

（续上表）

序号	捐资人	捐资额（万元人民币）	主要捐赠项目	大约时间（年）	籍属或较主要侨居地
95	刘荣坤	200	潮阳区谷饶新坡中学	1978	泰国
96	刘谦斋	1 100	潮南区仙城镇深溪学校、深溪小学、深溪初级中学	1983—1996	中国香港
97	刘开耿	100	潮南区仙城深溪初级中学	1994	中国香港
98	刘汉秋	200	潮南区胪岗新民学校，潮阳教育基金等	1993—2003	泰国
99	刘伯诚	150	潮南区峡山练南学校	1992—1994	中国香港
100	刘百川	3 600	潮南区仙城镇深溪小学、深溪华侨学校、深溪中学，深溪的教育事业、奖教奖助学金等	1980—2010	中国香港
101	林中孚	400	潮南区陈店湖西学校	1987—1992	中国香港
102	林云鹏	2 000	潮南区峡山东沟华侨学校、六都中学，潮阳教育基金会等	1993—2014	中国香港
103	林玉潮	500	潮阳区西胪中心幼儿园、西胪后埔小学、西胪中学等	1991—2012	阿根廷
104	林学舞	130	潮南区司马浦镇新元小学	1988—1990	泰国
105	林旭明	100	潮汕星河奖基金会	1991	新加坡
106	林显利	110	潮汕星河奖基金会	1991	中国香港
107	林世铿	1150	潮阳区海门第三学校，潮汕星河奖基金会	1991—2005	中国香港
108	林少毅	480	汕头教育基金会、潮汕星河奖基金会，濠江南澳助学等	1992—2013	加拿大
109	林少豪	500	澄海上都中学、兴华中学、南界学校，紫琳村林少豪教育基金、汕头市侨联林少豪助学专项资金等	1990—2011	泰国
110	林谦然	200	汕头市澄海中学、澄海隆都中学、隆都鹊巷小学等	1985—1994	日本
111	林开来	100	濠江区中心幼儿园、达濠华侨中学、青篮幼儿园、赤港小学	1987—1992	澳大利亚
112	林炯灿	100	潮汕星河奖基金会	1991	中国香港
113	林怀初	200	潮南区司马浦镇仙港小学	1984—1988	泰国
114	林桂材	600	潮阳棉城林木河纪念学校	1990—2000	中国香港

（续上表）

序号	捐资人	捐资额（万元人民币）	主要捐赠项目	大约时间（年）	籍属或较主要侨居地
115	林炳宣及妻林许爱清	1 100	潮阳区棉北林梅庄纪念小学、潮阳区文光平和东小学、潮阳区儿童福利会幼儿园，潮阳教育基金等	1987—1999	中国香港
116	林炳南	130	潮南区司马浦镇新元小学	1985—1990	泰国
117	林冰及妻方少霞	300	潮阳区城南第三小学	2001—2003	中国香港
118	林宝喜	240	潮汕星河奖基金会	2001	中国香港
119	林百欣及妻林余宝珠	13 000	汕头林百欣中学、汕头林百欣科技中专、潮阳林百欣中学、潮阳林余宝珠学校、潮汕星河奖基金会、汕头市教育基金会、潮阳市教育基金会等	1987—2004	中国香港
120	廖烈文	350	潮南区司马浦宝晖中学，潮汕星河奖基金会等	1988—1993	中国香港
121	廖汉宣	250	潮南区司马浦宝晖中学等	1988	泰国
122	廖光明、廖立国	400	潮阳区和平上华小学，潮阳市教育基金会等	1986—1994	中国香港
123	李镇桂	100	潮南区司马浦镇港美小学	2015	中国香港
124	李泽拱	500	澄海区有德小学、澄海华侨中学、南澳港畔小学等	至1997	印度尼西亚
125	李亚鹤	1 300	潮南区成田镇简朴小学、金光华中学	1997—2007	中国香港
126	李闻海	250	捐赠教材，助学等	2017—2018	中国香港
127	李松明	100	潮南区成田镇简朴小学	2001—2006	泰国
128	李仕源	150	濠江区礐石小学，濠江助学活动等	2004	中国香港
129	李妙清	100	潮南区峡山上东浦初级中学	2008	中国香港
130	李嘉诚及李嘉诚基金会	900 000	汕头大学、广东以色列理工学院、汕头市外马路第四小学、潮南区仙城镇深溪小学等	1980—2018	中国香港
131	李国洲	550	潮南区司马浦镇港美小学等	1989—2015	印度尼西亚
132	李光隆	590	潮阳第一中学、砺青中学、简朴小学、简朴初级中学	1981—2006	泰国

（续上表）

序号	捐资人	捐资额（万元人民币）	主要捐赠项目	大约时间（年）	籍属或较主要侨居地
133	李光和	100	潮阳成田简朴初级中学	1997	泰国
134	柯喜文	180	潮南区峡山街道洋内小学	1992—1997	泰国
135	柯荣成	250	潮南区陈店镇柯围小学	1983	中国香港
136	黄顺源	1 100	潮南区成田西岐中学，潮阳市教育基金会等	2000	中国香港
137	黄丕通	7 200	潮阳区城南黄图盛中学、城南凤上小学等	1995—2011	中国香港
138	黄两镇及子黄启荣	600	汕头市澄海两镇中学、莲下镇潜溪两镇学校	1993	泰国
139	黄光升	1 200	濠江区达濠第二中学、珠浦中心幼儿园，其他助学等	1995—2010	中国香港
140	胡再裕	100	潮南区峡山街道潮东小学	2001	泰国
141	胡裕盛	100	潮南区峡山街道潮东小学	2001	泰国
142	胡杨佩芳	100	潮南区峡山街道潮东小学	2001	泰国
143	胡荣堦	500	潮南区峡山街道华桥小学、华桥荣堦学校	1992	泰国
144	胡钦泉	200	潮南区仙城镇老五乡小学	1980—1987	中国香港
145	胡赐荣夫妇	230	潮南区仙城镇老五乡小学等	1980—1993	中国香港
146	胡楚南	100	潮南区仙城东南初级中学	1987	中国香港
147	胡楚东	600	潮南区仙城东南初级中学	1986—2016	中国香港
148	方汉标	100	潮南区陇田沙陇中学、沙陇育英学校等	1993—2005	泰国
149	董明光	4 100	汕头市潮阳一中明光学校、海门北新明光小学、林贤慈幼儿园、海门镇四小学、海门镇莲峰小学等	1990—2003	澳大利亚
150	董嘉勋	250	潮南区陇田镇大布洋小学、大布洋董泰源学校	1998—1999	泰国
151	大丰布厂辒山裔孙	300	潮南区仙城深溪初级中学	1994	中国香港
152	陈振彬	230	潮阳区铜盂凤壶小学	1998	中国香港
153	陈岳泉及妻许绍琴、林素芳	600	汕头市岐山中学、汕头市湖头小学、湖头幼儿园，教育基金等	1985—1999	新加坡

（续上表）

序号	捐资人	捐资额（万元人民币）	主要捐赠项目	大约时间（年）	籍属或较主要侨居地
154	陈有庆、陈有汉	1 400	汕头市聿怀中学、潮南区峡山街道峡山小学及分校、六都中学，潮汕星河奖基金会	1991—2019	泰国
155	陈亿敬	180	澄海区埭头小学	1992	中国香港
156	陈彦灿	610	潮阳区文光平和东小学、潮阳区儿童福利会幼儿园	1988—1999	中国香港
157	陈炎隆及妻陈方映英，子陈汉财、陈汉雄，郑俊武	2 300	潮南峡山东山学校、潮南区东山中学	1989—2017	泰国
158	陈训忠	230	澄海莲下建阳小学	1989—2005	泰国
159	陈训均	450	建阳学校，家海堂慈善教育基金会（含其他公益）等	1989—2005	泰国
160	陈兴勤、陈亨廷等兄弟	1 050	潮阳区贵屿华美小学	1992 1993	泰国
161	陈锡谦	100	潮汕星河奖基金会	1991	中国香港
162	陈伟南	160	南澳县云澳中学、南澳正文学校、河浦区正文小学、潮南区红场正文中学，潮汕星河奖基金会、龙湖区慈善总会等	1990—2017	中国香港
163	陈为典	100	潮汕星河奖基金会，濠江区赤港小学、达濠华侨中学	1991	中国香港
164	陈天禧	100	澄海隆都中学	1996—1998	中国香港
165	陈松喜	310	潮南区陇田镇田三小学、启迪学校等	1984—2005	泰国
166	陈松亮及妻陈林巧珍	420	澄海莲下松珍幼儿园、建阳华侨小学等	1991—1996	泰国
167	陈松池	210	潮南区陇田镇田二小学及分校、田心华侨中学、田心中学	1981—1998	泰国
168	陈式钦	100	潮阳区文光镇一小	1997	中国香港

（续上表）

序号	捐资人	捐资额（万元人民币）	主要捐赠项目	大约时间（年）	籍属或较主要侨居地
169	陈世贤及妻陈郑伊梨	840	汕头市外马路第三小学、潮阳区华侨初级中学、潮阳区伊梨幼儿园、潮阳区文光镇一小学、潮南区红场中学，潮汕星河奖基金会等	1983—1998	泰国
170	陈荣捷	300	潮南区成田镇意金幼儿园	2000	泰国
171	陈庆波	220	潮南区成田西岐学校	1997	泰国
172	陈庆标	130	潮南区成田西岐学校	1997	泰国
173	陈钦泰	1 200	潮南区两英东北学校	2018	马来西亚
174	陈其文	100	澄海宅头华侨学校等	1995	泰国
175	陈琳	950	潮阳区陈琳初级中学、金灶柳岗小学等	1992	中国香港
176	陈坤明	100	潮南区陇田镇田一小学等	1992—2005	泰国
177	陈经纬	500	潮汕星河奖基金会，其他助学等	1991—2002	中国香港
178	陈金苞	100	澄海前美小学、隆侨中学等	1986—1994	泰国
179	陈建铭	550	潮南区陇田镇浩溪学校、陇田沙陇中学	1980—2005	泰国
180	陈汉士	1 600	潮阳谷饶大坑学校，陈汉士助学金、广以理工学院助学等	1991—2018	泰国
181	陈汉乾	100	龙湖区陈厝寨华兴学校、鸥汀托儿所幼儿园等	1989—1997	中国香港
182	陈汉平	220	潮南区陇田镇田三小学	1984—2005	未明
183	陈富璇	190	龙湖区培英小学、外砂华侨中学、蓬中华侨学校	1991—2001	泰国
184	陈昌华	150	濠江区赤港小学、达濠中学等	1989—2013	澳大利亚
185	陈弼臣	850	潮南区峡山小学	1983—1986	泰国
186	蔡章阁	200	达濠华侨中学、达濠中学、赤港小学	1986—1992	中国香港
187	蔡衍涛	420	潮南区峡山大宅学校	1988—2017	中国香港
188	蔡锡河	100	龙湖区龙头幸运幼儿园、澄海东湖华侨小学，其他助学等	1991—2000	新加坡
189	蔡金辉及妻刘巧娇	450	龙湖区和美里金辉小学、外砂华侨中学	1980—1997	泰国

参考文献

1. （明）郭春震篡修：《（嘉靖）潮州府志》，载北京书目文献出版社编：《日本藏中国罕见地方志丛刊》（第13册），北京：书目文献出版社，1992年。

2. （明）郭棐篡：《日本藏中国罕见地方志丛刊·明（万历）粤大记》，北京：书目文献出版社，2003年。

3. （清）周硕勋篡修：《（乾隆）潮州府志》，台北：成文出版社，1967年。

4. （元）释大䜣：《蒲室集·潮州南山寺记》，载蓝吉富主编：《禅宗全书》（第95册），北京：北京图书馆出版社，2004年。

5. ［澳］利萨·纳尔、［澳］斯图尔特·克莱格编著，于丽红译：《盖里在悉尼》，桂林：广西师范大学出版社，2016年。

6. 《爱心中国——中国最具影响力的百位慈善人物评选活动公示》，《人民政协报·慈善周刊》，2004年12月22日。

7. 《潮汕星河奖基金会第一届理事会第三次会议的工作报告》，1993年2月3日。

8. 《潮阳市志》编篡委员会编：《潮阳市志（1979—2003）》，广州：广东人民出版社，2012年。

9. 《邓小平赵紫阳分别会见香港知名人士李嘉诚》，《人民日报》，1986年6月20日。

10. 《改善家乡医疗条件，促进两地文化交流》，《汕头日报》，2019年3月27日。

11. 《关于政协汕头市第七届委员会第一次会议以来提案工作情况的报告》，1989年3月14日。

12. 《广东省教育发展"十三五"规划（2016—2020年）》，《广东教育》（综合版）2017年第2期。

13. 《广东省人民政府教育督导室关于开展2018年"全面改薄"20条底线要求专项督导的通知》（粤府教督函〔2018〕109号），2018年10月25日。

14. 《广东省汕头市国民经济和社会发展第十三个五年规划纲要》（汕府

〔2016〕46 号），汕头市十三届人大六次会议审查批准，2016 年 4 月 22 日印发。

15.《规划纲要》工作小组办公室：《国家中长期教育改革和发展规划纲要（2010—2020 年）》，《当代文化与教育研究》2010 第 3 期。

16.《国务院批转教育部〈面向 21 世纪教育振兴行动计划〉》，《光明日报》，1999 年 2 月 25 日。

17.《基金会管理办法》（1988 年 9 月 9 日国务院第 21 次常务会议通过，1988 年 9 月 27 日国务院令第 18 号发布），《新华月报》1988 年第 11 期。

18.《基金会管理条例》（中华人民共和国国务院令第 400 号），《新法规月刊》2004 年第 5 期。

19.《李嘉诚捐建广东以色列理工》，香港《大公报》，2013 年 9 月 30 日。

20.《莲下镇志》编纂委员会编：《莲下镇志》，广州：广东人民出版社，2011 年。

21.《企业家热心参与"关工学子"捐资助学活动，用义举点亮贫困学生求学梦》，《珠海特区报》，2017 年 11 月 4 日。

22.《清实录》，北京：中华书局，1986 年。

23.《全国人民代表大会关于修改〈中华人民共和国中外合资经营企业法〉的决定》，《中国法律年鉴》1991 年第 1 期。

24.《饶平县华侨中学》，《广东教育》（高中版）2013 年第 6 期。

25.《荣耀复旦，树立典范：复旦管院 2013 "年度校友" 颁奖典礼盛大举行》，《东方早报》，2014 年 6 月 24 日。

26.《汕头机构改革这样改》，《汕头日报》，2018 年 12 月 30 日。

27.《汕头经济特区城镇中小学校幼儿园规划建设和保护条例》（2018 年 6 月 28 日汕头市第十四届人大常委会第十四次会议通过，2018 年 9 月 1 日起施行），内部资料。

28.《汕头市"十年大发展"战略规划纲要（2007—2016 年）》，中共汕头市委员会第三次全体（扩大）会议 2007 年 9 月 26 日通过，2007 年 11 月 22 日印发。

29.《汕头市教育志》（油印本），内部资料，1960 年。

30.《汕头市龙湖区志》编纂委员会编：《汕头市龙湖区志：1979—2003》，广州：花城出版社，2013 年。

31.《汕头市人民政府关于贯彻深入推进义务教育均衡优质标准化发展的实施意见》（汕府〔2014〕48 号），2014 年 4 月 14 日。

32.《汕头市聿怀中学》，《广东教育》2014 年第 5 期。

33.《省政府正式批复〈华侨经济文化合作试验区发展规划（2015—2030

年)〉》，《汕头日报》，2015 年 12 月 19 日。

34.《我省召开侨务工作会议》，《南方日报》，1978 年 1 月 24 日。

35.《习近平对侨务工作作出重要指示强调：凝聚侨心侨力同圆共享中国梦 李克强作出批示》，《人民日报》，2017 年 2 月 18 日。

36.《习近平在纪念邓小平同志诞辰 110 周年座谈会上的讲话》（2014 年 8 月 20 日），《人民日报》，2014 年 08 月 21 日。

37.《习仲勋传》编委会编：《习仲勋传》（下），北京：中央文献出版社，2013 年。

38.《习仲勋主政广东》编委会编：《习仲勋主政广东》，北京：中共党史出版社，2011 年。

39.《学习之友》编辑部：《崛起中的汕头市谢易初中学》，《学习之友》2006 年第 11 期。

40.《杨洁篪在全国侨办主任会议上强调，奋力开创新时代侨务工作新局面》，《人民日报》，2018 年 1 月 24 日。

41.《以侨为"桥"，引才筑巢》，《人民日报》，2018 年 1 月 16 日。

42.《粤省划定行政区域，分八个专署一个行署、汕头湛江为省属直辖市》，《团结报》，1950 年 2 月 13 日。

43.《知名潮人受邀观礼阅兵式表达激动心情》，《汕头日报》，2015 年 9 月 6 日。

44.《中共中央关于建立社会主义市场经济体制若干问题的决定》（中国共产党第十四届中央委员会第三次全体会议 1993 年 11 月 14 日通过），《大参考》2012 年第 3 期。

45.《中国改革开放，对世界进步发展至关重要》，《人民日报》，2018 年 11 月 22 日。

46.《中国教育改革和发展纲要》，载湖南省教育委员会编：《〈中国教育改革和发展纲要〉学习资料汇编》，内部资料，1993 年。

47.《中国人民政治协商会议共同纲领》（一九四九年九月二十六日中国人民政治协商会议第一届全体会议通过），《人民日报》，1949 年 9 月 30 日。

48.《中华慈善总会与人民政协报举办百名中华慈善人物颁奖晚会》，《人民政协报·慈善周刊》，2005 年 4 月 5 日。

49.《中华人民共和国土地改革法》（一九五〇年六月二十八日中央人民政府委员会第八次会议通过），《人民日报》，1950 年 6 月 30 日。

50.《中华人民共和国宪法》（一九五四年九月二十日第一届全国人民代表

大会第一次会议通过），《法学研究》1954 年第 3 期。

51.《中央人民政府政务院关于处理接受美国津贴的文化教育救济机关及宗教团体的方针的决定》，《人民日报》，1950 年 12 月 30 日。

52.《祝贺汕头经济特区建立 30 周年：祝愿汕头传承创新潮汕文化，发展经济再创辉煌》，《汕头特区晚报》，2011 年 10 月 22 日。

53.《转发省人民政府办公厅关于享受华侨投资优惠待遇企业认可问题的通知》，《广州政报》1988 年第 2 期。

54. 蔡垂实：《一片丹心在故园——记中华民族文化促进会副会长陈世贤》，载中国人民政治协商会议潮阳市委员会、《潮阳文史》编辑委员会编：《潮阳文史》（第 11 辑），内部资料，1994 年。

55. 蔡莺跃：《全国最早一所公办学校——广东汕头华侨中学》，载中国政协广东汕头市委员会文史资料研究委员会编：《汕头文史》（第 9 辑），内部资料，1991 年。

56. 潮南区代区长王槐峰宣读：《2009 年二届四次区政府工作报告》，汕头市潮南区第二届人民代表大会第四次会议，2009 年 2 月 18 日。

57. 潮南区胪岗镇人民政府：《汕头市潮南区胪岗镇申报广东省教育强镇自评报告》，2014 年 9 月。

58. 潮南区区长王槐峰宣读：《2010 年二届五次区政府工作报告》，汕头市潮南区第二届人民代表大会第五次会议，2010 年 2 月 5 日。

59. 潮南区司马浦镇人民政府：《潮南区司马浦镇申请教育强镇自查报告》，2015 年 3 月。

60. 潮南区仙城镇人民政府：《汕头市潮南区仙城镇申报广东省教育强镇自评报告》，2015 年 3 月。

61. 潮汕百科全书编辑委员会编：《潮汕百科全书》，北京：中国大百科全书出版社，1994 年。

62. 潮汕历史文化研究中心：《关于授予刘思仁等 21 位先生"潮学贡献奖"的决定》，《潮学通讯》2004 年第 1 期。

63.《对马伟强荣誉会长为兴建潮汕星河馆大厦所作重大贡献的褒扬和感谢》，潮汕星河奖基金会理事会第四届理事会第三次会议通过，2004 年 2 月 3 日。

64. 潮阳区和平镇人民政府：《潮阳区和平镇创建广东省教育强镇自评报告》，2013 年 9 月。

65. 潮阳市地方志编纂委员会编：《潮阳县志》，广州：广东人民出版社，

1997 年。

66. 潮州市地方志编纂委员会编：《潮州市志》，广州：广东人民出版社，1995 年。

67. 潮州市教育局编：《潮州市教育志》，内部资料，1990 年。

68. 潮州市侨务办公室、市归国华侨联合会主编：《潮州市华侨志（初稿）》，内部资料，1988 年。

69. 潮州市湘桥区地方志编纂委员会编：《潮州市湘桥区志》，广州：岭南美术出版社，2013 年。

70. 陈达：《南洋华侨与闽粤社会》，北京：商务印书馆，2011 年。

71. 陈德钦：《汕头市侨联做了哪些工作》，《侨务报》1958 年第 2 期。

72. 陈汉初：《汕头华英学校收回教育权的斗争》，载中国政协广东汕头市委员会文史资料研究委员会编：《汕头文史》（第 9 辑），内部资料，1991 年。

73. 陈焕展：《众志成楼——星河建馆纪事》，《汕头日报》，2004 年 1 月 24 日。

74. 陈锦添：《捐资办学育才，携手合作兴国——关于广州市华侨、港澳同胞捐资办学情况调查》，《广州教育》1990 年第 5 期。

75. 陈景明：《旅泰侨领姚宗侠》，《源流》2006 年第 8 期。

76. 陈景熙主编：《百年澄中（1915—2015）》，广州：暨南大学出版社，2015 年。

77. 陈世英、陈景明：《胸怀爱国志心系家乡情——记旅法侨领郑辉》，《汕头日报》，2005 年 12 月 20 日。

78. 陈雪峰：《余子亮：潮汕华侨的杰出代表》，《汕头都市报》，2015 年 4 月 1 日。

79. 陈正新：《长夜不成眠，坦言三忧心》，《广州日报》，2018 年 6 月 28 日。

80. 陈仲豪：《汕头大学前期筹备工作纪实（1978 年 10 月—1981 年 5 月）》，载中国人民政治协商会议汕头市委员会文史与学习委员会编：《汕头文史》（第 17 辑），2002 年。

81. 澄海县地方志编纂委员会编：《澄海县志》，广州：广东人民出版社，1992 年。

82. 澄海县华侨志领导小组编：《澄海县华侨志（初稿）》，内部资料，1987 年。

83. 澄海县教育志编辑组编：《澄海县教育志（1564—1985）》，内部资料，

1988 年。

84. 邓海东、张映都：《饶平贡天职校开办两年成效大》，《汕头教育》1992 年第 1 期。

85. 段立生：《郑午楼传》，广州：中山大学出版社，1994 年。

86. 《中华人民共和国义务教育法》，北京：法律出版社，1986 年。

87. 《中华人民共和国公益事业捐赠法》，北京：中国法制出版社，1999 年。

88. 方方：《关于我国侨务工作的若干政策》，载侨务报社编：《侨务政策文集》，北京：人民出版社，1957 年。

89. 方济舟：《香港老板林永城为潮南区红场镇乡亲办实事》，《汕头特区晚报》，2004 年 8 月 16 日。

90. 高启源：《祖国对归国华侨的安置》，《人民日报》，1954 年 10 月 6 日。

91. 顾明远主编：《教育大辞典（增订合编本）》，上海：上海教育出版社，1998 年。

92. 惠来县地方志办公室编著：《惠来县志》，北京：新华出版社，2002 年。

93. 普宁市地方志编纂委员会编：《普宁县志》，广州：广东人民出版社，1995 年。

94. 广东省档案馆、广州华侨志编委办、广州华侨研究会等编：《华侨与侨务史料选编（广东）》，广州：广东人民出版社，1991 年。

95. 广东省地方史志编纂委员会编：《广东省志·华侨志》，广州：广东人民出版社，1996 年。

96. 广东省地方史志编纂委员会编：《广东省志·教育志》，广州：广东人民出版社，1995 年。

97. 广东省地方史志编纂委员会编：《广东省志·民政志》，广州：广东人民出版社，1993 年。

98. 广东省地方史志编纂委员会编：《广东省志·人口志》，广州：广东人民出版社，1995 年。

99. 广东省地方史志编纂委员会编：《广东省志·政权志》，广州：广东人民出版社，2003 年。

100. 广东省地方史志编纂委员会编：《广东省志·经济特区志》，广州：广东人民出版社，1996 年。

101. 广东省地方史志编纂委员会编：《广东省志·军事志》，广州：广东人民出版社，1999 年。

102. 广东省地方史志编纂委员会编：《广东省志·人物志》，广州：广东人民出版社，2001 年。

103. 广东省地方史志编纂委员会编：《广东省志·政治纪要》，广州：广东人民出版社，2004 年。

104. 广东省地方史志编纂委员会编：《广东省志·中共组织志》，广州：广东人民出版社，2001 年。

105. 广东省地方史志编纂委员会编：《广东省志·总述》，广州：广东人民出版社，2004 年。

106. 广东省革命委员会筹备小组：《关于汕头专区成立革命委员会筹备小组的批示》（〔66〕粤革筹字第 42 号），1968 年 2 月 8 日。

107. 广东省侨联、广东省华侨历史学会编：《大海的儿子——纪念爱国侨领蚁美厚百年诞辰（1909—2009）》，内部资料，2009 年。

108. 广东省侨务办公室编印：《侨务工作手册》（1），内部资料，1979 年。

109. 广东省侨务办公室编印：《侨务工作手册》（2），内部资料，1979 年。

110. 广东省人民代表大会法制委员会编：《广东省地方性法规汇编（1979—1999）》，广州：广东人民出版社，2000 年。

111. 广东省人民政府办公厅、广东省人民政府经济法规研究中心编著：《广东省法规规章汇编（1984.7—1986.12)》，内部资料，1987 年。

112. 广东省人民政府侨务办公室编：《广东省华侨权益保护条例》，内部资料，2015 年。

113. 广东省人民政府侨务办公室编：《涉侨法规政策汇编》，内部资料，2016 年。

114. 广东省汕头市地方志编纂委员会编：《汕头市志》，北京：新华出版社，1999 年。

115. 广东省文化厅编：《中国文物地图集》（广东分册），广州：广东省地图出版社，1989 年。

116. 广东省政协教育组、华侨组，广东省侨办联合调查组：《关于华侨、港澳同胞在汕头地区捐资办学情况的调查报告》，内部资料，1985 年 5 月 8 日。

117.《广东省志》编纂委员会编：《广东省志（1979—2000）　30　侨务卷、外事与港澳事务卷》，北京：方志出版社，2014 年。

118.《广东省志》编纂委员会编：《广东省志（1979—2000）　32　人物卷》，北京：方志出版社，2014 年。

119.《广东省志》编纂委员会编：《广东省志（1979—2000）　18　教育卷》，北京：方志出版社，2014 年。

120. 《广东省志》编纂委员会编：《广东省志（1979—2000） 4 行政区划·地名卷、民政·残疾人事业卷》，北京：方志出版社，2014 年。

121. 郭亨渠：《林百欣与潮阳林百欣中学》，载中国人民政治协商会议潮阳市委员会、《潮阳文史》编辑委员会编：《潮阳文史》（第七辑），内部资料，1991 年。

122. 国家教育委员会：《关于大力办好普通高级中学的若干意见》，《学科教育》1995 年第 9 期。

123. 国家教育委员会成人教育司编：《扫除文盲文献汇编（1949—1996）》，重庆：西南师范大学出版社，1997 年。

124. 国家统计局（2019 年 2 月 28 日）：《中华人民共和国 2018 年国民经济和社会发展统计公报》，《人民日报》，2019 年 3 月 1 日第 10 – 13 版。

125. 国家统计局：《中国统计摘要 2018》，北京：中国统计出版社，2018 年。

126. 国家统计局国民经济综合统计司编：《新中国六十年统计资料汇编：中英文对照》，北京：中国统计出版社，2010 年。

127. 国务院法制办政法司、民政部民间组织管理局编著：《〈社会团体登记管理条例〉〈民办非企业单位登记管理暂行条例〉释义》，北京：中国社会出版社，1999 年。

128. 国务院侨务办公室政策法规司编，王晓萍主编：《新中国侨务政策六十年回顾与探析》，内部资料，2010 年。

129. 国务院人口普查办公室、国家统计局人口统计司编印：《中国 1982 年人口普查资料（电子计算机汇总)》，内部资料，1985 年。

130. 何东昌主编：《中华人民共和国重要教育文献（1949—1975）》，海口：海南出版社，1998 年。

131. 何惠：《在蓬勃发展中的广东侨办学校》，《侨务报》1959 年第 9 期。

132. 何辛：《辉煌的成就深刻的转变——广东教育改革开放成就空前》，《广东教育》1999 年第 9 期。

133. 何珠主编：《广东华侨历史学会成立十周年纪念特刊 1981—1991》，内部资料，1991 年。

134. 贺益明主编：《揭阳县志（1986—1991 续编）》，广州：广东经济出版社，2005 年。

135. 胡卫清：《海滨邹鲁的国家认同——以汕头华英学校风潮为典型个案》，载潮汕历史文化研究中心、韩山师范学院编：《潮学研究》（第 11 辑），汕头：汕头大学出版社，2004 年。

136. 黄大斌：《香港工商界知名人士张中畊》，载广东省政协文史资料委员会、汕头市政协文史资料委员会编：《广东文史资料》（第76辑），广州：广东人民出版社，1994年。

137. 黄佳锐、黄日暖：《汕头市澄海隆都中学：至诚至正，积微成著》，《广东教育》2018年第4期。

138. 黄日暖、李曼莉：《汕头市澄海汇璟实验小学：体验成功汇集快乐》，《广东教育》2018年第9期。

139. 黄绍增、赵坤明：《汕头市区教育的开放与改革》，《教育论丛》1987年第4期。

140. 黄绍增：《汕头教育的现状、优势和发展浅议》，《汕头教育》1984年第1期。

141. 黄志英、许继发：《张贡田传略》，载政协饶平县文史委员会编：《饶平文史》（第8辑），内部资料，1991年（本年"再版"本）。

142. 惠来县供销综合贸易公司：《捐资助学，为发展惠来教育事业作贡献》，《汕头教育》1989年第1期。

143. 江泽民：《侨务工作要为改革开放和现代化建设事业作出更大贡献》，载中共中央统一战线工作部、中共中央文献研究室编：《新时期统一战线文献选编（续编）》，北京：中共中央党校出版社，1997年。

144. 揭西县地方志编纂委员会编：《揭西县志（1979—2003）》，广州：广东人民出版社，2005年。

145. 揭西县志办公室编：《揭西县志》，广州：广东人民出版社，1994年。

146. 揭阳市志编纂委员会编：《揭阳市志：1992—2004》，北京：方志出版社，2013年。

147. 揭阳县地方志编纂委员会编：《揭阳县志》，广州：广东人民出版社，1993年。

148. 金国华编：《教育行政法规汇编与点评》，北京：中国法制出版社，2012年。

149. 蓝洁：《黄丕通：在商不言商》，《中华儿女》2000年第3期。

150. 冷溶、汪作玲主编：《邓小平年谱：1975—1997》，北京：中央文献出版社，2007年。

151. 李德纲：《建国前后汕头市唯一的女子学校——私立晨星女子中学》，载中国政协广东汕头市委员会文史资料研究委员会编：《汕头文史》（第9辑），内部资料，1991年。

152. 李德之：《汕头市解放接管及建政工作概况》，载中国政协广东汕头市委员会文史资料研究委员会编：《汕头文史》（第7辑），内部资料，1989年。

153. 李宏新主编：《潮汕史稿》，汕头：汕头大学出版社，2016年。

154. 李宏新：《潮汕华侨史》，广州：暨南大学出版社，2016年。

155. 李凯、黄美群、嵇卓慧：《汕头75万农村学生享受免费义务教育》，《汕头日报》，2007年7月17日。

156. 李练深：《适应特区建设需要，开创教育新局面》，《汕头教育》1992年第1期。

157. 李起藩：《建国后潮阳学校教育发展述略》，载中国人民政治协商会议潮阳市委员会、《潮阳文史》编辑委员会编：《潮阳文史》（第12辑），内部资料，1996年。

158. 李绪光：《普宁侨胞港澳同胞捐资兴学概况》，载普宁县政协文史委资料室、普宁县侨务办公室、普宁县侨联编：《普宁文史》（第6辑），内部资料，1991年。

159. 李泽沾：《华侨齐心办侨中》，载汕头市澄海区政协学习和文史委员会编：《澄海文史资料》（第21辑），内部资料，1988年。

160. 李镇兴：《潮商马伟武捐资4000万为家乡潮阳建学校》，《潮商》2012年第4期。

161. 廖承志：《批判"四人帮"所谓"海外关系"问题的反动谬论》，《人民日报》，1978年1月4日。

162. 廖琪：《庄世平传》，北京：作家出版社，2015年。

163. 林拱钟：《欧史里及梁冰传略》，载政协饶平县文史委员会编：《饶平文史》（第8辑），内部资料，1991年（本年"再版"本）。

164. 林金枝：《改革开放以来华侨华人与港澳台胞在中国大陆的捐赠》，《华侨华人历史研究》1996年第4期。

165. 林生早：《努力提高中等学校的教育质量和办学效益》，《汕头教育》1993年第1期。

166. 林淑华、方耀东：《马来西亚华侨林坚》，载政协广东省惠来县文史资料征集研究委员会编：《惠来文史》（第3辑），内部资料，1990年。

167. 刘锦庭、才炳锐：《深情的理解——汕头市委书记林兴胜关心教育二三事》，《汕头教育》1989年第1期。

168. 刘青山：《揭阳海外移民简述》，《岭南文史》1999年第4期。

169. 卢静子：《叶祥龙年谱》，载泰国归侨联谊会《湄江风云》编委会编：

《湄江风云：泰国华侨抗日爱国活动回忆录》，北京：中国华侨出版社，1993 年。

170．陆敏、张培忠：《广东山区学校积极改造危房》，《瞭望》1990 年第 51 期。

171．罗林明：《成功之道在至诚——记香港爱国实业家陈伟南》，载广东省政协文史资料委员会、汕头市政协文史资料委员会编：《广东文史资料》（第 76 辑），广州：广东人民出版社，1994 年。

172．罗晓、林英仪：《情牵梦萦，心系中华》，《汕头日报》，1993 年 8 月 27 日。

173．罗晓：《情系故里，寄望星河》，《汕头经济特区晚报》，1993 年 6 月 23 日。

174．麦崇楷主编：《广东法规全书（1979—1993）》，广州：广东人民出版社，1995 年。

175．毛起雄：《当代国内外侨情与中国侨务工作》，北京：中国民主法制出版社，2013 年。

176．南澳县地方志编纂委员会编：《南澳县志（1979—2000）》，广州：广东人民出版社，2011 年。

177．南澳县地方志编纂委员会编：《南澳县志》，北京：中华书局，2000 年。

178．南侨中学编印：《南侨中学创办四十五周年特刊》，内部资料，1983 年。

179．倪振良：《为实现"一无两有"而努力——全国中小学校舍维修工作经验交流会侧记》，《人民教育》1982 年第 8 期。

180．彭涛、张丽纯：《凝聚潮人力量，构架友谊桥梁：访加拿大潮商会会长、加拿大温哥华潮州同乡会会长林少毅》，《潮商》2012 年第 4 期。

181．普宁市地方志办公室编：《普宁市志（1989—2004）》，广州：广东人民出版社，2011 年。

182．侨中印记编委会、林一平主编：《侨中印记：广东汕头华侨中学建校八十周年纪念画册》，内部资料，2012 年。

183．全国人民代表大会常务委员会办公厅编印：《第五届全国人民代表大会常务委员会文件汇辑（1979 年 7 月—1980 年 8 月）》，内部资料，1980 年。

184．饶怀元：《潮州华侨中学四十二年（1955—1997）》，载潮安县政协文史委员会编：《潮安文史》（第 2 辑），内部资料，1997 年。

185．饶平县地方志编纂委员会编：《饶平县志（1979—2005）》，广州：广东人民出版社，2011 年。

186．饶平县地方志编纂委员会编：《饶平县志》，广州：广东人民出版社，1994 年。

187．饶平县归国华侨联合会编：《饶平华侨史志》，内部资料，1999 年。

188．人民日报社论：《必须重视侨务工作》，《人民日报》，1978 年 1 月 4 日。

189．人民日报社论：《国家对华侨事务的又一重要措施》，《人民日报》，1957 年 8 月 13 日。

190．戎章榕：《嘉庚光辉永照后人——纪念陈嘉庚诞辰 140 周年座谈会综述》，《海峡通讯》2014 年第 11 期。

191．榕城镇地方志编纂办公室编：《揭阳县榕城镇志》，内部资料，1990 年。

192．汕头华侨志编写组编：《汕头华侨志（初稿）》，内部资料，1990 年。

193．汕头经济特区年鉴编纂委员会编：《汕头经济特区年鉴·1989 创刊号（1981—1988）》，广州：广东人民出版社，1989 年。

194．汕头市潮南区晓升中学：《广东省汕头市潮南区晓升中学》，《教学与管理》2006 年第 1 期。

195．汕头市潮南区职业技术教育中心：《汕头市潮南区职业技术教育中心教育质量年度报告（2018 年）》，2019 年 1 月 15 日。

196．汕头市潮阳区城南街道办事处：《汕头市潮阳区城南街道创建省教育强街道自查报告》，2014 年 9 月。

197．汕头市潮阳区地方志办公室、外事侨务局，汕头市潮南区地方志办公室、外事侨务局编著：《潮阳市华侨港澳台同胞志》，深圳：海天出版社，2009 年。

198．汕头市潮阳区谷饶镇人民政府：《汕头市潮阳区谷饶镇申报广东省教育强镇自评报告》，2014 年 9 月。

199．汕头市潮阳区西胪镇人民政府：《汕头市潮阳区西胪镇申报广东省教育强镇自评报告》，2014 年 9 月。

200．汕头市澄海区地方志编纂委员会编：《澄海市志（1979—2003）》，北京：方志出版社，2012 年。

201．汕头市地方志编纂委员会编：《汕头市志 1979—2000》，广州：广东人民出版社，2013 年。

202．汕头市副市长黄声报告：《汕头市五个月来接管与施政工作》，汕头市第一届各界人民代表会议，1950 年 3 月 25 日。

203．汕头市濠江区地方志编纂委员会编：《汕头市濠江区志》，广州：广东人民出版社，2013 年。

204．汕头市濠江区教育局：《2012 年工作总结和 2013 年工作计划》，2012 年 11 月 22 日。

205．中共珠浦社区书记黄光立：《"开工典礼暨珠浦慈善会 2009 年年会"上的致辞》，2009 年 1 月 28 日。

206．汕头市教育局：《关于中等职业学校资助政策宣传的一封信》，2019 年 2 月 27 日。

207．汕头市教育局：《关于做好汕头市 2018 年义务教育阶段学校招生工作的通知》，2018 年 5 月 28 日。

208．汕头市教育学会秘书处：《汕头市教育学会举行一九八五年学术年会，王屏山副省长到会接见全体代表并讲话》，《汕头教育》1985 年第 3 期。

209．汕头市教育志编审委员会编：《汕头教育志》，内部资料，1989 年。

210．汕头市金平区地方志编纂委员会编：《汕头市金平区志》，北京：方志出版社，2013 年。

211．汕头市人民代表大会常务委员会法制工作委员会编：《汕头市法规汇编 2003—2006》，广州：广东人民出版社，2007 年。

212．汕头市人民代表大会常务委员会法制工作委员会编：《汕头市法规全书（1996—2011）》，广州：广东人民出版社，2011 年。

213．汕头市人民政府：《关于授予周泽荣博士为"爱心慈善之星★★★★"的决定》（汕府〔2013〕115 号），2013 年 10 月 18 日。

214．汕头市统计局、国家统计局汕头调查队：《2018 年汕头国民经济和社会发展统计公报》，《汕头日报》，2019 年 3 月 25 日。

215．汕头市统计局、国家统计局汕头调查队编：《2018 年汕头市统计年鉴》，内部资料，2018 年。

216．汕头市统计局、国家统计局汕头调查队编：《汕头统计年鉴》，内部资料，2011—2018 年（每年度刊出一本）。

217．汕头市统计局编：《汕头统计年鉴》，内部资料，1994—2010 年（每年度刊出一本）。

218．汕头市外事侨务局：《当代粤东华侨经济成就图片展：李光隆》，中新网，2013 年 11 月 7 日。

219．汕头市市长郑剑戈宣读：《2019 年政府工作报告》，汕头市第十四届人民代表大会第五次会议，2019 年 1 月 20 日。

220. 汕头市政协教育体育委员会：《关于"三胞"捐资办学情况的调查和启示》，《汕头政协》1991 年第 4 期。

221. 沈刚：《王者飞鹰——记香港健康食品企业有限公司董事长赵汉钟》，《上海预防医学》1995 年第 5 期。

222. 十二届全国人大二次会议广东代表团（编号 300），领衔代表郑人豪（时任汕头市市长）：《关于汕头经济特区创办中国华侨经济文化合作试验区打造 21 世纪"海上丝绸之路"新起点的建议》，2014 年 3 月 11 日提交。

223. 司芳、余思伟副主编：《广东侨联 50 年（1958—2008）》，内部资料，2009 年。

224. 宋梓铭：《广东省召开华侨、港澳同胞捐资办学工作座谈会》，《中国财政》1982 年第 12 期。

225. 唐本城、郑瑞国：《旅泰华人连续四年捐资助学》，《人民日报》（海外版），2008 年 9 月 9 日。

226. 王继泽：《汕头市劳动大学在成长中》，《侨务报》1963 年第 3 期。

227. 王开颖：《乐为"星河"添光彩》，《汕头日报》，1992 年 2 月 25 日。

228. 王漫琪、赵映光：《90 岁李嘉诚出席汕大毕业礼致辞：为了明天，去思考去感动去行动》，《羊城晚报》，2018 年 6 月 30 日。

229. 王侨声：《潮州市侨联的一天》，《侨务报》1958 年第 2 期。

230. 王炎荣：《汕头市全面落实市区城镇侨房政策纪实》，载政协汕头市委员会文史资料研究委员会编：《汕头文史》（第 16 辑），内部资料，1998 年。

231. 王永魁、王占刚：《"文化大革命"初期的中侨委》，《百年潮》2015 年第 8 期。

232. 王钊：《揭阳私立真理中学溯源》，载中国政协广东汕头市委员会文史资料研究委员会编：《汕头文史》（第 9 辑），内部资料，1991 年。

233. 吴化：《汕头归侨学生们的劳动干劲》，《侨务报》1958 年第 3 期。

234. 吴榕青：《潮侨捐资与"八二"风灾后韩师的重建——潮汕华侨在本土教育捐资的个案研究》，《韩山师范学院学报》2001 年第 4 期。

235. 五局：《爱心献给贫困地区的孩子们——落实赵汉钟捐资办学工作情况综述》，《中国统一战线》1995 年第 4 期。

236. 习近平：《决胜全面建成小康社会，夺取新时代中国特色社会主义伟大胜利——在中国共产党第十九次全国代表大会上的报告》，北京：人民出版社，2017 年。

237. 肖效钦、甘观仕、阎志刚：《潮汕华侨、华人捐资兴学的调查研究》，

《汕头大学学报》1991 年第 3 期。

238. 谢伯余：《科研兴校：林百欣中学》，《广东教育》2003 年第 1 期。

239. 《汕头海外联谊会五届四次会议上的工作报告》，2006 年 2 月 11 日。

240. 新华社：《广东侨汇收入创历史最高水平》，《人民日报》，1979 年 1 月 3 日。

241. 新华社：《习近平在庆祝改革开放 40 周年大会上的讲话》（2018 年 12 月 18 日），《人民日报》，2018 年 12 月 19 日。

242. 新华社：《习近平在庆祝中华人民共和国成立 65 周年招待会上的讲话》（2014 年 9 月 30 日），《人民日报》，2014 年 10 月 1 日。

243. 新华社：《综合消息："真情温暖人心"——习近平春节团拜会讲话引起海外华侨华人强烈共鸣》，新华网，2017 年 1 月 29 日。

244. 新华社：《泰华文报纸载文对我汕头地区侨务工作提出意见》，《参考消息》，1957 年 5 月 11 日。

245. 新华社：《国务院关于基础教育改革与发展的决定》，《人民日报》，2001 年 6 月 15 日。

246. 新华社：《侨务委员会负责人发表谈话，欢迎侨胞投资和办学》，1957 年 8 月 12 日。

247. 新华社：《全国侨务会议预备会在京举行，李先念副主席亲切接见到会同志并作重要讲话》，《人民日报》，1978 年 1 月 4 日。

248. 许任之：《改革是广东教育发展的原动力》，《人民教育》1992 年第 12 期。

249. 许肖生：《中国共产党早期的华侨政策与侨务工作》，《暨南学报》1991 年第 3 期。

250. 燕鹏远主编：《党务工作文件选编》，沈阳：辽宁人民出版社，1990 年。

251. 杨放主编：《教育法规全书》，海口：南海出版公司，1990 年。

252. 杨辉主编，福建省教育科学研究所课题组撰写：《福建华侨华人捐资办学史》，福州：福建教育出版社，2007 年。

253. 杨洁篪：《当好贴心人，成为实干家，凝聚侨心侨力，同圆共享中国梦——深入学习贯彻习近平总书记关于侨务工作的重要指示》，《求是》2017 年第 10 期。

254. 杨文兴：《"助苗行动"捐赠 12 万元扶贫助学》，《汕头日报》，2005 年 5 月 17 日。

255. 蚁行瑞：《访柬埔寨侨领邱成章》，载政协饶平县文史委员会会编：《饶平文史》（第8辑），内部资料，1991年（本年"再版"本）。

256. 殷国明、汤奇云编著：《影响中国的100个广东第一》，广州：广东教育出版社，2009年。

257. 尤小年、罗堃：《风帆正举玉潮来——访珠海潮人总商会主席、珠海美球集团董事长林玉潮》，《潮商》2015年第2期。

258. 余汉成、林金亮：《天下潮人一家亲：记菲律宾菲华潮汕联乡会及其创办人陈荣金》，《国际潮讯》1993年第3期。

259. 袁伟强：《丹心系桑梓，青史留芳名——记林百欣暨夫人林余宝珠女士》，载政协汕头市委员会文史资料研究委员会编：《汕头文史》（第16辑），内部资料，1998年。

260. 粤侨：《"海外关系黑六条"的反动实质》，《南方日报》，1978年1月24日。

261. 翟博：《科教兴国战略的确立和实施》，《中国教育报》，1999年10月27日。

262. 张道济、余晓明：《潘守仁传略》，载政协饶平县文史委员会会编：《饶平文史》（第8辑），内部资料，1991年（本年"再版"本）。

263. 张道济：《吴文韦传略》，载政协饶平县文史委员会会编：《饶平文史》（第8辑），内部资料，1991年（本年"再版"本）。

264. 张海鸥主编：《谷饶乡史初探》，内部资料，1991年。

265. 张梅：《改革开放以来中国侨务实践的政策法规成效》，《侨务工作研究》2012年第3期。

266. 张泉林主编：《当代中国华侨教育》，广州：广东高等教育出版社，1988年。

267. 张赛群：《新中国华侨捐赠政策演变及其特征分析》，《广东社会科学》2013年第2期。

268. 张赛群：《新中国华侨捐资兴学政策演变及其特征》，《当代中国史研究》2010年第6期。

269. 张赛群：《新中国涉侨政策研究》，北京：经济日报出版社，2016年。

270. 张泰生：《潮汕华侨历史上一所"侨"字号的特色学校——汕头市华侨小学的历史作用及在海内外的影响》，《潮汕史学》2014年第1期。

271. 张晓辉、夏泉：《暨南大学史1906—2016》，广州：暨南大学出版社，2016年。

272. 张应龙主编：《广东华侨与中外关系》，广州：广东人民出版社，2014年。

273. 赵健：《改革开放40年中国侨务政策的回顾》，《华侨华人历史研究》2018年第4期。

274. 郑白涛：《建国后潮阳侨务工作史略》，载中国人民政治协商会议潮阳市委员会、《潮阳文史》编辑委员会编：《潮阳文史》（第12辑），内部资料，1996年。

275. 郑秀勋：《汕头市外马路第三小学》，《汕头教育》1986年第2期。

276. 郑膺年编：《郑午楼言论集》，曼谷，1989年。

277. 郑肫仁、郑迺子：《爱国爱乡情义浓——记港胞郑光德》，载政协饶平县文史委员会会编：《饶平文史》（第8辑），内部资料，1991年（本年"再版"本）。

278. 政协汕头市委员会：《发挥侨乡优势，大力发展海外联谊工作》，《汕头政协》1987年第3期。

279. 政协汕头市委员会编：《汕头政协五十年1950—2000》，内部资料，2000年。

280. 中共汕头市潮阳区委党史研究室、区地方志办公室，中共汕头市潮南区委党史研究室、区地方志办公室编：《潮阳大事记（公元前214—公元2003年1月）》，汕头：汕头大学出版社，2005年。

281. 中共中央党校党史教研室选编：《中共党史参考资料》（第7册），北京：人民出版社，1979年。

282. 中国第二历史档案馆编：《中华民国史档案资料汇编·第三辑·教育》，南京：江苏古籍出版社，1991年。

283. 中国共产党中央委员会通过：《〈关于若干历史问题的决议〉和〈关于建国以来党的若干历史问题的决议〉》，北京：中共党史出版社，2010年。

284. 中共广东省委党史研究室、广东省档案馆编：《方方文集》，广州：广东人民出版社，1990年。

285. 中国建筑装饰协会公告：《2005年全国建筑工程装饰奖获奖工程及获奖单位公告》，2015年11月10日。

286. 中华慈善总会文件：《关于第二届"中华慈善突出贡献奖"的表彰决定》（中慈发〔2014〕24号）附"获奖名单"，2014年9月3日。

287. 中华全国归国华侨联合会编：《侨联三十年》，内部资料，1986年。

288. 中华人民共和国国务院秘书厅编：《中华人民共和国国务院公报》（1955年第2号），北京：中华人民共和国国务院秘书厅，1955年。

289. 中华人民共和国国务院秘书厅编：《中华人民共和国国务院公报》（1957 年第 34 号），北京：中华人民共和国国务院秘书厅，1957 年。

290. 中华人民共和国教育部办公厅编：《教育文献法令汇编（1949—1952 年）》，北京：中华人民共和国教育部办公厅，1958 年。

291. 中华人民共和国教育部办公厅编：《教育文献法令汇编（1957 年）》，北京：中华人民共和国教育部办公厅，1959 年。

292. 中华人民共和国教育部：《中国普及九年义务教育和扫除青壮年文盲报告》，北京：人民教育出版社，2012 年。

293. 中山大学法律系编：《经济法规汇编》（二），内部资料，1981 年。

294. 中新社：《习近平出访的"侨"情结》，《福建侨报》，2017 年 10 月 13 日。

295. 中新社：《周泽荣：推动澳中交流合作的实干家》，《南方日报》，2017 年 5 月 16 日。

296. 中央档案馆、中共中央文献研究室编：《中共中央、国务院关于教育工作的指示/国务院关于全日制学校的教学、劳动和生活安排的规定》，北京：法律出版社，1959 年。

297. 《胡锦涛会见全国侨务工作会议代表时讲话》，中国广播网，2005 年 3 月 1 日。

298. 中央统战部、中央档案馆编：《中共中央抗日民族统一战线文件选编》（下），北京：档案出版社，1986 年。

299. 中央统战部、中央档案馆编：《中共中央抗日民族统一战线文件选编》（中），北京：档案出版社，1985 年。

300. 周昭京：《潮汕名人采访录》，北京：知识出版社，1991 年。

301. 朱良平：《惠来华侨中学简介》，载政协广东省惠来县文史资料征集研究委员会编：《惠来文史》（第 1 辑），内部资料，1988 年。

302. 邹锡兰、陈舟奇：《潮商新生代：黄光裕和郑通亮》，《中国经济周刊》2005 年第 26 期。

（其余参考文献略）

后 记

在党的十九大精神的指引和各级领导的指导下，新一届汕头市华侨历史学会一如既往开展了一系列卓有成效的工作，并在学会会长林伦伦老师的带领下，拟定新课题，计划分阶段推出专著等。这本书便是其中的一种。

本书的粗稿在 2019 年初夏便已完成，随后"物来物去"，直至交出初稿、理出清稿时已近年中，又经历了烦琐的出版报批、文字调整工作等，到了现在大约算是可以付梓了。

实事求是地说，这本书"事站"比较多，到实地逐一田调时如此，在书斋进行篇幅重构更是如此，现在终于"物直"，实在是离不开编委会成员陈丽文常委、谢惠蓉主席、鸿钊兄和景熙兄的支持和鼓励，当然更离不开林老师的努力。数百位受访者、提供线索者等的热情也令人难忘！

感谢卜逸大、佘卫平、蔡弛宇、翁夏、王漫琪、陈景熙、金文坚、黄松书、陈晓锋、许伟勤、胡晓菁、李玲、李韵、林绯、蔡慕娟等老师、朋友的先后帮助。尤其感谢汕头市侨联谢惠蓉主席、汕头市合群房地产开发有限公司黄三吾董事长的支持。

错讹之处难免，请读者海涵。

李宏新

2019 年 7 月 7 日记

2019 年 12 月 23 日**再记**